2017
대한민국
재테크
트렌드

초저성장,
초고령화 시대의
투자 생존법

2017
대한민국
재테크
트렌드

조선일보 경제부 엮음

mo
men
tum

재테크 빙하기,
아는 만큼 앞서간다

'재테크'라는 단어는 1989년 무렵 일본에서 수입됐다. 정작 일본에서는 잘 쓰지 않아 사어(死語)가 되다시피 했는데, 우리나라에서는 여전히 상한가를 누리고 있다. 사회초년병인 20대부터 은퇴한 70~80대까지 재테크를 향한 관심은 식을 줄 모른다. 대한민국의 성장 속도가 느려지며, 일자리는 줄고 소득은 뒷걸음질 치면서 관심은 더 뜨거워졌다.

〈조선일보〉가 매년 연말 주최해온 '대한민국 재테크 박람회'가 네 돌을 맞았다. 지난해 12월, 서울 대치동 세텍(SETEC)에서 열린 박람회를 찾은 관람객의 열기는 겨울 한파를 녹일 만큼 뜨거웠다. 이 책은 현장에서 열띤 강연을 펼친 세계적인 투자 구루(guru) 이갈 에를리히 이스라엘 요즈마그룹 회장, 기타오 요시타카 일본 SBI금융그룹 회장의 조언과 부동산, 주식, 해외투자, 절세, 노후대비, P2P(peer to peer: 개인 간 대출) 등 각 분야 고수들의 실전 가이드를 담았다. 재테크 빙하기, 이 책이 한 걸음 앞서 준비하는 독자에게 실질적 도움이 되길 바란다.

부동산은 언제나 '뜨거운 감자'

재테크 박람회를 찾은 관람객의 관심은 단연 업계 고수 4인이 부동산 시장을 둘러싸고 벌인 '토론 배틀'에 집중됐다. 서울 강남 4구의 분양권 전매 제한 등 지난해 11·3 부동산 대책 이후 시장이 급격하게 위축되는 조짐이지만, 부동산에 대한 관심과 궁금증은 더 커졌기 때문이다. '냉온탕 부동산 시장: 내년에 집 살 것인가, 더 지켜볼 것인가'를 주제로 2대 2의 불꽃 튀는 토론이 벌어졌다.

고종완 한국자산관리연구원장과 박합수 KB국민은행 수석부동산 전문위원은 집을 사야 한다는 쪽, 김덕례 주택산업연구원 주택정책실장과 이남수 신한금융투자 부동산팀장은 신중해야 한다는 쪽에 섰다. 고종완 원장은 "3.3제곱미터(1평)당 4,000만 원 정도하는 강남 집값은 다른 나라 대도시에 비해 비싼 게 아니"라며 "강남은 20년 정도 이어질 것으로 본다"고 말했다. 박합수 위원은 "주택은 지역 대체성이 없는 게 특징"이라며 "전국 입주 물량을 볼 것이 아니라 지역별로 세세하게 쪼개 봐야 한다"고 지적했다. 그는 또 "5년 내 수도권에서 신도시 공급이 없어진다"는 점을 강조했다. 이남수 팀장은 "2017~2018년 한 해 50만 가구씩 아파트, 오피스텔 등의 입주가 대기 중이다. 입주 물량이 늘면 가격은 떨어질 수밖에 없다"면서 공급 과잉 가능성을 거론했다. 김덕례 실장은 "트럼프 변수도 가라앉지 않았기 때문에 불확실성이 걷힐 2017년 2분기 정도까지 기다리는 게 낫다"고 했다.

이갈 에를리히 이스라엘 요즈마그룹 회장은 조선일보와의 인터뷰에서 "익숙한 투자법, 믿었던 투자처와 결별해야 한다"고 말했다. 이스라엘과 미국에서 유망 비상장기업을 발굴해 지난 1993년 2억 6,500만 달러에 불과하던 요즈마펀드 규모를 10년 만에 40억 달러(약 4조 5,000억 원)로 키운 그는 저성장·저금리 시대를 헤쳐 나갈 새로운 투자전략이 필요하다고 했다.

그는 4차 산업혁명이 일어나고 있는 새로운 시대에 맞춰 투자 패러다임을 180도 전환해야 한다며 "상장된 큰 기업에 투자해 돈을 버는 시대는 갔다. 유망한 비상장기업을 찾아 투자해야 한다"고 말했다. 비상장기업에 투자할 수 있는 가장 좋은 방법으로 '크라우드펀딩(crowd funding)'을 추천했다. 그는 "금융 선진국인 영국은 2013년에 크라우드펀딩에 성공한 기업의 72퍼센트 정도가 펀딩 당시보다 더 높은 기업 가치를 나타내고 있다"고 말했다. 또 한국인들이 주식과 부동산 등 주로 전통적인 투자처에만 관심을 두는 것이 안타깝다면서 지금은 큰 어려움 없이 연평균 세계 경제 성장률이 5~6퍼센트 넘게 나오던 1990년대와 2000년대 초반의 '풍요의 시대'와는 분명히 다르다고 강조했다.

원종준 라임자산운용 대표는 '2017 주식시장, 승부수를 띄워라:

대형주·가치주·경기민감주를 주목하라'는 제목으로 강연했다.

그는 지난 4년(2012~2015년)과 앞으로 3년(2016~2018년)은 거시경제와 주식시장 환경이 판이하다며 주요국의 정부정책 전환을 눈여겨봐야 한다고 주장했다. 그는 "금융위기, 유럽 재정위기 등을 겪으며 각국 정부는 마이너스 금리까지 감수하며 공격적인 통화정책을 펼쳤으나, 점점 인프라 투자를 중심으로 한 재정정책으로의 전환에 초점을 맞추고 있다"고 했다. 인프라와 관련된 대형주들의 약진에 무게를 둬야 한다는 것이다.

저금리 시대, 투자 목록에 P2P를 넣어라

서상훈 어니스트펀드 대표는 P2P의 성장 가능성에 주목해달라고 주문했다. P2P는 은행 문턱을 넘기 어려운 사람에게 돈을 빌려주는 서비스로, 예금금리가 연 1퍼센트까지 내려간 저금리 시대에 돈 굴릴 곳을 찾지 못한 투자자에게는 새로운 투자처로 각광받고 있다. 2015년 말 약 350억 원(누적 대출액)이었던 국내 P2P 시장은 1년 만인 2016년 10월 집계에서는 10배 수준(약 3,300억 원)으로 커졌다.

서 대표는 "수익률과 안정성이 모두 강한 것이 P2P 투자의 장점"이라고 강조했다. "홍콩 증시가 폭락하면 우리 주식시장도 영향을 받지만, P2P 대출은 별 영향이 없다. 구조적으로 실업률이 오르는 현상이 일어나지 않으면 연체나 부도율도 높아지지 않는다"고 했다.

생선은 몸통만 먹어라

기타오 요시타카 일본 SBI금융그룹 회장은 "투자는 '생선 먹기'와 같다"는 말로 강연을 시작했다. 생선을 먹을 때 맛있는 부위만 골라 먹는 것이 좋다면서 머리부터 꼬리까지 다 먹으려고 욕심을 부리지 말고 팔 것은 팔아야 한다고 조언했다.

그는 아시아에 기회가 있다며 "전 세계 경제지역의 명목 국내총생산(GDP)을 더할 경우 2020년이면 아시아 경제권이 NAFTA(북미자유무역협정), EU(유럽연합)를 넘어선다"고 했다.

구체적인 투자처도 제시했다. 21세기의 중심은 인터넷, 바이오테크놀로지, 환경과 지구온난화 문제를 다루는 에너지 분야 등이 될 것이라고 했다. 그는 올해 세계 경제가 프랑스 대선, 중국 공산당대회, 브렉시트(영국의 EU 탈퇴) 등의 영향으로 변동성이 매우 클 것이라고 전망했다. 이런 불확실성에 대비하기 위한 최고의 대안이 글로벌 분산투자라고 강조했다. 기타오 회장은 주식시장의 본질에 대해 "사람들이 가지 않는 뒷길로 가보라. 그곳에 예쁜 꽃들이 피어 있다", "산이 높으면 계곡도 깊고, 계곡이 깊으면 산도 그만큼 높다"라는 일본의 투자 격언을 들어 설명했다.

몰빵 투자에서 벗어나라

발렌틴 발데라바노 한국씨티은행 개인금융상품 세그먼트본부장은 몰빵 투자가 반복되면서 한국인의 투자수익률은 극심한 롤러코

스터를 겪고 있다고 지적했다. 그는 "올해 원자재에 통 크게 베팅해 크게 흥한다 한들 내년에 어딘가에서 폭삭 망한다면 제대로 된 투자라고 할 수 있느냐"고 물었다. 저금리 시대의 자산관리 전략에 대해서는 분산투자야말로 '투자의 정석'이고, 장기적으로 이기는 길이라고 했다. "국가별, 지역별 분산도 중요하지만 국가 발전 단계에 따른 분산도 매우 중요하다. 내 자산이 신흥국과 선진국에 어떤 비율로 배분돼 있느냐를 봐야 한다"고 했다. 그는 "브라질 채권, 베트남 주식형 펀드, 원자재 펀드에 돈을 나눠 넣었다고, 분산투자했다고 안심한다면 큰 실수다. 모두 신흥국에 몰아넣은 것 아니냐"고 말했다.

유대인들은 열세 살부터 돈을 굴린다

이순우 저축은행중앙회장은 "유대인들이 세계 경제를 꽉 잡고 있는 비결이 뭔 줄 아느냐"며 "유대인들은 열세 살 생일에 성인식을 하는데 가족·친지들이 아이에게 상당히 큰 액수의 축의금을 준다. 몇 천만 원이 되기도 한다. 우리나라로 치면 중학교 때부터 돈 굴리는 법을 배우고, 궁리하게 된다. 직장에 들어가 돈을 버는 30세 전후에야 돈 굴릴 생각을 시작하는 우리나라와는 차이가 날 수밖에 없다"고 말했다.

그는 책에서 1977년 상업은행에 입행해 34년 만인 2011년 우리금융지주회장 겸 우리은행장이 된 성공비결도 공개했다. 직장인의 최고 재테크는 직장에서 성공하는 것이라는 말도 잊지 않았다.

가계부 대신 재테크 다이어리를 써라

MC·배우·가수 등을 넘나드는 만능 엔터테이너 현영 씨는 '현영의 재테크 다이어리'라는 제목으로 강연했다. 같은 제목의 재테크 책을 낸 적도 있다. 1998년 상경 직후 서울 강남의 월세 40만 원짜리 반지하 방에 살던 그는 가계부 대신 재테크 다이어리를 쓰는 자신만의 노하우로 10년 만에 청담동 빌라에 입주했다. "수입도 크게 늘었지만, 단순한 가계부 대신 '재테크 다이어리'로 자산관리에 집중했다"고 말했다. 투자비법도 공개했다. "주변 소문만 듣고 투자하는 법은 절대로 없다"고 했다.

돈의 수명을 늘려라

김경록 미래에셋은퇴연구소장은 "앞으로는 80년 동안(직장생활 40년과 퇴직 후 40년) 자산을 굴려야 하기 때문에 단기로 자산을 운영하는 방식은 맞지 않다"고 강조했다. 노후를 위해 돈의 수명(壽命)을 길게 늘려 놓아야 한다고 했다.

사망할 때까지 돈이 나오는 종신 지급 연금은 필수라고 했다. 김 소장은 "연금의 가장 큰 덕목은 안정성"이라며 "연금을 수익률이 상대적으로 높은 다른 투자상품과 비교하지 말라"고 했다. 그는 "개인 연금과 퇴직연금을 죽을 때까지 받는 형식으로 구비하되, 연금을 가입하고 남는 돈은 '예금'으로 쌓아두지 말고 '투자'를 하면서 굴려야 한다"고 강조했다.

주택연금은 당당한 노후 재테크

김병민 주택금융공사 연금기획팀장은 '노후 걱정, 집으로 해결하자'는 주제의 강연에서 노후 재테크로 주택연금을 활용해야 한다고 강조했다. 60세 이상이 됐을 때 시가 9억 원 이하의 주택을 담보로 맡기고 매달 노후생활자금을 받는 주택연금 가입을 적극적으로 고려해야 한다고 했다. 그는 "주택연금에 가입하면 집을 아예 뺏긴다고 오해하거나 연금 액수를 조절할 수 있다는 점을 모르는 분들이 많다"며 "연령이나 주택의 위치 등에 따라 가장 유리한 주택연금활용법을 배워두는 것은 노후대비 필수 과정이라고 해도 과언이 아니다"라고 말했다.

최고의 재테크는 절세다

'돈 버는 절세전략'을 강연한 원종훈 KB국민은행 WM컨설팅부 세무팀장은 "부동산·금융상품·해외송금·상속 등 거의 모든 금융활동에서 세금을 얼마나 아낄 수 있느냐가 실질 수익률에 결정적인 역할을 한다"고 했다. 재테크 전략을 짤 때 가장 기본적으로 고려해야 하는 것이 절세라고 강조했다. "자산관리는 현재 수익률이 좋은 금융상품이나 투자처에 단순히 돈을 나눠 넣는 것이 아니다. 절세효과까지 따져야 비로소 완성된다"고 말했다. 그는 "부모나 배우자의 사망으로 재산을 이전하면서, 가족 간에 분쟁을 최소화하는 의사결정에도 세금 지식이 필요하다"고 말했다.

트럼프 시대, 달러에 투자하라

오승훈 대신증권 글로벌마켓전략실장은 달러 자산 투자는 더 이상 '환투기'의 영역이 아니다. 글로벌 분산투자의 시작이다라고 강조했다. 그는 달러가 상당 기간 강세를 보일 것이라고 전망했다. "미국이 여전히 기술과 혁신의 중심에 있기 때문에, 전 세계 국가 중 가장 안정적인 경제흐름이 지속될 것이라 달러 강세가 이어질 것"이라고 했다. 그는 "원-달러 환율이 1,200원을 넘어서더라도 달러가 과도하게 비싸다고 볼 수 없다. 다른 나라의 달러 대비 통화가치 변동폭과 비교할 때 원화는 상대적으로 고평가돼 왔다"고 주장했다. 최대 연 0.9% 금리를 제공하는 달러 RP(환매조건부채권)나, 초우량 기업을 기초 자산으로 발행하는 달러 ELS(주가연계증권)에 투자하는 방법을 추천했다.

원자재 투자는 신중하라

이석진 원자재&해외투자연구소 소장은 금과 원유 등 원자재에 대한 투자가 "신중해야 하지만 놓치지 말아야 할 기회"라고 했다. "금은 공급이 한정된 만큼 수요가 가격을 결정짓는데, 2017년에 동시다발적인 수요 감소는 없을 것을 보인다"고 전망했다. 달러가 강세 국면으로 가더라도 안전 자산 선호 현상에 따른 강세라면 금값도 동반 상승할 것이라고 예측했다. 그는 "트럼프의 인프라 투자는 아직은 실체가 없어 작년 말에 벌어졌던 산업용 금속 가격 상승과 금값 하락 등은 모두 지나치게 과민 반응을 보인 것으로 생각된다"고 진단했다. 투자방법에 대해서는 "직접 금에 투자하는 것보다 금 생산기업, 원유 채굴기업 등의 ETF(상장지수펀드)를 통한 간접투자를 고려해보라"고 조언했다.

중국 경제에 경착륙은 없다

가오야오하오 중국은행 홍콩법인 개인투자 자산관리본부장은 "중국이 지난 20여 년 간 급속도로 성장하면서 공급과잉, 부채급증 등의 부작용이 나타나고 있지만 중국 정부가 소비중심사회로의 전환을 시도하는 등 새로운 성장 동력을 찾고 있다"며 "중국 경제의 장기전망은 여전히 밝다"고 말했다. 중국의 국영 상업은행인 중국은행 홍콩법인에서 자산 포트폴리오 설계전략을 총괄하는 그는 "중국 정부는 공급과잉과 부채문제를 잘 알고 있고, 이를 해결하려는 노력을 보이고 있기 때문에 중국 경제가 경착륙할 확률은 낮다"고 전망했다. 그는 "중국은 여전히 글로벌 신흥시장의 핵심 동력"이라며 중국 시장에 대해 "위기도 있겠지만, 더 많은 기회를 찾을 수 있을 것"이라고 강조했다.

조선일보 경제부

김홍수 부장·이진석 차장·김정훈 기자·김은정 기자·김지섭 기자

부동산 01

02
03
04
05
06

이동현

KEB하나은행 부동산자문센터장. 실무와 이론을 겸비한 부동산 전략가. 시장을 냉철하게 분석하고 이를 알기 쉽게 전달하는 전문가로 명성이 높다.

고종완

한국자산관리연구원장. 구체적인 수치와 근거를 들어 집값을 전망하는 부동산 전문가다. 대통령 직속 지방자치발전 자문위원, 한양대학교 도시융합대학원 특임교수 등을 역임했다. 2018년 이후 일부 지역에 일시적인 주택 공급과잉이 우려되지만 구조적 또는 장기적인 과공급 가능성은 적을 것으로 관측한다.

박합수

KB국민은행 도곡스타PB센터 수석부동산전문위원으로 부동산 시장의 변화를 가장 설득력 있게 설명하는 부동산 전문가다. 저서로 《사고팔기 전에 꼭 알아야 할 부동산 용어사전》이 있다. 현재 한국금융연수원과 건국대학교 부동산대학원에서 강의 중이다.

이남수

신한금융투자 부동산팀장. 지역에 따라 부동산 전략을 세밀하게 제시한다. 사학연금, 경찰공제회 등에서 투자심의위원을 지냈다. 현재 한국금융연수원과 건국대학교 부동산대학원에서 강의 중이다.

김덕례

주택산업연구원 주택정책실장. 부동산 투자를 거시관점에서 분석한다. 국토교통부 중앙부동산평가위원·기금운영평가위원, 경기도 주택정책심의위원 등을 맡고 있다.

1장

부동산 배틀

냉온탕 부동산 시장:
2017년 집 살 것인가 vs.
더 지켜볼 것인가

사회　　**이동현**, KEB하나은행 부동산자문센터장

패널　　**고종완**, 한국자산관리연구원장

　　　　박합수, KB국민은행 수석부동산전문위원

　　　　이남수, 신한금융투자 부동산팀장

　　　　김덕례, 한국주택산업연구원 주택정책실장

지금 집 사야 할까, 기다려야 할까

사회자　지금부터 대한민국 최고의 부동산 전문가를 모시고 토론회를 진행하겠습니다. 먼저 내 집 마련 기회를 엿보는 분들께서 2017년에 집을 사야 할지 아니면 좀 더 기다리는 것이 나을지 고민이 많을 텐데, 2017년 부동산 시장을 내다보겠습니다. 먼저 집을 사야 한다고 주장하는 고종완 한국자산관리연구원장의 의견을 듣겠습니다.

고종완　2015년에도 2016년 부동산 시장이 어떨지 말이 많았는데 당시 저는 '강남을 중심으로 재건축시장에 강한 장이 설 것이다', '전세매매가 동반 상승하는 강한 장이다'라고 예측했습니다. 지나고 보니 그 예측이 잘 들어맞았습니다.

어느 조사결과에 따르면 한국인은 노후 불안, 일자리 불안, 주거 불안이라는 세 가지 불안을 안고 산다고 합니다. 세입자는 전월세 가격이 많이 올라서 고민하고, 집주인은 최근의 이런저런 정치 리스크가 실물경제에 악영향을 미쳐 부동산 자산가치가 떨어지지 않을까 불안해합니다. 저 역시 그런 불안에서 자유롭지 못합니다.

최근 3~4년간 집값이 계속 오르면서 집을 구매하기가 무척 어중간합니다. 계속 오를까 싶어 불안하기도 하지만, 잘못 샀다가 2006~2008년처럼 금리는 오르고 집값은 내리면 이중으로 타격을 받는다는 두려움도 있기 때문입니다. 지금은 그만큼 불확실성이 높습니다. 저는 그래도 집을 사야 한다고 생각합니다.

전문가들이 부동산 시장을 놓고 토론을 벌이면 상황이 좀 더 명확해지는 장점이 있지만, 끝나고 나면 오히려 혼란을 느낄 수도 있습니다. 이럴 때는 내 생각과 맞는 전문가의 말을 귀담아 듣는 것이 아니라 전문가마다 어떤 요인과 변수를 중요하게 생각하는지 봐야 합니다. 오른다 또는 내린다가 아니라 어떤 객관적 기준을 제시하는지, 과학적 근거가 있는지를 중심으로 생각하면 좋은 지식과 정보를 취할 수 있을 것입니다.

제가 집을 사도 괜찮다고 여기는 근거는 모두 여섯 가지입니다. 그것은 인구구조, 소득구조, 금리 변화, 주택수급 변화, 글로벌 집값 지수 비교(PIR, Price Income Ration : 소득 대비 주택가격 비율), 부동산 시장 중장기 예측입니다.

먼저 많은 사람이, 심지어 전문가조차 한국의 인구가 감소하는 중이라고 잘못 알고 있습니다. 통계청에 따르면 인구는 2030년까지, 가구 수는 2040년까지 완만하게 증가할 것이라고 합니다. 인구 감소로 주택 수요가 줄어들어 집값이 내릴 것이라는 판단은 잘못됐습니다. 잘못된 상식이지요. 소득도 2040년까지 완만하게 증가할 전망입니다.

아래 그래프를 보면 인구성장률은 감소하고 있으나 인구의 절대적

총 인구와 인구성장률

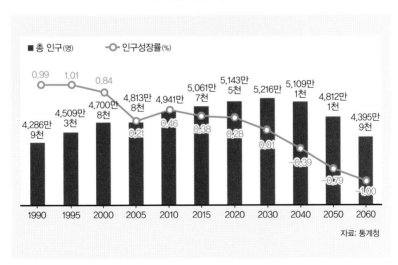

자료: 통계청

크기는 증가하고 있습니다. 정부는 국민소득이 지금은 2만 7,000∼2만 8,000달러지만 2040년이면 4만 달러에 이를 것이라고 예측합니다. 한국보다 20년 정도 앞선 일본은 인구와 소득이 완만하게 증가하는 소위 저성장 상태에 있지요. 그래도 성장 국가입니다.

현재 한국의 금리는 1.25퍼센트입니다. 그런데 성장 자체가 한국보다 20년 정도 앞서 있는 일본은 5년 전부터 마이너스 금리로 돌아섰습니다. 일본이 2001년부터 금리가 2.1퍼센트였음을 감안하면 한국도 4∼5년 후 0.1퍼센트에서 마이너스 0.1퍼센트로 가지 않을까 싶습니다. 물론 단기적으로는 금리가 오를 수도 있습니다. 그러나 주택은 일단 보유하면 평균 보유기간이 10년이라는 점을 감안해 5∼10년 후를 내다보는 안목이 필요합니다. 금리를 내리자 전 세계 집값이 들썩거렸다는 사실을 기억해야 합니다.

주택 수급에서는 두 가지 지표를 눈여겨봐야 합니다. 그것은 보급률 지표와 인구 1,000명당 주택 수입니다.

이 지표의 가장 최신 자료는 2014년에 작성한 것으로 평균 103이지만 적정한 주택보급률은 105입니다. 서울과 수도권은 아직 100 이하인데 100 이하는 과소공급, 110 이상은 과잉공급으로 봅니다. 이 기준으로 본다면 아직은 공급이 부족한 상태입니다. 5퍼센트는 자연공실률이기 때문입니다.

평균 물량에 공급이 늘어나면서 미분양 물량이 생기긴 해도 아직 평균치에 불과합니다. 2017년 혹은 2018년 이후 증가할 것으로 보

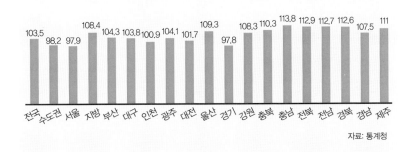

2014년 시도별 주택보급률

103.5 98.2 97.9 108.4 104.3 103.8 100.9 104.1 101.7 109.3 97.8 108.3 110.3 113.8 112.9 112.7 112.6 107.5 111

전국 수도권 서울 지방 부산 대구 인천 광주 대전 울산 경기 강원 충북 충남 전북 전남 경북 경남 제주

자료: 통계청

이나 전체적으로 주택보급률 105와 인구 1,000명당 주택 수를 고려하면 과잉공급을 우려할 단계는 아닙니다. 물론 일부 지역을 제외하면 말입니다.

매매가격을 살펴보면 서울의 아파트 가격은 3.3제곱미터당 평균 2,400만 원입니다. 그런데 PIR이라는 글로벌 지표를 보면 한국과 수도 서울의 지표는 상당히 낮은 편이라는 것을 알 수 있습니다. 그것도 매우 낮지요.

그래프를 보면 PIR이 한국 15, 중국 25, 싱가포르 23, 일본 20으로 한국은 매우 낮습니다. 특히 서울의 집값은 하노이와 런던, 상하이의 집값에 비해 아주 낮게 나타납니다. 이 자료는 한국의 주택에 거품

주택보급률 여전히 평균치

●

집값 거품이 많지 않고 오를 가능성 커

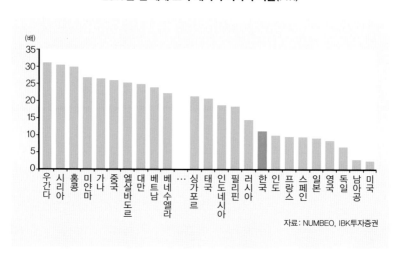

2015년 전 세계 소득 대비 주택가격 비율(PIR)

(배)

자료: NUMBEO, IBK투자증권

이 많지 않고 집값이 내리기보다 오를 가능성이 크다는 것을 보여줍니다. 여기에 5~6년 오르고 4~5년 내리는 10년 주기설을 적용하면 2018년쯤 집값이 변곡점에 이를 전망입니다.

설령 그럴지라도 2030년까지 상승 추세라는 것과 거품이 많지 않다는 점을 감안하면 서울과 수도권은 매수자 입장으로 접근해도 좋다고 봅니다. 그리고 경제 변화보다 어느 지역을 선택할 것인지, 또 어떤 부동산 상품을 선택할 것인지가 더 중요한 변수입니다.

사회자   그러면 이남수 팀장님의 반대 의견을 들어보겠습니다.

이남수   저는 내 집 마련을 서두르지 않는 편이 낫다고 봅니다. 부동산뿐 아니라 재테크에서 성공하려면 남들이 하지 않을 때 해야 합니다. 예를 들면 리먼 사태가 터졌을 때 집값이 폭락했는데, 당시 은마 아파트의 경우 7억 선이 무너졌습니다. 물론 지금은 배로 올랐지요.

2016년에는 대내외적 악재도 많았지만 정부가 8·25정책에서 부동산 공급을 줄이겠다고 하자 강남 쪽 집값이 많이 올랐습니다. 그런데 2016년 11월 3일 강남, 과천, 세종시의 분양권 전매를 금지하면서 재건축 가격이 떨어졌습니다. 11월 24일의 정부 발표를 보니 2017년 1월 1일부터 잔금대출도 원리금 상환을 하겠다고 하더군요. 이는 분양을 받아도 소득증빙을 하지 못하면 대출받을 수 없다는 얘기입니다.

이러한 정부 정책은 시장을 옥죄는 것이라, 분양시장에 미치는 파급효과가 생각보다 큽니다. 2016년 초 현재 서울의 청약시장은 경쟁률이 절반으로 뚝 떨어졌습니다. 저는 2017년에는 더 좋지 않을 거라고 봅니다. 심지어 강남의 재건축 분양권 가격도 떨어지고 있습니다. 앞으로 더 떨어질 가능성이 큽니다. 그래서 내 집 마련은 좀 더 기다렸다가 하는 것이 좋지 않을까 싶습니다.

정부 정책뿐 아니라 트럼프가 대통령에 당선되면서 오히려 한국이 더 난리입니다. 미국의 경제성장률이 낮다 보니 트럼프가 1조 달러를 풀어 간접자본에 투자하겠다고 공약했기 때문입니다. 그렇게 돈을

2017년부터 대출규제 강화

●

강남 재건축 분양권 가격 하락세 계속 이어질 것

●

미 금리인상 영향으로 대출금리 상승해 가계 부담으로 작용

풀면 물가가 오르고 금리는 인상될 것입니다.

이미 2017년 초부터 서너 차례 금리를 인상할 거라는 전망이 우세합니다. 덩달아 시중은행의 대출금리가 벌써 많이 올랐습니다. 2017년 말이면 대출금리가 4~5퍼센트에 이를 거라는 예측도 있지요. 그러면 주택가격은 오르지 않을 것입니다. 특히 정치 시스템이 불안정하면 대개는 관망세가 이어집니다.

2017년과 2018년에 아파트를 포함한 주택에 매년 50만 가구가 입주합니다. 잠실 재건축의 경우 1만 5,000가구가 넘는데 2009년 입주할 때 30평형대 전세가가 1억 7,000~1억 8,000만 원이었습니다. 낮은 전세가는 매매가를 낮추는 효과를 냅니다.

입주 물량이 늘어나면 가격은 떨어질 수밖에 없습니다. 아파트는 2017년에 37만 가구, 2018년에는 40만~41만 가구가 입주합니다. 전체 77만~80만 가구가 입주하는 것입니다. 수도권도 그렇지만 지방은 더욱더 타격이 심할 전망입니다.

부산은 분양권 청약 경쟁률이 매우 높습니다. 그 이유는 전매 제한이 아예 없기 때문입니다. 이것은 그만큼 거래가 단타로 이뤄지고 있다는 얘기입니다. 제주도 연동의 아파트 가격은 서울 마포와 비슷합니다. 그런데도 두 지역은 규제에서 빠져 있습니다.

정부가 8·25정책을 내놓은 이유는 입주 물량이 많아 인허가 관련

입주 물량이 늘면 가격은 떨어져

●

주택 신규 물량 10만 채 중 70퍼센트가 수도권에 밀집

규제를 하지 않으면 2017~2018년까지 영향을 받기 때문에 선제조치를 취한 것입니다. 2017년과 2018년에 아파트를 비롯해 오피스텔, 아파텔이 10만 채 이상 쏟아집니다. 그중 70퍼센트가 수도권에 밀집되어 있습니다.

아래 그래프를 보면 아랫부분이 수도권이고 윗부분이 지방인데 입주 물량이 어마어마하게 늘어납니다. 과잉공급이 시장에 미치는 영향은 상당히 큽니다. 경기도와 5대 광역시에 2017년 하반기, 입주 물량이 집중적으로 쏟아집니다. 2018년에도 마찬가지지요.

집은 남들이 매입하지 않을 때 사야 하는데 입주 물량이 늘어나

아파트 입주 예정 물량 추이

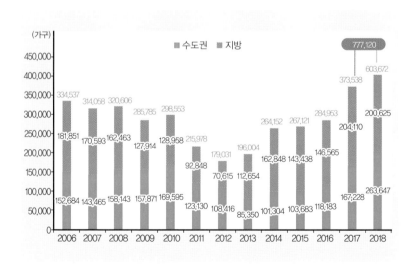

2017년에 심리가 꺾이면 2018년에는 더 꺾일 수 있습니다. 집은 그럴 때 사야 합니다. 여기에다 금리 사정이 어떻게 변할지 아무도 모릅니다. 고정금리는 2016년 12월 기준 2.5~2.6퍼센트입니다. 이미 그런 금리는 없습니다. 앞으로 1퍼센트포인트씩 오르기 시작하면 가계 부담이 커질 것입니다. 심지어 제2의 하우스푸어가 속출할 수도 있습니다. 어쩌면 급매물이 쏟아질지도 모릅니다. 평소에 지역을 잘 살폈다가 좋은 타이밍을 잡으십시오. 흔히 부동산을 살 때는 무릎 아래에서 사야 한다고 하는데 지금은 어깨 위입니다.

사회자   고 원장님은 전셋값이 계속 상승하고 있다, 소득 대비 집 값이 세계 기준으로 아직 많이 저평가되었다고 보면서 집을 사라고 하셨습니다. 이 팀장님은 2016년 11월 3일의 부동산 대책으로 재건축시장이 위축되고 또 11월 24일 집단대출 규제로 분양시장마저 위축된 데다 2017년 이후 입주 물량이 쏟아지고 미국 대선 이후 금리 인상이 우려되므로 집 구매를 보류해야 한다고 하셨습니다.

이어 박합수 수석전문위원께 집을 사야 한다는 의견을 들어보겠습니다.

박합수   먼저 준비한 자료를 봅시다.

검은색이 매매시장인데 서울 주택시장은 2013년 중반을 기점으로 2년 반 동안 상승했습니다. 원래 2016년은 살짝 쉬어가야 하는 시기인데 서울의 흐름을 보면 강남 재건축 덕분에 생각보다 하락폭이 크지 않습니다. 그만큼 서울은 대폭적인 조정이 없습니다.

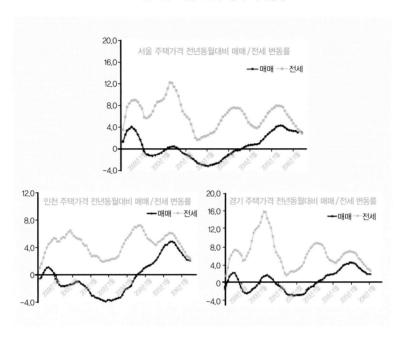

2008년 이후 서울·인천·경기 가격동향

황색 선은 전세인데 2년 주기, 즉 2009년, 2011년, 2013년, 2015년으로 리듬을 타고 있습니다. 2017년에 전세가 안정적일 거라는 전망이 나오고 있지만 홀수 해라 지켜봐야 합니다.

입주 물량을 보면 2006년과 2007년에 33만 호였고, 가장 적었던 2012년이 18만 호였습니다. 그런데 2017년과 2018년에 37만~38만 호라고 하니까 과잉공급이라는 말이 나오는 것입니다. 이러한 과잉공급은 전국 수치일 뿐 주택은 그 특성상 지역 간 대차성이 없습니

수도권 아파트 입주량 추이

(만 호)

서울 / 경기 / 인천

2006: 4.8 / 9.1 / 1.4
2007: 5.7 / 7.6 / 3.0
2008: 5.6 / 8.8 / 1.5
2009: 3.1 / 11.5 / —
2010: 3.6 / 11.5 / —
2011: 3.7 / 6.4 / —
2012: 2.6 / 2.6 / 1.9
2013: — / 5.0 / —
2014: 3.7 / 5.0 / —
2015: 2.1 / 8.5 / —
2016: — / 8.5 / —
2017e: 2.7 / 12.3 / 1.8
2018e: 3.1 / 14.7 / 1.7

다. 다시 말해 지역별 주택보급률, 전국 인허가 물량 등은 서로 아무런 관련이 없습니다. 가장 중요한 것은 내가 원하는 지역의 입주 물량이 어느 정도인가 하는 점입니다. 가령 내가 서울에 사는데 전라남도 주택보급률이 110퍼센트가 나온들 나와 무슨 상관이 있겠습니까.

경기도의 경우 12~15만 호까지 물량이 늘어납니다. 한데 경기도는 워낙 넓은 지역이라 동서남북 네 개의 섹터로 나눠야 합니다. 의정부에 사는 사람이 갑자기 안양으로 가는 경우는 드문 일이므로 각 섹터는 전혀 다른 시장입니다.

서울은 아파트 입주량이 10년 전보다 연간 2만 가구 적습니다. 2006년부터 2008년까지 아파트 입주량은 평균 4만 7,000가구였습니다. 이후 2016년부터 2018년까지는 2만 7,000가구에 불과합니다. 즉, 서울은 연간 2만 가구, 3년간 6만 가구의 입주량이 부족합니다.

중요한 것은 내가 원하는 지역의 입주 물량

●

서울은 연간 2만 가구 부족

더구나 서울의 문제는 서울에서 해결해야 한다는 사실에 주목해야 합니다.

경기도의 경우 2018년에 15만 가구가 입주할 예정인데 시군별로 나눠보면 34쪽 표와 같습니다.

윗부분은 입주 물량이 많아서 분류해놓은 것인데 가장 많은 곳이 화성시입니다. 당연히 동탄2지구겠지요. 동탄2지구는 아파트가 11만 5,000가구에 이르는 신도시로 입주에 2~3년이 더 걸립니다. 이곳은 약간 걱정되긴 하지만 크게 무리한 상태는 아닙니다.

그다음은 용인시의 수지구, 기흥구, 처인구인데 처인구가 문제입니다. 용인 남사 지역에 대림이 6,000~7,000가구를 분양해 입주합니다. 물론 이곳은 수지와는 상관없는 얘기입니다.

시흥시에서도 1만 2,000~3,000가구가 입주하지만 이곳은 걱정할 필요가 없습니다. 배곧신도시와 목감지구가 이제 출발한 것이기 때문입니다. 배곧신도시와 목감지구는 프리미엄이 붙어 거래가 활발한 상황입니다.

평택은 현재 미분양 면에서 앞 순위를 다투고 있지만 그냥 둬도 잘되는 지역입니다. 2017년 말 삼성전자가 입주하면 고덕신도시가

경기도의 아파트 입주 물량 추이

구분	2006년	2007년	2008년	2009년	2010년	2011년	2012년	2013년	2014년	2015년	2016년	2017년	2018년
경기도	90,751	75,569	87,124	110,789	115,246	64,214	62,744	49,552	53,682	70,233	85,191	122,936	146,523
화성시	4,135	21,113	26,136	8,077	2,639	649	1,175	231	4,036	20,819	12,524	22,331	27,392
용인시	23,641	6,058	5,472	13,016	13,438	4,493	3,513	6,879	2,114	1,445	2,795	6,793	15,676
시흥시	731	59	2,327	3,417	516	708	419	769	1,221	3,481	2,919	12,036	13,207
김포시	1,117	902	5,828	1,543	9,688	7,934	12,057	7,224	7,313	820	3,844	11,133	9,661
평택시	5,322	1,783	1,010	2,336	2,999	3,667	4,251	2,201	1,653	4,424	6,507	7,706	8,889
남양주시	5,477	4,351	5,369	10,740	11,595	278	7,058	4,047	6,910	9,145		3,938	8,248
수원시	2,783	1,594	8,847	5,273	3,635	14,380	11,496	9,792	5,930	7,368	3,680	9,833	7,613
안산시	3,904	1,205	60	2,292	1,987	51	435	482		714	1,569		6,759
파주시	5,757	1,388	917	7,795	12,027	8,003	4,247	823	5,091	1,006		2,438	6,613
하남시	1,946	2,079	4,024	777	453				3,229	7,538	15,505	6,217	6,080
고양시	6,338	7,987	4,532	5,809	10,071	3,382	4,416	9,725	4,165	5,580	4,538	1,935	6,033
안성시	1,899	1,658	1,900	1,190	2,967						2,860	963	5,804
광주시	712	562	339	80	1,920	1,601	198				2,681	5,143	5,538
의정부시	5,326	2,929	3,080	1,328	19		1,786	1,755	203	1,001	2,991	4,473	4,752
광명시	661	2,504		7,129	10,156	2,471			45			1,515	2,435
구리시	1,309	693	465	361	299				370	407	4,922	2,321	2,229
오산시	1,067	3,956	648	4,021	8,351	3,336		2,343	83			6,359	2,030
양주시	3,242	2,418	492	3,752	4,663	521			3,246		1,862	3,850	1,674
부천시	6,150	4,176	4,498	933	1,486	4,433	1,595		1,613	635	4,301	5,300	1,325
이천시	1,156	69	855	2,368	2,186	347	87	168	214	454	1,116	1,171	1,186
군포시	583	1,600	1,347	262	5,302		489		2,315	53			1,105
과천시		659	3,143										543
의왕시		1,605	176	5,010		1,535	2,422	1,170					536
성남시	2,652	1,928	3,202	16,303	3,895	4,400	3,641	1,895	1,722	4,513	4,431	4,712	503
동두천시				1,825	544	500	18		770				492
안양시	2,511	1,500	1,277	3,301	1,910	1,488	2,723	48	191	739	5,727	567	200
양평군	168	213	82	300	1,788	37	235					350	767
여주시	1,214		410	1,107			52		899		69		
연천군	530			428					112	91			
가평군	208	580	397		352		431		237			476	
포천시	212		291		360							959	

활성화되고 미군기지가 이전할 경
우 걱정은 사라집니다.

광명시는 공급이 거의 없어 역세
권을 중심으로 오를 것

아래의 회색 지역에서 우리가 생
각하는 공급 상황이 전혀 나타나지 않는 대표적인 곳은 광명시입니
다. 광명시는 배후에 있는 광명시흥 보금자리가 취소되면서 10만 가
구짜리 공급이 날아갔습니다. 따라서 광명시는 역세권을 중심으로
오를 확률이 높습니다.

과천시를 보면 이제 재건축을 시작하는데 입주 물량이 500가구에
불과합니다. 그리고 인구가 100만 명에 이르는 안양시에는 입주 물
량이 거의 없습니다. 오히려 회색 지역은 앞으로 2~3년간 공급 입
주 물량이 없습니다. 이런 지역은 가격이 오를 겁니다.

36쪽 표를 보면 2016년에 대구와 충청남도에 물량이 과잉공급됐
습니다. 대구는 2017년에도 과잉공급이 이어지겠지만, 2018년이면
아무 일 없는 듯 평정을 유지할 가능성이 큽니다. 왜냐하면 지금 공
급물량이 거의 남아있지 않기 때문입니다.

2017년에는 경상남도 3만 9,000가구, 경상북도 2만 3,000가구가
과잉공급입니다. 그다음은 충청남도인데 이 지역에서도 천안과 아
산이 앞으로 3년간 어려울 전망입니다.

그러면 미분양 상황을 다시 한 번 점검해봅시다. 입주 물량은 앞으
로 1~2년 후의 이야기이고 미분양은 지금 당장의 상황입니다.

서울의 경우 2016년 말에 발표된 미분양이 283가구뿐입니다. 인

전국 주택의 과잉공급 현황

구분	2006년	2007년	2008년	2009년	2010년	2011년	2012년	2013년	2014년	2015년	2016년	2017년	2018년
전국	334,452	314,030	320,606	285,785	298,535	215,978	178,971	195,967	264,105	267,066	281,706	375,022	384,934
서울	48,074	37,417	55,569	30,897	35,743	36,537	19,334	23,071	37,060	21,238	23,762	26,543	30,759
경기도	90,751	75,569	87,124	110,789	115,246	64,214	62,744	49,552	53,682	70,232	85,191	122,936	146,523
인천	13,793	30,451	15,450	16,185	18,588	22,379	26,278	10,709	10,554	12,157	7,708	18,072	16,966
부산	31,394	17,015	14,299	8,129	14,402	12,959	15,404	20,735	22,468	21,074	12,957	20,058	20,043
대구	19,546	19,593	32,591	15,711	13,563	7,276	4,529	9,919	9,327	14,969	26,635	21,535	13,407
광주	17,1729	11,903	13,586	13,317	8,552	9,437	3,360	7,345	9,411	5,752	10,559	11,704	5,661
대전	15,904	10,193	6,908	2,297	10,378	11,853	5,266	3,761	10,527	3,954	6,415	6,247	5,877
울산	3,592	12,507	9,122	3,881	10,947	2,772	3,744	6,482	9,075	9,428	3,123	9,035	7,586
강원도	15,204	9,419	10,016	9,117	4,505	2,313	4,238	3,580	9,004	6,075	7,782	6,269	11,622
경상남도	16,257	21,107	22,952	18,620	13,233	7,143	6,524	19,812	23,660	20,899	20,129	39,631	35,053
경상북도	5,720	14,566	12,091	14,347	15,940	9,761	3,628	6,401	7,825	15,301	15,557	23,380	21,437
전라남도	6,697	8,319	8,773	5,327	5,343	4,883	4,359	11,063	14,425	12,016	11,868	6,717	6,445
전라북도	10,101	11,784	9,053	9,762	5,454	6,343	7,341	5,599	10,591	10,845	7,744	5,811	11,692
충청남도	22,346	17,815	9,411	20,730	13,640	9,801	5,938	5,588	9,875	12,422	22,072	24,396	22,717
충청북도	14,100	15,816	9,826	6,632	11,799	4,021	1,289	6,039	9,475	10,821	10,114	14,700	15,831
제주도	2,442	41	921	53	1,202	2,044	717	2,873	2,159	2,501	2,437	2,556	349
세종	802	514	2,914			2,242	4,278	3,438	14,987	17,381	7,653	15,432	12,966

구 1,000만 도시에 미분양이 300개도 안 된다는 사실은 공급이 없다는 것을 의미합니다. 미분양 때문에 문제가 되는 지역은 거의 없습니다. 충청남북도와 경상남북도의 일부 지역에만 문제가 있을 뿐입니다.

현재 전국 미분양 물량이 16만 6,000가구에서 6만 가구로 떨어지는 상황이라 미분양 문제는 앞으로 주택시장에 큰 부담을 주지 않을 것입니다. 지역별, 시도별로 나눠보면 더욱더 특정 지역 문제로 남습니다.

앞으로 서울을 비롯한 여러 지역에서 대규모 신도시 공급이 중단됩니다. 노무현 정부가 시작한 수도권의 2기 신도시가 이제 끝나가고 판교, 광교, 위례 같은 2기 신도시도

대규모 신도시 공급은 더 이상 없어
●
서울은 중소형 위주로 가격이 유지될 것

마감 중입니다. 이명박 정부가 시작한 보금자리 주택지구도 하남, 감일 지구를 끝으로 사라집니다.

신도시가 없어지면 서울에서 주택 공급의 원천은 재건축, 재개발뿐입니다. 그런데 재건축, 재개발은 민간산업이라 정부가 통제할 수 없는 공급입니다. 이것이 앞으로 5년 안에 벌어질 일입니다.

일방적인 신도시 공급이 끝나면 더 이상 공급 조절이 어려우며 민간에서 체계적으로 공급할지는 의문입니다. 결국 서울 도심에서는 중소형 위주로 가격이 유지될 것입니다. 재개발이 이뤄지면 가격이 평당 400만~500만 원씩 올라갈 가능성도 큽니다.

5년 후면 공급의 원천이 사라지므로 지금부터 준비하고 움직여야 합니다.

사회자 김 실장님, 아직은 집을 살 때가 아니라는 입장이시죠? 의견을 들려주십시오.

김덕례 저는 연구원에서 주택정책을 연구하고 국토부와 주거안정을 위한 정책과제를 함께 조사·연구하는 일을 합니다. 즉, 집을 사거나 사지 말라고 권하는 일 자체를 할 수 없는 입장입니다. 다만

〈2017년 주택시장 전망〉이라는 보고서를 작성하면서 연구진이 고민한 사항을 자료로 제공할 수는 있습니다. 주택산업연구원 홈페이지에 들어가 보면 여러 자료가 있으니 한번 둘러보세요.

연구원에서는 2017년 주택시장을 수도권과 지방으로 나눠서 살펴보았습니다. 전국적으로는 보합이라고 했지만 수도권은 현재의 사이클이 이어져 0.5퍼센트 상승하고, 지방은 0.7퍼센트 하락할 것이라고 발표했지요. 전세의 경우 전국적으로 0.4퍼센트 오른다는 보도자료를 냈는데, 그 숫자에 어떤 의미가 있는지 잘 해석해야 합니다.

얼마 전 OECD가 한국의 경제성장률을 3.0퍼센트에서 2.6퍼센트로 하향조정했고 IMF는 3퍼센트 경제성장이 어렵다고 말했습니다. 경제성장을 전망하는 다른 기관들의 전망치도 2.2퍼센트 중반대입니다. 물론 전 세계적으로 저성장 기조라 유독 한국만 나쁘다고 할 수는 없지만, 몇 년째 지속 중인 2퍼센트의 경제성장률이 미치는 영향은 예의주시해야 합니다.

저성장 기조, 대출규제, 금리, 가계부채가 주택구입 주요 변수

2017년 전망에서는 대출규제, 금리, 1,300조에 이르는 가계부채, 주택 공급량이 굉장히 중요한 변수입니다.

2015년 주택인허가가 최대치를 기록해 75만 5,000호였고, 2016년에는 약 67만 호입니다. 그리고 2017년 공급 물량은 57만 호로 예측하고 있습니다. 이것이 과잉공급인지 아닌지 진단할 수는 없지만 단기적으로 많은 공급량이 시장에 줄 수 있는 부담은 분명 관리해야 합니다.

위의 네 가지 변수에 이어 2016년 하반기부터 시작해 2017년과 2018년에 집중적으로 이뤄지는 입주량도 하나의 변수입니다. 이들 다섯 가지 변수가 시장의 변화를 이끌 것입니다. 사람들이 간혹 제게 집을 사야 하느냐고 묻습니다. 그러면 저는 되묻습니다. 왜 집을 사려고 합니까? 왜 집을 사야 하는지, 어디에 살 것인지 등 구체적인 계획 없이 무작정 집을 사는 시대는 끝났습니다. 집을 사고자 하는 목적이 뚜렷해야 합니다.

내가 살 집인지 아니면 투자 목적인지 또는 어디에 사려고 하는지 등에 따라 대응 방법이 달라지므로 먼저 스스로 체크하는 시간이 필요합니다.

국제금융센터 홈페이지에 가보면 우리나라 경제성장에 대한 외국의 시각을 보여주는 지표가 하나 있습니다. 그것은 총부채원리금상환비율(DSR, Debt Service Ratio: 정책당국이 외자 도입 및 상환 문제를 처리하는 과정에서 정책조정에 활용하는 지표)인데, 그간 안정적이다가 최근 조금씩 오르고 있습니다. 이것이 올라가면 위험하다는 신호입니다.

또한 통계청 홈페이지에 가면 11개 경제지표로 한국의 상태를 보

> 무작정 집을 사는 시대 끝나. 목적에 맞는 대응 중요
>
> ●
>
> 2017년 모든 경제지표가 불확실한 상태

여주는 경제순환시계가 있습니다. 그것을 보면 2017년의 모든 지표가 불확실한 상태에 놓여 있습니다. 미 대선을 기점으로 연준은 금리를 올리기로 확정했고, 2017년에 두세 차례에 걸쳐 올릴 예정입니다.

지금까지 한국 시장이 좋았던 것은 굉장히 낮은 금리에 많은 유동자금 덕분인데, 재고주택시장이 좋았던 이유가 거기에 있다고 생각하지는 않습니다. 재건축이나 신규 분양시장의 분양권 거래를 중심으로 한 시장이 좋다 보니 전체 시장이 좋았던 것입니다. 그래서 2017년에도 그것이 이어지지 않을까 하는 사람이 꽤 있습니다.

2017년에 한국은행의 기준금리가 곧바로 오르지는 않겠지만 일반인이 그 금리로 대출을 받는 것은 아닙니다. 일반인은 대개 은행에서 정하는 금리로 조달받지요. 그런데 그 금리 구조를 보면 한국은행의 기준금리 외에 은행이 자체적으로 조달하는 코픽스(COFIX: 은행연합회가 매달 발표하는 은행권 자금조달지수), 국고채금리에 연동되는 기준금리가 있는데 이것이 오를 가능성이 큽니다. 또 은행이 시장의 위험성을 판단해서 결정하는 가산금리가 있습니다. 이런 것들이 크게 오를 수 있습니다.

얼마 전에 일부 상품을 기준으로 대출금리가 5퍼센트라는 보도가 나왔는데, 2017년에 조달받을 수 있는 금리가 오를 확률이 높습니다. 그러므로 어떤 자금을 조달해 어느 지역에 얼마만큼의 가격대로 주택을 살지 충분히 고민해야 합니다.

지금은 대내외적으로 굉장히 혼란스러운 상황입니다. 이러한 불확실성은 2017년 2분기쯤 조금씩 사라질 것입니다. 그 무렵이면 정치 문제도 가닥을 잡고 트럼프 내각의 정책이 정리되면서 국제 금융 정책의 윤곽도 나올 듯합니다.

국토부의 주택정책과 금융위원회가 추진하는 가계부채 건전성 관리 부문이 함께 갈 수는 없습니다. 정책적 우선순위를 보면 지금까지는 주거안정, 주택정책 쪽이었습니다. 그러나 앞으로는 금융정책, 즉 가계부채 건전성 관리 규제를 좀 더 강화할 수 있으므로 그 윤곽이 드러날 2017년 1분기 이후 의사결정을 해도 늦지 않다고 생각합니다.

사회자 박 위원님은 2008년 이후 주택 매매가격, 전세가격 흐름을 보니 생각보다 과하게 오르지 않았고, 전세가는 꾸준히 오른다고 하셨습니다. 입주 물량을 지역별로 상세하게 말씀하셨는데 전국적으로 입주 물량이 몰린 것이 아니라 부족한 곳도 있다고 하셨지요. 특히 서울은 공급이 많지 않고 수요가 많다고요. 김 실장님은 대내외적인 것을 전반적으로 짚어가며 저성장 기조, 대출 규제, 미국의 금리인상 이슈, 가계부채를 우려하셨는데 특히 주택 공급 물량을 우려해 2017년에 집 구매를 보류하는 게 맞지 않을까 하고 말씀하셨습니다.

두 번째 세션에서는 강남의 부동산 가격은 떨어지지 않는다는 '강남불패 신화'와 '강남은 더 이상 없다'를 놓고 토론해보겠습니다. 먼저 이제는 강남 신화가 깨질 때가 되었다고 보는 이남수 팀장님의 의견을 들어보겠습니다.

강남불패는 더 이상 없다 vs. 강남을 대체할 곳은 없다

이남수   계속 이어질 것 같던 강남불패가 사실 이미 깨졌죠. 재테크든 역사든 과거를 잊기 때문에 똑같은 실수를 반복합니다. 2005년, 2006년만 해도 가격이 천정부지였습니다. 강남이 떨어질 줄 누가 알았겠습니까? 그렇다고 강남이 폭삭 가라앉았다는 것이 아니라 애초에 너무 많이 올랐던 것이지요.

정부가 최근 분양가 규제에 들어갔습니다. 강남이 오르면 가장 먼저 강동구, 송파구가 오르고 다음으로 그 주변부가 오르지요. 그즈음이면 정부가 규제를 합니다. 이어서 올라야 할 곳이 남양주인데 그곳은 가격이 그대로입니다. 그 이유는 정부가 개입해서 차단하는 타이밍이 그때이기 때문입니다.

제가 분석한 바로는 평당 분양가가 2013년에 3,000만 원 이하였는데 2016년에 4,000만 원을 넘어섰습니다. 강남 같은 경우 정부가 규제하지 않았다면 5,000만 원에 분양해도 다 팔렸을 겁니다. 강남구, 서초구에 새 아파트가 많은데 2013년 12월 아크로리버파크를 분양할 때부터 강남 시장이 좋았습니다. 아크로리버파크 2차 분양 때 분양가가 4,000만 원이 넘었지요. 현재 한강이 내다보이는 아파트 40평대 이상은 평당 6,000만 원에 거래가 이뤄지고 있습니다.

그러나 가격만 가지고 강남이 좋다고 할 수 없는 이유는 개포, 반포 일부를 빼고는 모두 중층이기 때문입니다. 고덕이나 위례는 분양가가

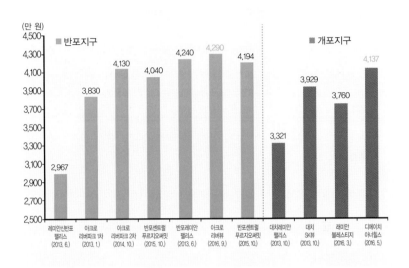

반포, 개포지구 평당 분양가 추이

2,300만 원입니다. 강남 재건축이 오르니 따라 오른 것입니다. 위례지역은 2,000만 원 이하였는데 심지어 저는 당첨되고도 팔아야 하는 것 아니냐는 질문을 많이 받았습니다. 지금은 모두 2,000만 원이 넘습니다.

앞으로 어떻게 될지는 정책적인 변수에 달려 있습니다.

재건축초과이익환수제가 2017년에 끝나는데 이것은 연장될 수도 있고 그렇지 않을 수도 있습니다. 상당히 불안한 상태인데 만약 2017년까지 관리처분인가를 받지 않으면 재건축 이익의 절반을 토해내야 합니다. 잠실 주공5단지, 압구정 현대아파트, 미성아파트 같

재건축 관련 정책적 걸림돌

재건축초과이익환수제 – 2017년 말 유예 종료

2017년 말 이후 관리처분인가를 받을 경우, 2018년부터 재개되는 초과이익환수제에 따라 재건축으로 얻은 이익이 1인당 평균 3,000만 원 이상인 조합원은 **초과금액의 최대 50%**를 재건축 분담금으로 납부.

50층 무산

압구정 아파트 : 서울시의 지구단위 계획 전환에 따라 관리처분인가가 2020년 4월로 2년 4개월가량 지연, 서울시는 "압구정 재건축, 35층 이상 어렵다"는 입장 고수.

분양가 규제

디에이치아너힐스의 경우 당초 조합 측이 계획한 분양가는 평균 4,457만 원, 최고 5,166만 원이었지만, 정부(HUG)의 분양보증 규제와 중도금대출 규제 등으로 분양가를 평균 4,137만 원으로 인하함.

은 중층단지 지구단위 계획을 보면 시장이 바뀌지 않는 한 35층 이상으로 진행할 수 없습니다. 심지어 34평이 14억, 15억까지 호가하던 잠실 주공5단지가 2016년 말 현재 2억씩 떨어지고 있습니다.

한강변 3종 주거지역은 35층 이상은 안 됩니다. 그런데 이러한 중층 단지는 고층화하지 않으면 사업성이 없지요. 결국 강남 재건축아

파트에 속하는 곳은 사업 속도를 내야 합니다. 아는 분이 둔촌 주공아파트 가격이 떨어지고 있는데 사는 것이 어떠냐고 제게 묻기에 사지 말라고 했습니다.

현재 가격은 메리트가 있지만 둔촌 주공아파트는 조합원 분양가가 높아 소송에 들어갔습니다. 만약 소송에서 가처분이 인용되면 시간이 많이 지연됩니다. 재개발도 마찬가지입니다. 금융비용을 고려하면 5년이나 10년 후 남는 게 별로 없습니다. 더구나 금리가 오른 상황에서 말입니다.

이러한 불확실성을 생각하면 강남도 한참 조정이 이뤄질 것으로 보입니다. 지금 정부에서 두려워하는 것은 분양가입니다. 강남에 재건축을 계속 허용하면 나비효과로 그것이 주변부에 확산됩니다. 개포 주공3단지나 디에이치아너힐스의

> 강남은 재건축초과이익환수제 같은 정책적인 변수 커
>
> 35층 이상 재건축이 어려운 한강변은 사업성 낮아
>
> 정부에서 두려워하는 것은 높은 분양가 주변부에 확산되는 것

경우 일부 평형이 5,000만 원이 넘는데 정부는 여기에 아예 중도금 대출을 해주지 않았습니다. 모두 스스로 부담한 것입니다. 40평형대가 17억 정도인데 어느 고객이 제게 팔아야 하는지 묻더군요. 분양권 가격이 떨어지고 있기 때문입니다.

2017년 재건축이익환수제에 해당되면 어떻게 할 생각입니까? 한강변에는 매물이 많습니다. 개포 일부가 진행이 빠르긴 하지만 전반

적으로 물량이 많고 대개는 리스크가 따릅니다.

박합수　　　한강은 더블유(W) 자 모양으로 흘러갑니다. 여의도에서 잠실까지 택시를 타면 강변북로가 요금이 쌀까요, 아니면 올림픽대로가 쌀까요? 강변북로가 쌉니다. 더블유 자에 집중하기 바랍니다. 한강변에 산다는 것은 부유하다는 것을 의미합니다. 그리고 5년 안에 핵심지역으로 떠오를 지역이 용산이라는 점에 주목해야 합니다.

71만 평짜리 용산공원이 개발되면 뉴욕 센트럴파크에 견줄 만한 훌륭한 글로벌 시티가 탄생합니다. 한국에 사는 외국인이 집중하는 명품단지가 생기는 것입니다. 미군 이전비용을 포함해 공원 조성에 5조 원이 들어가니 5조 원짜리 정원을 깔고 사는 셈입니다.

강남은 큰 틀에서 보면 반포와 압구정의 게임입니다. 남쪽으로 보면 대치와 도곡이 있지요. 개포에 2만 1,000가구가 등장하는데 그중 중소형이 1만 5,000가구로 70퍼센트에 달합니다. 다시 말해 이곳은 상류층 자녀나 은퇴자 중에 강남을 떠나기 싫어하는 수요가 집중될 랜드마크입니다. 여기는 무엇보다 지하철 접근성이 큰 영향을 미칠 것입니다.

그다음으로 빼놓을 수 없는 지역이 구룡마을입니다. 이곳의 개발이 끝나면 2,700가구가 분양되는데 이 중 1,100가구가 임대아파트입니다. 함께 잘 어울려 살아야 하는 소셜믹스 지역인 셈입니다.

개포는 상류층 자녀나 은퇴자 중 강남 선호자의 수요 집중

도곡의 타워팰리스가 그 가치를

유지하는 이유는 대안이 없기 때문입니다. 우성, 선경, 미도가 재건축될 경우 가치를 유지하려면 중

반포주공1단지는 지금 사도 최소 5억 이상 오를 것

대형이어야 합니다. 타워팰리스 입주자들은 2016년 말 현재 15년쯤 그곳에 살았는데 20년 정도면 갈아타고 싶어질 것입니다. 만약 우성, 선경, 미도가 대형을 유지하면 그만한 가치가 충분히 있다고 봅니다.

현재 제일 잘나가는 곳은 재건축 속도가 가장 빠른 반포입니다. 그중에서도 주공1단지가 재건축의 블루칩이지요. 그렇다 보니 30평짜리가 25억이나 갑니다. 사야 할까요, 말아야 할까요? 돈이 있으면 사야 합니다. 지금 사도 최소한 5억 이상 오를 전망이기 때문입니다.

반포는 한강 후면지대에서 전면지대로 개편되면서 압구정과 대결하는 형국입니다. 물론 압구정이 형이자 우리나라 재건축의 넘버원입니다. 대전, 대구, 부산 등 어디를 가든 부자들이 압구정 현대아파트를 사는 건 어떠냐고 물을 정도로 전국구 재건축 아파트입니다. 그만큼 가치를 알아준다는 얘기인데 압구정은 현실적으로 재건축에 시간이 많이 걸립니다. 높이, 기부채납, 소형평형 의무비율 등 걸림돌이 많기 때문입니다. 비록 한강변 높이는 35층으로 제한을 받고 있지만 영원한 것은 없습니다. 정책입안자에 따라 언제든 50층으로 바뀔 수도 있지요. 그런 만큼 압구정은 그 가치를 실현하리라 보는데 미래의 넘버원, 넘버투는 압구정과 용산이 좌우할 것입니다.

한강변 35층 높이제한은 영원하지 않아

●

압구정과 용산의 가치는 더 높아질 것

알고 있을지도 모르지만 잠실 5단지 15억짜리가 13억으로 떨어졌습니다. 그럼 그 13억짜리는 2013년에 얼마였을까요? 9억이었습니다. 2013년 하반기에는 바닥이었고 그때 제가 9억에 사라고 많이 추천했습니다. 15억 찍고 13억으로 떨어졌어도 9억에 사서 4억을 번 것입니다. 50퍼센트 이득이 아닙니까.

둔촌 주공은 2016년 말 현재 34평을 조합원 분양으로 받으려면 8억이 필요합니다. 일반분양가는 9억 5,000만 원 정도지요. 이곳은 3박자를 고루 갖춘 단지입니다. 특히 강동구는 11·3 대책으로 명실상부하게 강남 4구로 공인받았습니다. 둔촌 주공은 중상층, 고덕은 중산층에 비유할 수 있습니다. 고덕은 빠르면 2017년 여름 말쯤 이주를 시작합니다. 관리처분인가는 2017년 1월경에 나올 예정입니다. 빠르면 여름쯤에 이주하고 분양은 2018년 초가 될 것이므로 관심을 기울일 필요가 있습니다.

분양은 개포에서 2017년에 최소한 두 곳이 나옵니다. 개포 시영과 4단지인데 분양 물량이 200가구씩에 불과합니다. 물량 자체가 워낙 적어서 실수요자만 와도 마감될 것입니다. 강남은 전체적으로 수요와 지지 기반이 확실합니다. 부유층 2세들이 계속 여기를 지지하고 있습니다.

결론적으로 말해 그들만의 리그는 지속될 전망입니다. 결코 여기에서 벗어날 수 없습니다. 그곳을 벗어나서 살 수 있는 대안이 없기 때문입니다.

사회자 이남수 팀장님은 고분양가 논란과 초과이익환수제, 50층 무산, 분양가 같은 재건축 규제가 나오고 있어서 강남불패가 깨질 수 있다고 말씀하셨고요. 박합수 전문위원은 여전히 공급량이 많지 않아 그들만의 리그는 지속되고 결국 강남불패는 깨지지 않을 거라고 보셨습니다.

강남은 부유층 2세들의 수요와 지지가 확실
●
강남을 벗어날 수 없는 '그들'이 강남불패를 이어갈 것

고종완 강남과 관련해 두 가지를 말씀드리겠습니다. 집을 살까, 말까도 그렇지만 전문가의 말을 종합적으로 듣고 얼마나 객관적인 근거가 있는지 또 그들이 과거에 얼마나 정확히 예측했는지 생각하면서 전문성을 길러야 합니다.

저는 부동산의 가치를 믿는 가치주의자입니다. 부동산에도 내재가치와 미래가치가 있습니다. 이 가치를 고려하면 투자가치가 있는지 없는지, 앞으로 집값이 내릴지 오를지 어느 정도 추정이 가능합니다. 이를 위해서는 빅데이터와 지표, 그러니까 객관적 지표와 과학적 투자원리, 창의적 전략이 필요합니다. 결국 가치주의와 과학주의의 결합을 염두에 두고 강남을 들여다봐야 합니다.

'불패 신화'는 언론이 만든 것으로 그리 적합한 말이 아닙니다. 강남의 집값이 많이 오르면 불패 신화라 하고 2006년처럼 집값이 급

락하면 불패 신화는 끝났다고 말하는 것은 너무 협소한 시각입니다. 결론은 강남은 적어도 20년 정도 이어진다는 것입니다.

첫째, 강남은 가치주의 관점에서 두 가지 이점이 있습니다. 집값 수준 측면에서 PIR 지수를 보면 수도 서울의 집값 수준은 절반에 불과합니다. 이것만 놓고 보면 평당 2,400만 원짜리 집값과 평당 4,000만 원이 넘는 강남의 집값도 결코 비싼 것이 아닙니다. 중국 상하이나 베이징에는 평당 1억인 집이 수두룩합니다. 도표가 보여주듯 런던이나 홍콩은 1억 3,000이나 됩니다.

강남에서 가장 비싼 곳은 평당 8,000만 원 정도입니다. 토지가격까지 따지면 압구정 신현대아파트가 평당 1억, 개포가 8,000만 원입니다. 가장 비싼 곳은 제2롯데월드

런던, 홍콩, 미국 주요 대도시 아파트 가격에 비하면 강남은 아직 높지 않아

에 있는 주거형 오피스텔로 평당 1억에 분양하고 있습니다. 바야흐로 1억 시대입니다. 그래도 런던이나 홍콩, 미국 대도시 아파트 가격에 비하면 한국은 아직 높지 않은 편입니다. 부동산과 관련해 한국에는 10년 주기설이 있는데 52쪽 도표가 보여주듯 5~6년 오르면 4~5년 내립니다.

강남은 2013년부터 올랐고 2016년이 4년째입니다. 10년 주기설에 따르면 2017년까지는 집값이 오릅니다. 하지만 여기에는 김덕례 실장님이 말한 것처럼 변수가 있습니다. 대표적인 것이 금리, 트럼프,

세계 주택 거래가격 상위 10개 도시

순위	도시(국가)	제곱피트 당 가격 ($USD)	제곱미터 당 가격 (원)	평당 가격 (원)
1	런던(영국)	36,382	39,241,642	129,724,432
2	홍콩(중국)	35,413	38,196,746	126,270,231
3	뉴욕(미국)	32,744	35,317,478	116,751,989
4	시드니(호주)	21,851	23,568,205	77,911,419
5	파리(프랑스)	20,021	21,594,513	71,386,818
6	싱가포르(싱가포르)	17,276	18,633,975	61,599,915
7	로스앤젤레스(미국)	16,146	17,414,930	57,570,014
8	도쿄(일본)	14,854	16,021,736	52,964,413
9	뭄바이(인도)	13,186	14,222,193	47,015,512
10	밀라노&로마(이탈리아)	10,764	11,609,953	38,380,010

정치 변수입니다. 대선이 있는 해에는 집값이 내린 적이 없습니다.

그 외에 사이클, 벌집순환모형도 있습니다. 중장기 모델을 보면 상승 사이클이 5년 정도 쉬었기 때문에 다시 나타날 것입니다. 벌집순환 모델을 봐도 마찬가지 상황입니다. 그러나 강남은 이미 고점을 돌파했고 여러 가지 규제 정책이 나오는 걸로 보아 상승폭은 크지 않을 전망입니다. 다음에 조정이 오더라도 2030년까지는 큰 조정이 아니고 상승이 있을 것이라고 봅니다. 아마 강남은 늘 선두에 설 것입니다.

한국 주택시장 변화 추이 및 전망 시나리오

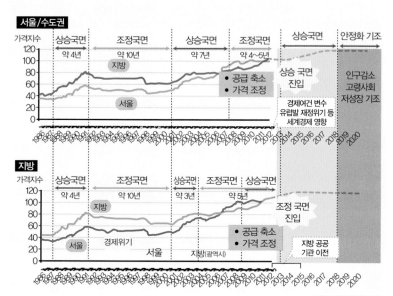

자료 : 주택산업연구원

다음은 내재가치와 미래가치를 기준으로 투자가치가 높은 아파트 베스트 10을 정리한 표입니다. 〈조선일보〉, 조선닷컴 홈페이지, 한국 자산관리연구원에서 이 내용을 자세히 볼 수 있습니다.

강남은 사대문 안과 마찬가지로 서울 도시계획의 중심축입니다. 여의도와 영등포도 있지만 아무튼 중심축은 사대문과 강남입니다. 그러므로 투자할 곳이 없으면 이 두 곳에 하십시오. 특히 강남은 대

강남은 대체가 불가능한 곳

서울 지역의 투자가치 높은 아파트 베스트 10

일반아파트(11~30년 미만)

NO	지역		아파트명	입주년도	총세대수	내재 가치	미래 가치	투자 가치판단
1	강남구	삼성동	아이파크(87번지)	2004	449	★★★	★★★	높음
2	강남구	일원동	가람	1993	496	★★★	★★★	높음
3	강남구	수서동	수서한아름	1993	498	★★★	★★★	높음
4	강남구	삼성동	중앙하이츠빌리지	2004	298	★★★	★★★	높음
5	강남구	수서동	신동아	1992	1,162	★★★	★★★	높음
6	강남구	수서동	삼익	1992	645	★★★	★★★	높음
7	강남구	일원동	푸른마을(719)	1994	930	★★★	★★★	높음
8	서초구	반포동	반포푸르지오	2000	237	★★★	★★	높음
9	강남구	청담동	청담대림e-편한세상	2002	271	★★★	★★	높음
10	강남구	개포동	우성8	1987	261	★★★	★★	높음

재건축(30년 초과)

NO	지역		아파트명	입주년도	총세대수	내재 가치	미래 가치	투자 가치판단
1	강동구	둔촌동	주공4(고층)	1980	2,180	★★★	★★★	높음
2	강동구	둔촌동	주공1(저층)	1980	1,372	★★★	★★★	높음
3	강동구	상일동	주공3	1983	2,580	★★★	★★	높음
4	강남구	개포동	주공3	1982	1,160	★★★	★★	높음
5	동작구	상도동	상도대림	1981	400	★★★	★★	높음
6	강동구	상일동	주공4	1983	410	★★★	★★	높음
7	강남구	개포동	주공2	1982	1,400	★★★	★★	높음
8	강동구	상일동	주공6	1983	880	★★★	★★	높음
9	서초구	반포동	주공1(1127)	1973	3,590	★★★	★★	높음
10	강동구	상일동	주공7	1983	890	★★★	★★	높음

새아파트(1~10년)

NO	지역		아파트명	입주년도	총세대수	내재 가치	미래 가치	투자 가치판단
1	강남구	삼성동	래미안2차	2007	275	★★★	★★★	높음
2	강남구	삼성동	힐스테이트2차	2008	926	★★★	★★★	높음
3	강남구	삼성동	힐스테이트1차	2008	1144	★★★	★★★	높음
4	강동구	상일동	고덕리엔파크3단지	2011	2283 (임대1814)	★★★	★★	높음
5	강남구	대치동	대치아이파크	2008	768	★★★	★★	높음
6	강남구	대치동	동부센트레빌	2005	805	★★★	★★	높음
7	강서구	염창동	염창1차한화꿈에그린	2005	422	★★★	★★	높음
8	서초구	반포동	반포리체	2011	1119	★★★	★★	높음
9	강남구	도곡동	경남	2005	348	★★★	★★	높음
10	강서구	내발산동	마곡수명산파크5단지	2008	948 (임대490)	★★★	★★	높음

체가 불가능합니다. 기본적인 시설과 문화적 상징성을 고려하면 비록 오르내리는 일은 있어도 강남의 상승 추세는 이어질 것입니다.

김덕례　　강남은 아무것도 없던 상태에서 정부가 정책적으로 택지 개발을 하고 최고의 인프라를 깔아준 것이 누적되어 지금에 이른 것입니다. 그렇다면 강남의 특수한 인프라를 강남만 향유하는 것이 옳을까요? 이제 정부정책은 과거와는 달라질 것입니다. 강남은 고도성장기에 필요에 따라 개발한 지역이며 이제는 균형개발을 위해 정책적으로 새로운 주거지 개발이 필요한 시점입니다.

정책평가는 보통 시간이 지나면서 이뤄지는데 2015년과 2016년을 거치면서 부산 해운대구 일대는 대형 혁신지구로 자리매김하고 있습니다. 또한 지방의 집값이 하락하는 와중에 진주 사천지구는 많이 오르고 있습니다. 그곳에 LH뿐 아니라 우주산업이라는 미래 전략 사업이 들어서고 있기 때문입니다. 이에 따라 그 지역의 미래가치와 지역가치가 달라지리라고 봅니다.

같은 맥락에서 향후 정부가 추진하는 정책이 어떤 방향으로 가는지 봐야 합니다. 국가에 광역철도망, 광역도로망, 산업단지 등 인프라 계획이 있는데 이를 중첩해서 살펴보면 어느 지역의 미래가치가 높을지 알 수 있습니다.

투자의 대부로 불리는 앙드레 코스톨라니(Andre Kostolany)가 제시한 달걀모형이 있습니다. 이것은 금리를 기준으로 어디에 투자하고 언제 매도해야 하는지 그 타이밍을 보여줍니다. 금리가 낮을 때는 안전 자산으로 알려진 부동산에 많이 몰리지만 금리가 저점을 찍고 올라가는 상황에서는 부동산을 매도하는 타이밍으로 옮겨갑니다. 이는 투자와 실수요에 따라 분명히 다르며 만약 투자를 한다면 여러 경제학자의 이야기를 살펴봐야 합니다.

미국의 유명한 미래학자 토머스

> 균형개발을 위해 새로운 주거지 개발 필요
>
> ●
>
> 정부 추진 정책에 따라 지역의 미래 가치 달라져

프레이(Thomas Frey)가 말한 '부자지수'라는 게 있습니다. 이에 따르면 현재의 순자산, 나이, 소득 등을 기초로 재무지수를 만든 다음 이를 계산해 1.0이 나오면 수입이 안정적이므로 투자해도 좋습니다. 반면 1.0 밑으로 떨어지면 부채도 많고 리스크가 커서 투자할 경우 매우 곤란해집니다.

2015년 기준으로 한국에는 1,700만 가구가 있습니다. 통계청의 가계금융 및 복지 조사결과에 따르면 1,700만 가구 중 재무구조가 안정적이라 투자할 수 있는 비율은 42퍼센트입니다. 나머지 58퍼센트는 재무적으로 어려우므로 투자하면 안 됩니다. 42퍼센트 중에서도 20퍼센트는 상위 2퍼센트를 차지해 재무구조가 아주 훌륭합니다. 이런 사람은 자기자본으로 얼마든지 투자해도 괜찮습니다. 이처럼 자가진단을 해보고 투자하는 것이 현명한 자세입니다.

사회자 간단하게 정리하면 고 원장님은 아직까지 우리나라의 주택가격이 선진국에 비해 여유가 있다고 보고 있습니다. 런던, 홍콩, 싱가포르는 평당 2~3억이 넘는데 우리나라는 아직 거기에 미치지 못하므로 강남 신화가 10년 정도 이어질 것이라고 내다보기도 하고요. 김 실장님은 강남을 어느 정도 인정하면서도 정책적 관점에서 향후 강북이나 다른 지역에도 여러 인프라를 지원해야 한다고 말씀하셨습니다. 이제 마지막 세션으로 최근의 저금리 구조에 따른 수익형 부동산 얘기를 해보겠습니다.

저금리 시대, 수익형 부동산이 답인가

김덕례　투자란 인풋 대비 아웃풋이 얼마나 되는지를 따지는 문제입니다. 그 기준으로 볼 때 부동산은 뭐니 뭐니 해도 입지가 관건입니다. 아무리 값이 싸도 입지가 비효율적이면 투자가치가 없습니다. 그다음은 성능입니다. 이제는 관리의 시대이므로 내가 구입한 부동산에 개보수 비용이 지나치게 들면 안 됩니다. 마지막으로 선호와 희소성입니다. 얼마 전 서울에서 112제곱미터(34평)를 분양했는데 미분양되었다고 연락이 왔습니다. 조사결과 수요자들은 112제곱미터를 선호하지 않는 것으로 나타났습니다. 수요가 높은 것은 대체로 102제곱미터(30.8평) 정도까지였지요.

이러한 조건을 갖춘 뒤에는 수익성을 고려해야 합니다. 수익성은 조달자본과 관련이 있으므로 투입하는 자본을 토대로 최종수익률이 어느 정도인지 꼼꼼히 분석할 필요가 있습니다. 특히 현재가치보다는 미래가치를 따져야 합니다. 물론 실수요라면 현재가치가 중요하지만, 투자는 미래가치를 보는 것이므로 얼마나 오를지 염두에 두어야 합니다. 더 중요한 것은 가성비입니다. 즉, 투자 대비 수익이 얼마일지 고민해야 합니다.

이 모든 것을 연결하면 결국 몇 가지 조건을 충족시켜야 한다는 결

> 부동산은 입지가 관건. 개보수비용, 수요자 선호도 고려해야
>
> ●
>
> 도심권에 있는 새로 지은 중소형 주택이 유리

론이 나옵니다. 일단 사람이 많은 도심권에 새 주택이어야 합니다. 또한 가구 변화로 수요가 높아진 중소형 주택이 임대소득 창출에 유리합니다. 다른 한편으로 다세대, 다가구, 비아파트 쪽이 선풍적 인기를 끈 이유는 인테리어가 아파트 수준이기 때문입니다. 이러한 상황을 감안하면 저는 수익형 구조로 가는 것이 맞는다고 봅니다.

박합수 소형주택은 이미 수익형 부동산으로 자리를 잡았습니다. 2017년까지 준공공임대주택으로 10년간 임대사업을 하면 양도세를 100퍼센트 면제받는데 그 혜택이 2017년에 만료됩니다. 지금 10년 임대를 시작하면 양도세를 100퍼센트 면제받으므로 그동안 임대수익이 발생합니다. 양도세 비과세는 꼭 활용하는 것이 좋습니다.

소형아파트는 도심에 집중되어 있고 서울의 경우 가장 싼 지역이 평당 1,000만~1,500만 원입니다. 재개발로 새롭게 바뀌는 서울 시내 아파트는 대부분 2,000만 원 수준에 거래될 것입니다. 재개발이 이뤄지면 소형아파트의 가치는 더 올라갑니다. 이는 수요가 풍부하기 때문입니다. 실제로 1~2인 가구가 전체 가구의 49.7~50퍼센트를 차지합니다. 또한 우리나라의 가구원 수는 2015년 기준 2.53명입니다. 이처럼 가구원 수가 줄어드는 상황이라 소형아파트는 앞으로도 대세일 것입니다.

수요가 풍부한 서울 시내 소형 아파트 대세 이어질 것

통계청에 따르면 우리나라 인구는 2031년 5,300만 명을 정점으로 줄어들 것이라고 합니다. 그러므로 2017년, 2018년에 집을 사면서 인구가 줄어들 것을 고려할 필요는 없습니다. 앞으로 15년 후에나 인구가 줄어드니 말입니다.

설령 인구가 줄어들지라도 이것을 지역적으로 나눠서 생각해야 합니다. 인구가 도시에 집중되면서 대도시 인구는 줄지 않고 농촌 인구는 줄어들 것이기 때문입니다. 이미 농촌 인구는 300만 명 선이 무너졌습니다. 그 인구마저 2031년 이후에는 존재하지 않습니다.

일본은 빈집이 820만 채를 넘어섰습니다. 우리나라도 100만 채가 넘지만 모두 도심과는 거리가 먼 곳입니다. 따라서 도심, 소형아파트에 지속적인 가치를 둬야 합니다.

사실 수익형 부동산의 대명사는 오피스텔이었지만 이제 한계점에 도달했습니다. 분양가가 높아지면서 투자 대비 수익률이 하락했기 때문입니다. 그러나 분양가가 싸고 배후 수요가 풍부한 도심이라면 고려해볼 만합니다.

상가건물의 경우 구입해서 그대로 유지하는 것은 아무 의미가 없습니다. 리모델링이나 신축으로 개발이익을 남겨야 합니다. 그래야 20~30퍼센트의 이익을 기대할 수 있습니다. 또한 임차인 재구성으로 임대료를 올려 가치를 극대화해야 합니다.

다가구주택과 상가주택은 지금 한계에 와있습니다. 비싼 땅값에 건축비까지 합하면 수익을 올리기가 쉽지 않은 까닭입니다. 이미 보

오피스텔은 한계점에 도달
●
상가건물은 리모델링, 신축으로 개발이익 추구해야

유하고 있는 사람은 개발하고, 투자하려는 사람은 신중해야 합니다.

이남수 얼마 전 케이블 TV에서 〈응답하라 1998〉을 방영했는데, 그 드라마에 나온 시중금리가 12퍼센트였습니다. 1억 원을 맡기면 100만 원을 받은 것입니다. 그런데 2016년 현재 1억을 맡기면 이자율이 1퍼센트 미만입니다. 잘해야 7만 원 정도가 나옵니다.

그러다 보니 수익형 부동산에 대한 관심이 아주 큽니다. 설령 트럼프 효과로 금리가 오를지라도 두 자릿수로 가지는 않습니다. 수익형 부동산 하면 가장 먼저 떠오르는 것이 오피스텔입니다. 전국적으로 2017년 4만 5,000채, 2018년 5만 6,000채로 모두 10만 여 채가 입주하는데 범위를 낮춰 서울만 살펴봅시다.

입주 물량을 보면 2013년부터 계속 1만 실이 넘습니다. 2016년 1만 8,000실, 2017년 1만 3,000실로 나타나고 있습니다. 문제는 오피스텔 분양가가 계속 늘어나면서 공실률도 늘어나고 있다는 점입니다. 보통 4~5퍼센트를 얘기하지만 세금을 내고 실제로 얻는 수익률은 그리 높지 않습니다.

특히 오피스텔은 단기임차가 많아 수수료가 많이 들어가는 편입니다. 그래서 분양받는 것보다 오히려 분양가가 싼 기존의 오피스텔을 찾는 게 낫습니다.

오피스텔은 단기임차가 많아 수수료 부담이 크므로 분양받는 것보다 기존 오피스텔 찾는 편이 유리

수익형 부동산에서 중요한 것은 가격입니다. 즉, 분양가가 싸야 합니다. 그러나 싼 것을 찾기가 하늘

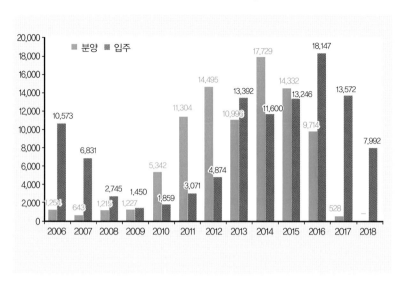

서울시 오피스텔 분양·입주 물량 추이

의 별 따기이므로 기존의 부동산을 찾아다녀야 합니다. 명의를 누구로 할 것인지도 중요한 문제입니다. 만약 아내 명의로 하면 사업자등록을 하고 부가세 환급을 받기 때문에 남편의 직장의료보험에서 분리돼 지역의료보험으로 바뀝니다. 지역의료보험의 가장 큰 문제는 건강보험료 부담이 크다는 점입니다. 수익형 부동산을 하면 사업자등록을 하는 순간 1주일 만에 건강보험증이 바뀝니다.

가령 삼성역에 있는 오피스텔은 보증금 1,000만 원에 한 달 월세가 80만~90만 원입니다. 그 액수에서 거의 20만 원에 육박하는 건강보험료를 낸다고 생각해보십시오. 얼마 전 주택임대사업자의 경우 2,000만 원 이내 금액은 2년 유예했는데 이것은 건강보험료 부담으로 인한 문제였습니다.

이처럼 수익형 부동산에서는 매입가뿐 아니라 명의를 누구로 할 것인가도 중요합니다. 세금을 최소화하려면 반드시 자문을 받는 것이 좋습니다.

주택과 달리 상가나 건물은 비싸다고 더 좋은 것이 아닙니다. 특히 정보를 얻기가 쉽지 않은 상황이므로 거래하는 금융기관의 부동산 상담관에게 자문을 구하십시오. 그들이 100퍼센트 정답을 알려주는 것은 아니지만 리스크는 줄일 수 있습니다.

2017년 경제성장률을 2퍼센트 초반대로 예상하는 사람이 많은데 앞으로는 1퍼센트까지도 가능합니다. 이 경우 신도시는 새로운 상권 성장이 어렵습니다. 반면 기존 상권은 혜택을 봅니다. 이는 기존 상권이 편리한 교통의 이점을 누리기 때문입니다.

혹시 눈여겨보았는지 모르지만 상가나 건물을 보면 망하는 자리는 계속 망합니다. 심지어 6개월마다 바뀌는 곳도 있습니다. 반대로 잘되는 곳은 무얼 해도 잘됩니다. 수익형 부동산의 경우에는 주택과 달리 강북도 엄청나게 인기가 좋습니다. 특히 홍대는 동서남북 모두 가격이 만만치 않습니다.

예전에는 도로변의 가시성을 중요시했지만 요즘 젊은이들은 경리단길, 이태원, 망원동까지 갑니다. 가격이 저렴한 것도 아니고 심지어 주차할 곳도 마땅치 않은데 말입니다. 그러므로 꼭 강남만 바라볼 것이 아니라 지역 범위를 넓혀야 합니다. 단, 지방은 피하는 것이 좋습니다. 가급적 서울 쪽으로 하되 타이밍보다 값싼 것에 초점을 둬야 합니다. 이를 위해 열심히 발품을 파십시오.

저성장 시대에는 신도시의 새로운 상권이 성장하기 어려워

•

강남만 선호하지 말고 지역 범위 넓혀야

•

잘 모르겠다면 오피스텔이 아니라 소형아파트를 선택

만약 잘 모른다면 오피스텔이 아니라 소형아파트를 선택하는 것이 바람직합니다. 서울시에서 청년임대주택을 역세권에 2만 호 개발하는데 용적률을 배로 해준다고 합니다. 이런 것이 등장하면 오피스텔의 수익률은 떨어집니다.

고종완 부동산이란 토지와 건물로 구성되어 있고 위치성이 있는 독특한 재화를 말합니다. 가장 중요한 키워드는 위치성의 변화입니다. 즉, 우리는 미래가치, 성장가치에 주목해야 합니다. 결국 부동산 투자에 성공하려면 시기, 지역, 상품 선택이 중요합니다.

특히 강조하고 싶은 점은 성장지역, 성장도시를 선택하라는 것입니다. 성장지역은 인구와 소득이 증가하면서 인프라를 갖추는 한편 미래가치에 영향을 주는 개발을 촉진하기 위한 행정계획, 국토계획, 도시계획, 재정비계획을 세웁니다. 이 네 가지 조건이 들어맞아 그동안 집값과 땅값이 가장 많이 오른 지역이 세종시와 제주도입니다.

그다음으로 공시지가 변동률을 잘 보십시오. 5~10년이면 성장지역인지, 아니면 정체지역인지 혹은 쇠퇴지역인지 쉽게 알 수 있습니다. 얼마 전 우연히 제 예금통장을 보았더니 1억 원짜리 통장에 8만 7,000원이 찍혀 있더군요. 다시 궁금해서 5년 전 통장을 꺼내니 37만 원이 찍혀 있었습니다. 불과 5년 사이에 금리가 4분의 1 토막으로 줄어든 것입니다.

물론 단기적으로 금리가 0.25~0.5퍼센트포인트 오를 수 있습니다. 이미 조금씩 오르고 있지만 4~5년 후를 내다보면 우리도 일본을 따라 저성장, 저물가, 저금리 세트에 갇힐 확률이 높습니다. 그때쯤에는 1억 원짜리 통장에 이자가 1만 원이 찍히거나 없거나 마이너스 1만 원이 찍힐 가능성이 높습니다.

결국 수익형 부동산에 관심을 기울여야 합니다.

이제는 자본수익과 임대수익을 동시에 겨냥해야 합니다. 오피스텔과 상가뿐 아니라 소형아파트도 유망합니다. 중요한 것은 복합수익을 고려해야 한다는 점입니다. 특히 상가에 잘못 투자하면 상가가 상갓집이 된다는 말도 있습니다.

세종시와 제주도처럼 성장지역을 주목해야

●

자본수익과 임대수익을 동시에 추구해야 손해 없어

임대수익만 겨냥하지 마십시오. 만약 5~10년 후 땅값이 오르지 않으면, 즉 땅값이 올라 자본수익이 발생하지 않으면 1억 원짜리 오피스텔을 팔아 7,000만~8,000만 원을 손에 쥘 수도 있습니다. 상가도 마찬가지입니다.

꼼꼼하게 수요와 공급을 분석하면 기회가 보인다

사회자 정리하면 수익형 부동산에서는 가성비, 효율성, 미래가치가 중요하다는 얘기였습니다. 또한 지금은 소형아파트가 대세이고 오피스텔 투자는 과잉공급에 따른 수익률 하락을 주의해야 한다고 강조했습니다. 내재가치, 성장지역, 상권을 보라는 말씀도 있었지요.

종합적으로 말하자면 지금 시장은 변동성이 무척 큽니다. 따라서 2017년에는 정부정책과 함께 입주 물량을 주시해야 하고 큰 틀에서 보면 결국 스스로 꼼꼼하게 발품을 파는 것이 좋습니다. 그리고 무리한 투자보다 실수요 관점에서 접근하는 것이 안정적입니다.

저는 개인적으로 수익형 부동산에서는 환금성을 보라고 권하고 싶습니다. 언제든 사고팔 수 있는 것이 중요합니다. 지금처럼 변화가 급격한 시절에는 자칫 위험해질 수도 있으니까요. 꼼꼼하고 신중하게 접근하되 수요와 공급의 관점에서 특히 공급을 면밀히 주시하십시오. 내 집을 마련하든 투자를 하든 그러한 관점으로 더 좋은 조건, 더 좋은 시기를 선택한다면 기대하는 결과를 얻을 수 있을 것입니다.

주식 펀드 02

이갈 에를리히

요즈마그룹 회장이자 세계 벤처투자업계의 구루다. 지금은 벤처캐피털 기업이 흔하지만, 이스라엘에 요즈마그룹이 탄생한 1993년만 해도 엄청난 모험이었다. 에를리히 회장은 과감하게 벤처캐피털에 뛰어들어 놀라운 성과를 냈다. 2억 9,500만 달러로 시작한 요즈마펀드는 10년 만에 40억 달러로 성장했다. 펀드 평균 수익률은 34퍼센트, 최고 수익률은 123퍼센트에 달한다. 그는 저성장 시대에는 투자 패러다임에도 대변혁이 필요하다고 말한다.

2장

세계 경제 대격변 시대, 비상장 기술기업에 투자하라

이갈 에를리히, 요즈마그룹 회장

어떤 회사에 투자할 것인가

오늘날 전 세계적으로 투자 패러다임에 혁명이 일어나고 있습니다. 제가 설립한 요즈마그룹도 그 흐름에 동참하고 있는데 아시아에서는 최초로 한국에 투자했습니다.

몇 년 전 좋은 투자처를 찾기 위해 한국을 방문한 저는 새로운 아이디어가 있는 소규모 창업회사를 눈여겨보았습니다. 그들에게 투자하면 상장하거나 M&A를 할 정도로 성장할 가능성이 있는지 알아보기 위해서였지요. 그리고 2016년 3월 판교에 스타트업 캠퍼스이 자 글로벌 창업을 지원하는 플랫폼인 '요즈마(히브리어로 '혁신') 캠퍼스'를 세웠습니다.

요즈마 캠퍼스는 신생기업을 돕는 플랫폼으로 이 캠퍼스에서는 스타트업이 전 세계적인 회사로 성장하도록 교육하는 한편 기업가정신을 심화하고 있습니다. 쉽게 말해 사람들이 새로운 아이디어를 발굴하고 이를 기반으로 창업해 국제화하도록 돕습니다. 또한 요즈마 캠퍼스는 크라우드펀딩을 진행하는 한편 액셀러레이터 역할도 하고 있습니다. 예를 들면 국제기업, 회계기업, 법무법인 등 여러 형태의 벤처펀드가 한국 기업에 투자하도록 촉진합니다.

아마 여러분은 '창의력'이란 말을 많이 들어보았을 것입니다. 저는 창의력을 삶의 방식 혹은 사고방식이라고 생각합니다. 이는 우리가 '무엇을 바꿀 수 있을지', '무엇을 할 수 있을지' 생각하는 것이 곧 삶의 방식이어야 한다는 의미입니다. 하지만 창의적인 사고만으로는 충분치 않습니다. 가령 어떤 아이디어가 있을 경우 이를 실행하려면 혁신이 필요합니다. 즉, 창의력에 혁신이 더해져야 실행이 가능합니다. 실행에 옮겨야 무언가를 만들어 성장하든 성공하든 할 수 있습니다. 그다음에 필요한 것이 경쟁우위입니다.

이 세 가지를 갖추고 있으면 창업, 심지어 여러 개의 회사도 창업할 수 있습니다. 그런데 개인의 노력으로 이 모든 것을 충족시키기는 어렵습니다. 아이디어 창출도 한 사람만으로는 충분치 않고, 한 사람에게 기업가정신이 있다고 해서 그것으로 성공하는 것도 아닙니다.

성공하려면 먼저 발명가가 있어야 하는데 발명가가 곧 기업가는 아닙니다. 가령 엔지니어, 대학교수 등 누구나 좋은 아이디어가 있는 사람은 발명가입니다. 이 발명가와 함께 경영자가 있어야 합니다. 물론 그 경영자는 혁신력과 실행력을 갖추고 있어야 하지요. 그래야 리스크를 줄이고 목표 달성을 향해 매진할 수 있기 때문입니다.

이와 더불어 모든 것에 세세하게 관심을 기울일 사람이 필요합니다. 예를 들면 실수 없이 일의 진행 과정을 꼼꼼히 확인해줄 사람 말입니다. 이들이 팀을 이뤄 각자 제 역할을 수행한다면 성공적인 회사를 창업할 수 있습니다.

제가 이런 얘기를 하는 이유는 여러분이 회사에 투자할 경우 어떤 요소를 살펴봐야 하는지 알려주기 위해서입니다. 특히 새로운 아이디어와 신기술을 기반으로 한 신생회사라면 리스크가 높은 투자처이므로 신중해야 합니다. 투자자는 그 리스크를 관리할 수 있어야 합니다. 투자자로서 이러한 리스크를 관리하는 최적의 방법은 60년대에 미국인이 발명한 벤처캐피털 제도입니다.

우리의 경쟁우위는 두뇌다

먼저 이스라엘 얘기를 하고 벤처캐피털을 살펴보겠습니다.

이스라엘은 아주 작은 나라로 인구가 850만 명에 지나지 않습니다. 한국은 서울 인구만 해도 1,000만 명에 달하지요. 또한 이스라엘에는 천연자원도 없고 경작할 만한 것이 아무것도 없습니다. 신생국가 이스라엘은 1948년에 세워졌는데 한국도 그 무렵 전쟁의 폐허 속에서 새로 시작한 걸로 알고 있습니다. 그런데 한국 경제는 아주 빨리 발전했습니다. 인구가 이스라엘보다 더 많고 대형 산업의 토대를 잘 쌓았기 때문입니다.

이스라엘은 국토와 시장이 작고 주변국이 이스라엘에 친화적이지도 않았기에 글로벌로 나아갈 수밖에 없었습니다. 지금도 마찬가지지만 당시에도 세계 시장에서 성공하려면 반드시 경쟁우위가 있어야 했습니다. 흥미롭게도 이스라엘 사람들은 건국 초기부터 '우리의 경쟁우위는 바로 두뇌다'라고 생각했습니다. 이것은 정부의 주된 목표이기도 했습니다. 즉, 이스라엘 정부는 교육과 기업가정신, 창의력, 창업을 장려하는 데 초점을 두었습니다.

이를 위해 이스라엘은 창업을 독려하는 생태계를 마련했습니다. 이것은 일종의 '구조'로 사람들이 창업해 성장 및 성공하도록 돕는 것인데, 그 생태계가 잘 돌아가려면 몇 가지 기둥이 필요합니다.

첫째, 인적자원의 수준이 아주 높아야 합니다. 그 밑바탕은 교육제도이며 유치원부터 대학까지 우수한 교육이 이뤄져야 합니다.

둘째, 기업가정신이 있어야 합니다. 이것은 사람에게 달려 있는 것으로 모든 국가에서 동일하게 나타나지는 않습니다. 가령 이스라엘에서 기업가로 활동하려면 눈을 전 세계로 돌려야 합니다. 즉, 전 세계를 보며 아이디어를 창출하고 그것을 꼭 실행해 성공하겠다는 굳은 결의가 있어야 합니다. 나아가 질문을 잘하고 문마다 두드릴 줄 알아야 합니다. 이스라엘 사람들은 부끄러워하지 않고 질문을 많이 하며 문이 있으면 다 두드려봅니다.

셋째, 기업가의 숫자를 늘려야 합니다. 왜냐하면 기업가가 없으면 창업할 수 없기 때문입니다.

이 생태계에서는 대학이 보유한 노하우, 다시 말해 대학에서 발명한 기술을 상업화합니다. 이것은 쉽지 않지만 충분히 가능한 일입니다. 그리고 이 생태계에는 국제적인 기업이 들어와야 합니다. 이는 글로벌한 환경을 만드는 토대입니다. 금융 도구도 최대한 많이 필요합니다. 여기에 '정부'의 역할도 중요합니다. 정부가 모든 것을 주도하기 때문입니다.

이러한 생태계에서 가장 중요한 것은 몇 개의 스타트업을 만들 수 있고 어디에서 아이디어가 나오는지 파악하는 일입니다. 과거에는 아이디어가 대학에서 나온다고 생각했지만 이스라엘에서 대학은 아이디어의 주요 창출지가 아닙니다.

이스라엘의 경우 많은 사람이 미국을 비롯해 여러 국가로 진출했는데 그들이 다시 귀국하기도 하고 이민자도 많습니다. 이들은 이스라엘에서 새로운 것을 시작하고 싶어 하며 대개 아이디어로 무장한 경우가 많습니다. 또한 이스라엘은 국방산업에서도 많은 아이디어를 쏟아냅니다. 이는 이스라엘에 국방 수요가 많기 때문입니다.

특히 이스라엘 사람들은 대기업에서 평생 일하는 것을 선호하지 않습니다. 대개는 대기업에 취직해 몇 년간 경험을 축적한 뒤 충분한 자생력과 지식을 갖추고 창업하거나 작은 회사에 들어가 거기에서 더 부자가 되는 방법을 택합니다. 심지어 대학에 다니면서 창업을 하는 젊은이도 많습니다.

이스라엘에서 벤처기업이 성공할 수밖에 없는 이유

요즈마그룹은 대기업에서 경험을 쌓고 아이디어 하나만으로 창업한 어느 기업가의 회사에 투자한 적이 있습니다. 그의 아이디어는 전화선으로 데이터를 전송하는 것이었는데, 우리는 그 아이디어의 가능성에 투자했지요. 결국 그 회사는 5년 후 1억 달러에 다른 회사에 매각되었습니다. 아무것도 없는 상태에서 5년 만에 1억 달러짜리 회사로 성장한 것입니다.

한 번은 이스라엘의 한 대학 의대 교수가 아이디어를 상업화할 방법을 몰라서 우리 회사에 자문을 구한 적이 있습니다. 그 아이디어는 외과의가 심장을 수술할 때 심장 안에 전기장이 흩어지는 것을 활용해 수술부위를 정확히 찾아 치료하는 기술로 우리는 거기에 투자했습니다. 심장수술 시 정확한 수술부위를 찾는 것은 굉장히 중요한데, 사실 그 일은 몹시 어렵습니다. 그래서 소형 수술을 할 때도 지나치게 많은 부위에 손상을 준다고 합니다.

의대 교수는 스마트한 GPS 시스템을 생산했고 덕분에 의사들은 이것을 환자의 침대에 설치해 몇 밀리미터 이내로 정확한 수술 위치를 찾아냈습니다. 그 회사는 창업한 지 5년 만에 4억 달러라는 거액에 존슨앤존슨에 팔렸습니다.

아이디어만 있으면 누구나 창업이 가능합니다. 더구나 아이디어를 상업화하는 데 도움을 받으면 크게 성공할 수 있습니다. 실제로 이스라엘은 전체 기업에서 소기업이 차지하는 비율이 세계에서 가장 높습니다. 이스라엘이 '스타트업 국가'로 불리는 이유가 여기에 있습니다.

이스라엘에는 벤처회사가 워낙 많기 때문에 항상 매입이나 M&A를 시도하려는 다른 나라 기업의 주목을 받습니다. 그렇다면 이스라엘의 이러한 벤처문화는 어떻게 시작된 것일까요? 그것을 주도한 것은 이스라엘 정부입니다.

1970~1980년대에 이스라엘 정부는 훌륭한 과학자와 엔지니어가 창업을 하면 처음에는 잘되지만 끝까지 성공하기 어렵다는 사실을 깨달았습니다. 그들은 왜 끝까지 성공하지 못하는지를 연구한 뒤 그들의 성공을 도울 툴(tool, 수단)을 만들었습니다. 그 툴은 세 가지로 구성되어 있는데 저는 특히 세 번째 툴에 대해 자세히 설명하겠습니다.

첫 번째는 정부의 매칭펀드 지원입니다.

프로젝트를 진행하는 주체가 개인이든 기업이든 자금을 정부가 제공합니다. 혁신적인 아이디어가 있고 시장도 존재해서 그 아이디어를 상업화할 수 있으면 매칭펀드를 받을 수 있는 것입니다. 즉, 정부가 프로젝트 비용의 50퍼센트를 지원하는데 우리는 이것을 리스크 공유라고 부릅니다.

정부는 리스크의 절반을 정부가 부담할 경우 사람들이 더 많이 시도하고 보다 새로운 일에 도전하리라고 본 것입니다. 설령 실패하더라도 정부는 지원금을 되돌려받지 않습니다. 반면 성공하면 지원금을 갚아야 합니다. 사실 창업자의 성공 자체만으로도 정부에는 좋은 일이지요.

이스라엘 정부는 이 프로그램을 1970년대부터 지금까지 운영해오고 있습니다. 초기에는 규모가 작았지만 지금은 2,000여 개의 프로젝트를 진행하는 한편 매년 4억 달러를 투자하고 있습니다.

두 번째는 인큐베이터 프로그램입니다.

이스라엘은 1990년대 초부터 인큐베이터 프로그램을 진행했습니다. 1990년대 초반 구소련 출신 유대인이 대거 이스라엘로 왔는데 이들 중에는 과학자와 엔지니어 출신이 많았습니다. 당시 이스라엘은 공산주의에 익숙한 과학자와 엔지니어가 자본주의 사상을 받아들이도록 인큐베이터 프로그램을 시작했습니다. 그러던 것이 새로 유입된 사람을 비롯해 모든 신생기업에 교육 훈련이 필요하다고 판단해 이미 그 길을 걸은 다른 기업가가 신생기업 및 이민자를 돕는 인큐베이터 프로그램으로 발전했습니다. 2년 내에 전국적으로 24개의 인큐베이터가 생겼고 이스라엘 정부는 여기에 85퍼센트의 자금을 지원했습니다. 이는 개인이나 투자자 모두에게 상당히 좋은 기회였지요. 정부에서 초기 투자의 상당 부분을 부담했기 때문입니다.

그렇다고 모든 회사가 성공한 것은 아닙니다. 인큐베이터 출신 기업의 성공률은 40퍼센트에 불과했습니다. 그러나 인큐베이터는 새로운 아이디어를 토대로 창업하는 사람들에게 좋은 출발점이었습니다.

세 번째는 벤처캐피털입니다.

벤처캐피털은 투자자에게 받은 돈으로 작은 벤처회사나 초기투자금을 필요로 하는 창업회사 또는 성장을 위해 자금을 원하는 회사에 투자합니다. 우리는 대부분 기술 분야 회사에 집중합니다. 왜냐하면 기술 분야는 비교적 쉽게 경쟁우위를 얻기 때문입니다.

벤처펀드에는 대부분 경험 많은 사람이 참여합니다. 즉, 투자해서 성공한 경험이 있는 사람들이 펀드를 만드는데 그렇기 때문에 다른 투자자도 이 펀드에 투자금을 맡기는 것입니다. 기관투자자나 연기금, 은행도 마찬가지입니다. 특히 기관투자자는 기록과 성과를 위해, 개인투자자는 리스크를 낮추기 위해 펀드에 투자합니다.

펀드 운영자가 투자금을 많이 모으려면 무엇보다 신뢰가 필요하며, 이를 위해서는 자신이 투자하는 회사의 성공을 전적으로 책임져야 합니다. 따라서 투자하는 회사의 이사회에도 참여하고 경영지원도 해야 합니다. 예를 들면 전략적 파트너나 고객과의 관계를 관리하는 일뿐 아니라 최고위급 경영진 채용을 지원하는 일도 있습니다. 소규모 신생기업은 대개 이런 면에서 전문성이 떨어지기 때문입니다.

경험이 있는 사람은 새로 시작하는 사람을 도울 수 있습니다. 특히 기업이 위기에 처했을 때도 긍정적인 개입이 가능합니다.

사실 이스라엘에는 벤처캐피털이 없었습니다. 그런데 1990년대에 소규모 기업들이 정부의 자금 지원을 받고도 실패하는 이유 중 하나는 모르는 것이 너무 많아서라고 판단했습니다. 실제로 기업은 기술 개발 노하우뿐 아니라 경영 노하우, 제품 생산과 마케팅 노하우도 갖추고 있어야 합니다. 시장의 요구를 파악하는 것도 필요한데 이 모든 것을 소규모 기업이 해내기엔 무리가 따릅니다.

그래서 필요한 것이 벤처캐피털입니다. 그 필요성을 일찌감치 깨달은 이스라엘 정부는 전 세계적으로 벤처캐피털 경험이 있는 사람들의 도움을 받아 벤처캐피털을 만들었습니다. 당시 정부는 요즈마에 1억 달러를 투자했고 우리는 2년 내에 미국 펀드를 비롯해 10개의 펀드를 운용했습니다. 미국이나 유럽의 파트너들과 함께 2,000만 달러 규모의 펀드 10개를 운용한 것입니다. 초기 투자금 2,000만 달러로 우리는 3억 달러를 벌었습니다. 그 성공적인 결과에 투자자들이 굉장히 좋아했지요.

투자자 중에는 개인도 있었습니다. 새로운 펀드를 시작할 때는 기관투자를 받기가 어렵습니다. 기관투자자는 과거 성과를 보는데 우리는 새로운 펀드라 실적이 없었기 때문입니다. 정부 역시 35퍼센트의 수익을 올렸습니다.

벤처캐피털을 만든 이후 우리는 우리에게 투자한 파트너들과 함께 글로벌 네트워크를 구축했습니다. 그 투자자들은 상장과 해외진출을 도와주었지요. 이때 제가 깨달은 점은 글로벌 파트너가 성공을 위해 아주 중요한 존재라는 사실입니다.

벤처기업의 심장을 뛰게 하는 법

현재 이스라엘 정부는 더 이상 자금 조달에 개입하지 않습니다. 이스라엘에서는 이미 벤처캐피털이 치열하게 경쟁을 벌이고 있지요. 2015년에는 이스라엘 펀드에만 25억 달러가 조달됐습니다. 그런데 전체에서 이스라엘 자본이 차지하는 비중은 20퍼센트에 불과합니다. 이는 기업들이 자금을 대부분 해외에서 유치한다는 의미입니다.

무엇보다 중요한 것은 엑싯(exit, 투자금 회수)입니다. 벤처캐피털은 상장이나 M&A를 통해 투자금을 회수합니다. 위의 그래프는 인수합병을 비롯해 여러 가지 활동으로 돈이 유입되는 상황을 보여줍니다.

시장에서 성공하려면 주요 3단계를 거쳐야 합니다. 1단계는 자본 조달이고 2단계는 투자하는 방법을 아는 것이며 마지막으로 3단계는 투자금 회수입니다.

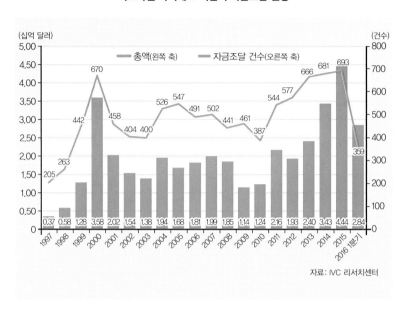

이스라엘 하이테크 기업의 자금조달 활동

(십억 달러)   총액(왼쪽 축)   자금조달 건수(오른쪽 축)   (건수)

자료 : IVC 리서치센터

투자금 회수에서 중요한 것은 투자회수로 엔젤이 만들어진다는 사실입니다. 엔젤이란 창업과 그 이후의 여러 단계를 거쳐 회사를 키운 뒤 매각한 돈으로 새로운 회사에 투자하는 것을 말합니다. 이런 방법으로 투자하는 사람을 연속적인 투자자 또는 시리얼 투자자라고 부릅니다. 시리얼 투자자는 기회만 닿으면 계속해서 창업을 합니다. 이미 창업 경험이 있어서 다른 사람들을 어떻게 도와야 하는지 잘 알기 때문입니다.

만약 소기업에 투자할 생각이라면 엔젤 투자자가 투자한 기

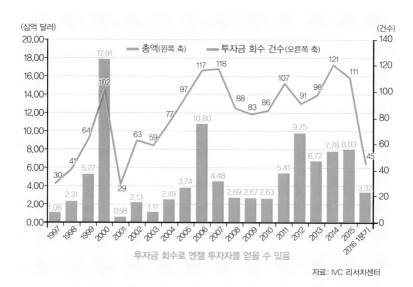

이스라엘 하이테크 기업의 투자회수 추이

(십억 달러)   — 총액(왼쪽 축)   — 투자금 회수 건수(오른쪽 축)   (건수)

투자금 회수로 엔젤 투자자를 얻을 수 있음

자료: IVC 리서치센터

업을 선택하십시오. 엔젤 투자자가 투자하지 않은 기업보다 그런 기업이 더 유망합니다.

많은 다국적기업이 M&A 방식으로 이스라엘에 진출해 있습니다. 한국의 삼성을 비롯해 일본의 히타치 그리고 수많은 미국 기업이 이스라엘에서 기업 활동을 합니다. 이들은 단순히 소규모 기업을 인수해 기술을 흡수하는 데 그치지 않고 인재에도 투자하고 있습니다. 물론 이것은 기업 활동을 확대하는 하나의 방법이기도 합니다. 현재 이러한 기업이 100여 개가 넘습니다.

이스라엘의 금융 생태계에는 중소기업을 육성하기 위한 여러 단계가 있습니다. 기업마다 이 단계를 거치고 있으며 누구든 아이디어 창출 단계부터 상업화에 이르기까지 여러 단계에 걸쳐 투자할 수 있습니다. 특히 리스크는 초기 단계보다 중간 단계에 대폭 줄어드는데, 이때 개인도 투자가 가능합니다.

과거에는 이런 사업을 이해하지 못하면 투자하기가 어려웠지만 지금은 투자를 돕는 다양한 도구가 개발되었습니다.

유니콘이 뜬다

그러면 오늘날 전 세계적인 벤처캐피털 동향이 어떤지 살펴봅시다.

지금 소프트웨어산업과 바이오산업에서 굉장히 흥미로운 일이 벌어지고 있습니다. 일단 지난 10여 년 동안 기술기업 창업에 들어가는 비용이 대폭 줄어들었습니다. 특히 소프트웨어 기업은 많은 투자금을 필요로 하지 않습니다. 실질적인 창업비용이 줄어들면서 유동성, 투자자금이 늘어난 투자자가 여러 기업에 투자한 덕분에 창업기업이 많이 늘어났습니다. 한 기업에 적은 돈을 투자하면 그만큼 리스크도 줄어듭니다. 아래 그래프는 기업에 투자하는 금액이 줄어들고 있는 현황을 잘 보여주고 있습니다.

과거에 비해 창업은 물론 어느 정도 성장하기까지 들어가는 비용이 줄어들면서 보다 많은 사람이 창업에 도전하고 있습니다. 또한 IPO(기업공개)시장이 과거와 달리 규모가 줄어들었습니다. 대부분의 돈이 이 공적 자본시장(주식시장 상장 후)에서 사적 자본시장(주식시장 상장 전)으로 흘러가고 있기 때문입니다. 이는 공적시장보다 사적시장 투자자들이 더 많은 수익을 내고 있음을 의미합니다.

과거에 공적시장에만 투자하려 한 개인투자자와 기관투자자 모두 마찬가지입니다. 바이오펀드, 헤지펀드, 주식형펀드 역시 과거에는 공적시장에 관심을 두었지만 지금은 사적시장으로 점점 옮겨가고 있습니다. 현재 많은 돈이 상장하지 않은 기업에 흘러들어가고 있지요.

이러한 현상은 4~5년 전부터 눈에 띄기 시작했습니다. 이때부터

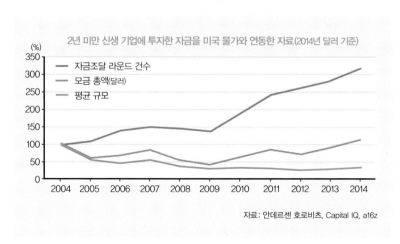

기술기업 창업비용 하락세

자료: 안데르센 호로비츠, Capital IQ, a16z

유니콘(unicorn: 기업가치가 10억 달러 이상인 비상장 신생기업)이라 불리는 소프트웨어 기업이 많이 생겨났습니다.

그래프에 나타나 있듯 지난 4년을 돌아보면 투자금액이 점차 늘어나고 있고, 보다 많은 비상장 기업이 높은 기업가치를 보여주고 있습니다.

현재 유니콘 기업은 세계적으로 약 150개인데 아직은 미국에 편중되어 있습니다. 이들 비상장 기업은 기업가치가 10억 달러 이상이고 그중 10퍼센트인 약 14개 기업이 100억 달러가 넘는 기업가치를 기록하고 있습니다. 이는 전에는 볼 수 없던 현상입니다.

그래프를 보면 여러분이 아는 기업도 있을 것입니다. 수년 전에 설립된 기업 중에는 기업공개로 기업가치가 커진 기업도 있습니다. 그렇지만 이런 기업도 수익을 제공하지 못하면 투자자는 떠나버립니다. 흥미롭게도 늦게 창업한 기업, 즉 2010년 이후 창업한 기업이 기업가치가 금세 10억 달러에 도달하는 경우도 있습니다. 그 대표적인 사례가 교통서비스를 제공하는 우버입니다.

우버는 무료로 택시서비스를 받아볼 수 있고 사용비용도 훨씬 저렴한 플랫폼을 만들었습니다. 덕분에 많은 투자자를 유치해 상장하지 않고도 계속해서 기업가치를 높여왔습니다.

SNS 회사 트위터도 좋은 사례입니다. 상장하기 이전에 트위터는 아주 짧은 기간 안에 10억 달러의 기업가치를 실현했습니다. 그런데

기업가치가 100억 달러에 달하는 비상장 소프트웨어 기업 증가 경향

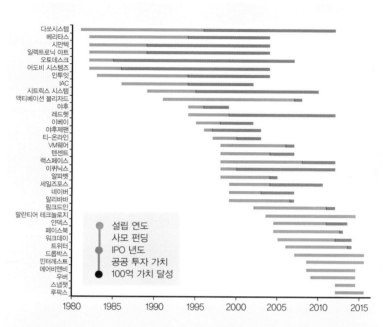

주) 1980년 이후 설립된 상장 기업들임. 2015년 데이터는 예비 데이터임. 파산하거나 인수된 일부 기업은 분석에서 제외됨.

자료: McKinsey & Company

상장할 때 문제점이 공개되면서 기업가치가 떨어졌지요.

유니콘에 투자할 때는 최대한 신중해야 합니다. 만약 거의 끝자락에 투자하면, 즉 상장 직전에 투자하면 오히려 기업가치가 떨어질 수 있기 때문입니다.

2006년 우리는 소프트웨어 서비스를 제공하는 한 기업에 투자했습니다. 플랫폼을 제공해 서비스를 이용하는 유저가 늘어나면 이를 수익화하는 기업모델이었습니다. 그 기업에는 수백만 명의 유저가 있었고 많은 투자자를 유치했는데 우리도 그중 하나였습니다. 퍼블리셔들을 위한 툴을 제공한 그 기업은 마이크로소프트와의 계약에도 성공하면서 커다란 수익을 올렸습니다.

많은 투자자가 이 기업에 관심을 보였지만 창업자들은 경영권 장악을 위해 더 이상의 투자자 유치는 꺼렸습니다. 그러면서 기업가치는 더욱더 올라갔습니다. 당시 이 기업은 사모펀드나 기타 펀드에서 굉장히 많은 투자 제안을 받고 있었습니다. 우리 역시 이 기업을 유니콘이라고 생각해 투자를 했지요. 하지만 상장을 결정하자마자 기업가치가 상장 전보다 오히려 떨어졌습니다.

우리는 처음에 250만 달러를 투자했는데 다행히 기회를 포착해 미리 판매한 덕분에 나중에 회수한 금액은 1억 3,000만 달러였습니다. 운 좋게 수익을 낸 것이지요.

유니콘은 제대로 투자하면 수익을 낼 수 있지만, 정말로 신중하게 접근해야 합니다. 지난 3년 동안 기술 유니콘이 굉장히 활황세를 보였습니다. 그만큼 많은 투자를 받고 있고 관심도 끌고 있지요. 투자자들은 유니콘에 여러 단계에 걸쳐 투자합니다. 특히 사모펀드는 단계별로 투자해 계속 수익을 냅니다. 주식시장보다 사적자본시장에 투자해 더 많은 수익을 낸 사례가 굉장히 많습니다. 이것은 매우 흥미로운 방식이지만 너무 뒤늦게 유니콘에 투자하면 기업가치 하락으로 수익을 내지 못할 수 있다는 점을 유념해야 합니다.

이제 크라우드펀딩을 생각해봅시다.

크라우드펀딩은 투자를 잘 이해하지 못하는 사람, 그래서 많은 리스크를 감수하지 않아야 할 사람들이 활용하기에 좋습니다. 일종의 플랫폼으로 여기면 이해하기가 쉽습니다. 그것도 하나의 기업에 투자하는 것이 아니라 여러 기업에 분산투자하는 플랫폼입니다. 따라서 소규모 기업에도 투자할 수 있습니다.

많은 기업이 여러 도구를 활용해 투자함으로써 수익을 내고 있습니다. 특히 크라우드펀딩은 개인투자자에게 유용한 도구입니다. 실제로 많은 개인투자자가 다양한 투자처를 탐색할 때 크라우드펀딩을 활용합니다. 크라우드펀딩 플랫폼 중 어떤 것은 많은 리스크를

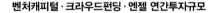

벤처캐피털·크라우드펀딩·엔젤 연간투자규모

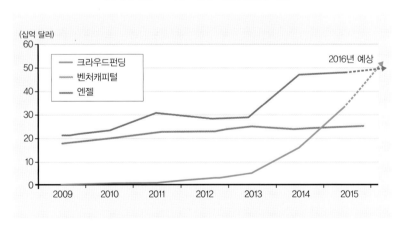

감수하지 않도록 설계된 것도 있습니다. 저는 크라우드펀딩 투자가 앞으로 2배로 늘어날 것이라고 봅니다.

바이오산업이 미래 투자시장을 이끈다

그러면 많은 사람이 관심을 보이는 바이오 분야를 살펴봅시다. 특히 바이오 의학시장은 굉장히 전망이 좋은 분야입니다. 오른쪽 그래프에서 볼 수 있듯 의학치료 분야는 그 발전 가능성 때문에 투자심리도 상당히 견실합니다. 또한 지난 몇 년간 창업 후 2~3년이 지난 뒤에도 임상을 시작하지 않은 기업, 다시 말해 새로운 임상시험을 하지 않은 기업도 투자금 회수에 성공했음을 보여줍니다. M&A나 상장으로 투자금을 회수하는 기업도 많습니다. 초기 단계의 투자금 회수가 많을수록 초기 단계에 투자하는 투자자는 더욱더 늘어납니다.

실제로 많은 바이오 의학 기업이 IPO뿐 아니라 M&A로 초기 단계에 투자금을 회수하고 있습니다. 이는 투자자들이 눈여겨볼 만한 사항입니다. 과거에는 전혀 그렇지 않았습니다. 기업이 상장하기까지 10년 이상이 걸리고 비용도 많이 들었습니다.

이제는 상황이 많이 바뀌었습니다. 소규모 기업도 상장하거나 아니면 그 이전에 합병할 수 있습니다. 대형 제약회사들이 보다 많은 아이디어를 필요로 하기 때문입니다. 그들은 아이디어가 풍부한 소

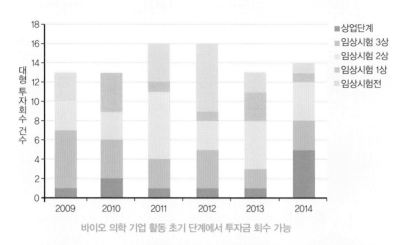

헬스케어 분야에 대한 투자자들의 강한 신뢰

자료: 투자은행보고서, 보도자료, CB Insights, 생명과학 전문가 토론 자료

규모 기업을 인수·합병함으로써 아이디어 부족 문제를 해결하고 있습니다.

이제 전자산업은 바이오산업으로 진출하고 있습니다. 의료장비 기업 메드트로닉(Medtronic)의 한 임원은 이렇게 말했습니다.

"우리는 구글이나 삼성 같은 기업이 향후 의료장비업계에 진출하는 것을 우려한다."

큰 자본을 가진 대기업이 미래 잠재력이 있는 이 시장에 뛰어들 경우 경쟁이 치열해지는 것은 당연합니다. 이 같은 기업들이 바이오

벤처캐피털 투자를 받은 바이오 의학 기업의 단계별 대형 투자회수·M&A 추이

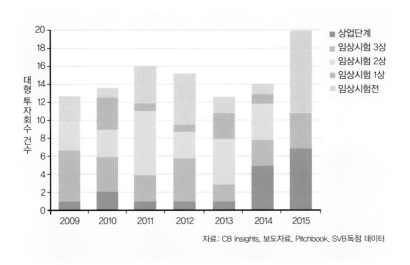

자료: CB Insights, 보도자료, Pitchbook, SVB독점 데이터

시장으로 진출하면 스타트업이 등장할 가능성도 큽니다. 시장 가능성과 잠재력이 커지면 스타트업을 키워 판매할 수 있는 시장이 넓어지기 때문입니다. 여기에다 구글이나 삼성의 기업 활동과 자사 제품이 잘 맞는 소기업도 더 많이 바이오산업으로 진출할 것입니다.

시장에는 이미 여러 동향이 나타나고 있습니다. 전통 산업까지도 전환기를 거치는 중입니다. 가령 호텔업에는 에어비앤비라는 새로운 플랫폼이 등장해 호텔 운영 방식을 완전히 바꿔놓았습니다. 교통 분야에도 우버가 나타나 택시업계를 바꿔놓고 있습니다. 제약 분야는 이제 개인 맞춤용 산업으로 바뀌고 있습니다. 앞으로 환자들이 치료받는 방식이나 진료비도 바뀔 것입니다.

변화는 교육시장에도 불어 닥쳤습니다. 미래에 오늘날과 같은 교육시스템이 존재할 거라고 장담하기는 어렵습니다. 어쩌면 대학부터 시스템이 바뀔지도 모릅니다. 이미 많은 사람이 '왜 우리가 굳이 대학 캠퍼스에 가야 하는가'라고 묻습니다. '창업하면 대학에 가지 않아도 경영을 배울 수 있지 않은가', '투자를 받아 창업할 수 있는데 굳이 대학에 갈 이유가 있는가', '내가 창업 경험을 쌓으면 다른 사람을 직접 가르칠 수 있지 않은가'라고 생각하는 사람이 점점 늘어나고 있습니다.

알다시피 은행업에도 많은 변화가 일어나고 있습니다.

변화는 사회 전반에 걸쳐 일어나는 중이며 그 바람은 결코 멈추지 않을 것입니다. 따라서 우리는 변화 양상을 눈여겨봐야 합니다. 투자하려는 기업이 정말로 시장을 이끌어갈 수 있는지, 그 기업이 변화의 선두에 설 수 있는지, 계획대로 실행이 가능한 기업인지 보기 바랍니다. 그리고 특정 벤처펀드, 엔젤펀드가 초기 단계에 그 기업에 투자하고 있는지도 보십시오. 그러면 투자에 대한 확신이 설 것입니다.

원종준

라임자산운용 대표. 우리은행 주식운용본부에서 사회생활을 시작해 브레인·트러스톤 등에서 펀드
매니저 경력을 쌓고 2012년 회사를 세운 주식투자 업계의 젊은 고수다. 라임자산운용의 자금규모는
3년여 만에 7,900억 원으로 불었다. 대표 펀드인 '라임 모히토 1호'의 2016년 수익률은 7퍼센트 정도
로 코스피를 크게 웃돌고 최소 가입금액 5억 원 이상인 헤지펀드 '새턴'은 2016년 4월 말 출시 후 두
달 만에 5.5퍼센트의 수익을 냈다.

2017 주식시장, 승부수를 띄워라

대형주·가치주· 경기민감주에 주목하라

원종준, 라임자산운용 대표

과거 4년과는 전혀 다른 주식시장

주식만큼 일반 대중이 접근하기 쉬운 투자방법도 없을 겁니다. 또한 주식만큼 어려운 방법도 없지요. 늘 언제 살지, 무얼 살지, 어떻게 팔지 고민하는데 주식투자에 정답은 없습니다. 수백, 수천, 수만 가지의 방법이 있지만 그것은 각자 옳기도 하고 틀리기도 합니다.

2016년에도 주식시장은 참 힘들었습니다. 왜 그랬을까요? 그리고 앞으로 주식시장은 어떻게 될까요?

제목부터 설명하자면 '2017 주식시장, 승부수를 띄워라'는 어중간하게 종목을 선택해서 투자하거나 팔면 수익은커녕 오히려 손실이 날 가능성이 크므로 판단을 잘해야 한다는 의미입니다. 그다음으로 '대형주·가치주·경기민감주에 주목하라'는 것은 과거 4년 동안에는 중소형주, 성장주, 배당주가 많이 올랐지만 2016년 하반기부터는 다른 양상이 나타나고 있음에 주목하라는 뜻입니다. 많은 개인투자자가 중소형주 위주로 투자하지만 앞으로는 대형주 쪽에 관심을 기울일 필요가 있습니다.

지금부터 저는 세 가지 테마를 중심으로 현 상황을 설명하고 미래를 전망할 계획입니다.

첫째는 미국 대선의 영향입니다. 2016년 11월 8일 미국 대선이 있었고 이후 주식시장, 채권시장, 상품시장, 금리에 많은 변화가 일어났습니다. 둘째는 2017년 주식시장 전망입니다. 셋째는 2017년의 주요 테마로 지배구조, 주주환원정책 확대, 경제민주화를 다루겠습니다.

미국 공화당의 경제정책과 주식시장의 관계

먼저 미국 대선이 왜 중요한지 그리고 대선의 영향으로 어떤 변화가 있었는지 살펴봅시다.

미국 대선에서 트럼프가 당선되었을 때 한국 증시는 거의 3~5퍼

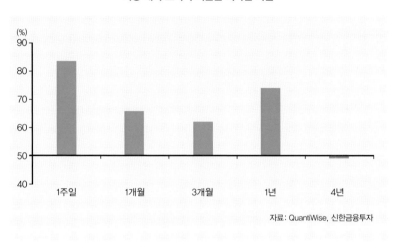

**대선 익일 S&P500 지수보다 많이 상승한 업종이 이후에도
시장 대비 초과 수익률을 기록할 확률**

자료: QuantiWise, 신한금융투자

센트까지 급락했습니다. 그런데 미국 증시는 급락했다가 오히려 플러스로 끝났습니다. 대선 다음 날의 미국 증시를 보는 이유는 이 차트 때문입니다. 차트의 막대그래프를 보면 그날 미국 증시보다 많이 상승한 업종이 향후 일주일, 일 년 동안 미국 시장을 초과해 오를 확률이 무려 75퍼센트 이상입니다. 미국 대선 다음 날 많이 오른 업종이 앞으로 일 년 동안 미국 증시를 이끌 주도주라는 얘기입니다.

이것이 중요한 까닭은 이렇습니다. 그날의 미국 시장 움직임은 앞으로 트럼프가 생각하는 경제정책, 주요 산업을 짧게나마 반영하고 있습니다. 더욱이 대통령이 된 트럼프는 초기 일 년 동안 자신이 주장해온 정책을 강하게 펼칠 수밖에 없습니다. 주식시장은 당연히 그런 산업 및 기업에 재빨리 반응하지요. 따라서 일 년 동안의 주식수익률은 첫날 보인 주식수익률에 비해 상당히 높습니다.

트럼프는 공화당인데 그날 시장은 트럼프가 속한 색깔에 맞게 반응했습니다. 가장 많이 오른 업종은 은행을 비롯한 금융, 산업재, 소재이고 가장 많이 빠진 업종은 유틸리티, 리츠(REITs), 필수소비재(음식료업)입니다. 유틸리티에는 한국으로 치면 한국전력, 한국가스공사 같은 기업이 속합니다. 그리고 리츠는 부동산업체입니다.

최근 한국의 주식시장도 이 세 업종이 상당히 부진합니다. 한국전력은 2016년 초 이후 최저가를 기록하고 있고 부동산 업종은 현재 상장된 것은 아니지만 약간 부진합니다. 음식료도 2016년 초를 보면 오뚜기와 농심은 거의 반 토막이 났고 다른 대부분의 음식료업체도 마찬가지입니다.

사실 이들 업종은 지난 4년 동안 아주 많이 올랐습니다. 과거 4년 동안 저금리일 때 가장 많은 수혜를 받았지요. 현재 많이 오른 금융, 산업재, 소재는 부진했고 저금리의 수혜를 받은 산업이나 기업은 많이 올랐습니다. 한국 시장도 최근 흐름이 이와 유사하게 나타납니다. 왜 이런 일이 발생했는지 앞으로 좀 더 설명하겠습니다.

일단 트럼프가 속한 정당은 공화당이고 그 반대편은 힐러리와 오바마의 민주당입니다. 우리는 두 정당의 특징을 제대로 알아야 합니다.

주식투자를 하는데 왜 이런 것까지 알아야 하느냐고요? 지금 한국의 주식시장과 글로벌 주식시장은 전 세계, 특히 미국이나 중국과 관련된 정치·경제·산업의 영향을 받기 때문에 미국 정부가 어떤 생각을 하고 있는지 꼭 파악해야 합니다.

먼저 공화당은 시장방임주의입니다. '문제가 생기면 시장에 맡겨라. 알아서 해결될 것이다'라는 입장이라 정책을 많이 쓰지 않습니다. 실제로 2008년 금융위기 때 공화당은 개입하지 않고 가만히 있으면 경제가 해결될 거라며 저금리나 양적완화에 반대했습니다.

공화당은 지금도 저금리를 싫어합니다. 금리란 돈을 빌릴 때의 이자율이라는 의미도 있지만 돈의 가치를 뜻하기도 합니다. 저금리는 돈의 가치가 그만큼 떨어진 것이므로 사람들이 열심히 일하지 않고 돈을 쉽게 빌려 흥청망청 쓸 수 있습니다. 이런 이유로 공화당은 늘 금리를 올리는 쪽을 선호합니다.

놀랍게도 트럼프 당선 이후 미국을 비롯한 대부분의 선진국 금리가 엄청나게 오르고 있습니다. 부동산 사채업자 트럼프는 저금리로 돈을 빌려 부동산에 투자해 차익을 얻어온 인물이므로 어쩌면 저금리를 좋아할지도 모릅니다. 아무튼 우리와 달리 상하원 시스템이 잘 갖춰진 미국은 공화당 색깔에 맞게 시장이 바뀌고 있습니다.

그러면 미국을 8년간 이끌어온 오바마 정부, 즉 민주당을 생각해

미국의 정당별 특징

공화당

- **문제해결**: 경제 문제는 알아서 해결될 때까지 시간을 두고 지켜보자.
- **정책**: '돈은 경제의 평균적인 성장 속도에 맞춰 준칙에 따라 일정하게 늘려야 한다'는 프리드먼의 생각 반영.
- **2008년 금융위기**: 통화정책 반대, 구제금융 반대.
- **금리**: 저금리 부정적. 돈이 귀해야 열심히 일하고 경제가 개선된다.

민주당

- **문제해결**: 경제가 어려워지면 돈을 풀어서 단기간 내 해결하자.
- **정책**: '경제 문제를 장기적으로 균형을 이룰 때까지 방치하지 말고 당장 정부가 손을 써야 한다'는 케인스의 생각 반영.
- **2008년 금융위기**: 공격적인 통화정책 찬성.
- **금리**: 저금리 선호.

봅시다. 민주당은 문제가 발생하면 적극 개입해 문제를 해결해야 한다는 입장입니다. 시장에는 능력이 없으니 정책자가 빨리 개입해 문제를 해결해야 한다고 보는 것입니다. 실제로 오바마 정부는 금융위기 때 양적완화를 대거 시행했습니다. 저금리를 기조로 다양한 금융정책을 펼쳤는데, 심지어 제로금리라는 말까지 나왔지요.

지난 4년 동안 금리가 엄청나게 내려간 데는 이처럼 각 정당의 색깔이 분명하게 반영되어 있습니다. 어쨌든 2016년 11월 8일 미국 대선 이후 금융, 산업재, 소재가 오르고 있는데 적어도 1년 동안은 이 기조를 유지할 전망입니다.

트럼프노믹스의 파급력

신문이나 뉴스에서 트럼프가 인터뷰하는 장면을 보면 굉장히 성격이 급한 사람으로 나옵니다. 그만큼 그의 정책도 시장에 엄청난 속도로 반영되고 있습니다.

트럼프가 주로 얘기한 부분은 두 가지입니다.

하나는 재정지출 확대, 즉 정부가 여러 가지 정책을 펴서 돈을 많이 풀겠다는 것입니다. 재정지출 확대란 쉽게 말해 연말에 길을 뜯어고치거나 보도블록을 갈아엎고 다시 깔겠다는 것이나 마찬가지입니다.

부동산투자업자 트럼프는 전 세계를 많이 돌아다녔습니다. 그때마다 그가 미국의 공항은 시설이 너무 낙후되어 있다고 투덜댔다는 말이 몇 년 전부터 있었습니다. 미국의 철도, 기차, 일반도로, 고속도로 역시 마찬가지입니다. 전기 설비, 상수도 같은 인프라도 선진국이 이럴 수 있나 싶을 정도로 낙후되어 있습니다.

트럼프가 재정지출 확대로 공항, 철도, 도로, 전기, 상수도 쪽 인프라에 투자하겠다는 이유가 여기에 있습니다. 이런 사업에는 돈이 듭니다. 미국 정부가 이 돈을 조달하기 위해 국채를 많이 찍을 경우 미국 금리는 상승할 수밖에 없습니다. 이미 그 영향으로 미국, 유럽, 일본, 한국의 금리가 빠르게 오르고 있지요.

2016년 12월 초에 은행에 가서 주택담보대출금리를 물어봤다면 한 달 전과는 분명 달랐을 것입니다. 적어도 0.4~0.5퍼센트는 올랐을 거라고 봅니다. 미국 대통령이 바뀐 이슈가 이처럼 빠른 속도로 한국에 영향을 주고 있습니다.

다른 하나는 보호무역 강화입니다. 트럼프는 자유무역협정을 뒤엎고 재협상하겠다고 말했습니다. 그런데 미국에서 트럼프를 크게 지지하는 지역은 예전에 제조업이 발달한 동네 중에서도 백인 노동자가 많이 살고 있는 곳입니다. 그들은 자유무역협정으로 중국과 한국의 저가제품이 미국에 몰려들어 미국 제조업 노동자가 일자리를 빼앗겼다고 불만을 토로하며 트럼프를 지지한 사람들이지요.

이러한 심리를 파고든 트럼프는 미국에 유리하지 않은 자유무역협정은 재고하겠다고 말했습니다. 결국 이것은 계속 이슈화할 수밖에 없습니다. 비록 한국은 수출로 먹고살지만 자동차 이외에 다른 업종은 큰 피해가 없을 거라고 봅니다. 한편에서는 이것을 트럼프의 전술적인 립서비스로 보고 있습니다.

그러나 한국을 제외한 이머징 국가, 즉 라틴아메리카나 다른 아시아 국가는 영향을 받을 것입니다. 바로 여기에 함정이 있습니다. 한

트럼프 액셀러레이터

재정지출 확대

- 1조 달러, 인프라 위주의 재정투자를 공약함. 과거에도 공화당 집권기에는 늘 재정지출 크게 증가.
- 상당 기간 저금리 유지로 정부에 크게 부담이 가지 않는 점도 재정지출을 가속화함.
- 단기적인 수요 진작에 긍정적 영향 줌. 완전고용상태 → 임금상승 가속화 → 소비 활성화 기대.
- 재정지출 확대 → 국채 수요 증가 → 장기금리 상승: 자산시장에서 채권보다 주식 선호 높아질 전망.

보호무역 강화

- 트럼프의 주요 지지층은 제조업 중심의 중남부(낙후 공업지역) 백인층. 따라서 무역장벽 강화 추진.
- 지난 4~5년간 세계 교역량 정체는 보호무역 강화가 아닌 총수요 감소 때문. 전략적 측면에서 재정지출로 수요를 진작한다는 것을 강조할 경우 보호무역 강화는 전술적 측면으로 볼 필요가 있음. 산업 부문별로 국지적인 영향 미칠 것.
- 한미 FTA 재협상 등의 이슈는 국내 수출에 부정적일 수밖에 없지만 일부 업종에 제한될 것.
- 결국 보호무역 강화로 일부 업종의 피해는 불가피하겠지만 재정지출을 통한 수요 진작 효과가 이를 상쇄할 수 있을 것.

국이 직접적인 피해를 받지는 않지만 이머징 국가가 영향을 받으면 여기에 속하는 한국도 간접적인 피해를 볼 수 있기 때문입니다.

전 세계의 투자자들이 주식과 채권에 투자할 때는 대개 카테고리를 선진국 채권과 신흥국 채권, 선진국 주식과 신흥국 주식으로 나눕니다. 투자자들은 미국의 보호무역으로 멕시코, 중국, 아시아 국가의 상황이 좋지 않으면 신흥국 주식시장에서 돈을 빼내려 합니다.

실제로 트럼프 당선 이후 최근까지 외국인이 주식을 팔아치운 이유는 한국이 매력적이지 않아서가 아니라 한국을 제외한 다른 이머징 국가가 부정적이기 때문입니다. 이머징 국가 펀드에서 한국의 비중은 약 20퍼센트입니다. 그런데 투자자들이 이머징 국가에서 돈을 빼다 보니 한국 시장이 괜찮아 보여도 기계적으로 비중만큼 주식을 팔아버립니다. 이것은 한국 주식시장에 부정적인 일입니다. 물론 한국의 펀더멘털에는 큰 영향을 미치지 않으므로 2017년부터는 조금씩 나아지리라고 봅니다.

2017년 핵심 키워드는 금리상승, 물가상승, 공급과잉

많은 투자자가 2016년 주식시장이 어려웠다고 말합니다. 실제로 제 주변에서 과거에 주식으로 돈을 많이 번 사람들도 2016년에는 대부분 손실을 봤습니다. 2015년 상반기까지만 해도 수익을 많이 낸 M사의 펀드가 2016년에는 연초 이후 20퍼센트 이상 하락하기도 했지요.

2017년 주식시장 전망

매크로와 주식의 패러다임 전환 시기 – 톱다운·보텀업 모두 변곡점

- 과거 4~5년간 이어져온 매크로와 주식 트렌드는 향후 2~3년 동안 많이 변화할 전망.
- 주식시장의 주도주도 변화할 가능성이 크고 이미 변화가 진행 중.
- 2017년에는 대형주, 저PBR 가치주, 경기민감주(산업재·소재·금융·IT)가 주도주로 부각될 전망.
- 경제민주화 법안 강력 추진, 주주환원정책 및 지배구조 이슈도 주요 테마.

매크로와 주식 트렌드는 과거 4~5년과 달리 향후 큰 변화를 맞이할 것

구분		2012~2015	2016~2018(E)
매크로	정책	통화정책	재정정책(인프라투자)
	금리	추세적 하락	보텀업
	물가	디플레이션	디플레이션 탈출
	공급	공급과잉	공급제한
	수요(중국)	내수 > 설비투자	투자(첨단산업/인프라) > 내수
주식	사이즈	중소형주	대형주
	스타일	성장주(고PER, PBR)	가치주(저PBR)
	섹터	화장품, 음식료, 제약	산업재, 소재, 금융, IT

위의 표를 보면 2012~2015년과 2016년 하반기부터 2018년까지의 세상은 정말 다릅니다. 그런데 우리는 지금도 과거의 익숙한 방

식으로 투자하고 있습니다. 세상은 다른 방향으로 가고 있는데 우리가 투자하는 방식은 과거 4년 동안 효과를 본 방식에 머물러 있는 것이죠. 이제 우리가 어떻게 달라져야 하는지 알아야 합니다.

주식투자에서는 톱다운(top-down, 하향식), 즉 매크로 경제에서 산업별·기업별로 분석하는 방법과 반대로 보텀업(bottom-up, 상향식)이라고 해서 개별기업의 실적을 체크하는 두 가지 방법이 주로 쓰입니다. 2016년 하반기는 이러한 톱다운과 보텀업이 모두 바뀌는 변곡점이었습니다. 과거 4년을 기준으로 볼 때 2016년 말 현재 시장에서 도저히 돈을 벌 수 없는 주식시장이 형성되고 있는 것입니다.

우선 매크로에는 정부정책(통화정책), 금리, 물가, 공급, 수요가 있습니다. 2012년부터 2015년까지 미국이 대규모로 양적완화를 시행했고 이것은 일본도 마찬가지입니다. 유럽중앙은행(ECB)도 돈을 풀었습니다. 아니, 전 세계의 모든 중앙은행이 돈을 풀었지요. 그러다보니 과거 4년 동안 금리가 추세적으로 하락했습니다. 그야말로 돈이 제일 쌌지요. 2016년 상반기까지 금리는 계속해서 내려갔습니다.

2016년에는 트럼프뿐 아니라 힐러리도 재정정책을 얘기했고 일본과 유럽도 어떻게 돈을 풀어 인프라에 투자할지 고민하고 있습니다. 한국 역시 2017년부터 재정정책을 고민할 것입니다. 이제는 단순히 돈을 푸는 통화정책에서 정부가 직접 돈을 쓰는 재정정책으로 바뀌고 있는 것입니다. 이와 함께 금리가 2016년 상반기에 바닥을 치고 빠른 추세로 오르고 있습니다.

'물가' 하면 먼저 유가를 생각하지 않을 수 없습니다. 알다시피 유가가 대폭 내려서 2016년 2월 26달러까지 내려갔습니다. 사실 3~4년 전만 해도 유가는 100달러가 넘었습니다. 당시 서울 소재 주유소에서 판매한 휘발유 가격이 2,200~2,400원이었고 경유도 1,700~1,800원이었습니다. 2016년 12월 초에 1,400원 정도로 떨어졌습니다. 유가가 빠지면서 디플레이션, 즉 물가도 내렸습니다.

그런데 2016년 12월 초 유가가 50달러를 넘어섰습니다. 여기에는 석유수출국기구(OPEC)가 8년 만에 산유량 제한 정책을 내놓은 것도 한몫했습니다. 여하튼 저점 26달러에서 50달러로 오른 것이니 거의 2배나 뛴 것입니다. 결국 2017년에는 전 세계에서 물가가 상승하는 현상이 나타날 것입니다.

공급을 보면 전 세계적으로 과잉 상태입니다. 2008년 금융위기가 터졌을 때 중국은 철강, 화학 분야에 많이 투자했고 이것이 설비과다로 이어져 전 세계에 과잉공급을 불러일으켰습니다. 한국에서도 조선과 철강, 화학이 과잉산업으로 전락해 구조조정이 진행 중입니다. 중국은 중국 내 철강 생산 능력의 10퍼센트를 줄이고 있습니다.

2017년, 어느 주식이 유망할까

주식시장은 사이즈(중소형주, 대형주), 스타일, 산업(섹터)으로 분류를 합니다. 과거 4년부터 2015년 상반기까지는 코스닥에서 중소형주가 많이 올랐습니다. 주가를 평가할 때 보는 PER(Price Earning Ratio, 주가수익비율: 주가가 그 회사 1주당 수익의 몇 배인가를 나타내는 지표), PBR(Price Book-value Ratio, 주가순자산비율: 주가가 1주당 순자산의 몇 배로 매매되고 있는가를 나타내는 지표)이 높은 성장주가 거기에 속해 있기 때문입니다.

코스피의 평균 PER은 10배이고 평균 PBR은 1배입니다. 성장주는 보통 PER이 30~40배, PBR은 3~4배가 넘어 코스피 평균보다 적어도 3~4배 비싸게 거래되었는데 이들 주식이 2015년까지 아주 많이 올랐습니다. 대표적인 업종이 화장품, 음식료, 제약입니다. 2015년 말, 2016년 초까지만 해도 화장품 업종이 굉장히 많이 올랐지요. 물론 2016년 말 현재는 화장품을 비롯해 음식료와 제약이 많이 빠지고 있습니다.

2016년 주식시장을 보면 개인투자자들이 관심을 보이지 않는 대형주가 많이 올랐는데 이것은 저PBR 가치주입니다. 대부분의 대형주가 PBR이 1배도 되지 않는 가치주죠. 이는 코스피와 크게 차이가 없고 섹터로 봐도 산업재(조선, 건설, 기계), 소재(철강, 화학), 금융(은행, 보험), IT(반도체, LCD) 쪽입니다.

2015년까지만 해도 화장품 주가가 크게 올랐습니다. 아모레퍼시픽, 한국콜마, 코스맥스 등이 대표적이지요. 그런데 2016년 초 주가가 내려가자 사람들이 '어? 고점에서 20퍼센트나 빠졌네' 하면서 샀습니다. 싸보여서 샀는데 잠깐 올랐다가 또 빠졌지요. 그렇게 빠지니까 더 싸보여서 사는 사람이 많았습니다. 결국 2016년 말 현재 연초 고가 대비 거의 반 토막 난 종목이 매우 많습니다.

세상이 바뀌고 있습니다. 흥미롭게도 대형 섹터에 속하는 산업재, 소재, 금융, IT는 2016년부터 실적이 좋아지고 있고 화장품, 음식료, 제약 쪽은 2015년부터 성장 속도가 확실히 꺾이고 있습니다.

주식시장은 흔히 '미인 뽑기 대회'라고 말합니다. 주식에 투자하는 돈은 한정적이므로 어디가 더 매력적일지, 어디가 더 오를지, 어디가 상대적으로 나을지 생각해서 사게 마련입니다. 특히 기관투자가는 한정된 돈으로 펀드를 운용하다 보니 상대적으로 좋지 않은 기업은 팔고 그 반대의 기업은 삽니다.

예를 들면 2016년 화장품 기업의 영업이익이 전년 대비 50퍼센트 올랐습니다. 사실 50퍼센트만 성장해도 훌륭한 일이지만 주식으로 서는 별로 매력이 없습니다. 2015년에 100퍼센트 성장해 주가가 올 랐다면 2016년에도 100퍼센트 성장해야 주가가 오릅니다. 그걸 충 족시키지 못할 경우 상대적으로 호감도는 떨어지지요. 포스코는 3분 기 때 영업이익이 1조로 사상 최대에 육박했습니다. 사람들이 포스 코에 거의 관심도 없고 기대하지도 않았는데 3분기 실적이 잘 나온 것입니다. 이처럼 대부분의 산업, 즉 매크로뿐 아니라 개별기업의 실 적도 산업재, 소재, 금융, IT 쪽에 유리하도록 바뀌고 있습니다.

이익은 늘었는데 주가는 제자리

아래 그래프에서 맨 오른쪽이 한국인데 황색 막대그래프를 보면 알 수 있듯 2016년 초 이후 코스피가 6퍼센트 정도 올랐습니다. 검은 색은 2016년 한국 기업의 이익성장률입니다.

주가 또는 주가상승률은 기업이익 증가와 밸류에이션(기업가치 평가)의 두 가지 조합으로 봅니다. 아마 2016년 초부터 한국 경제가 좋지 않다는 말을 많이 들었을 것입니다. 수출이 어렵고 산업 전반이 망가지고 있다는 얘기를 들었을 텐데 놀랍게도 2016년 한국 기업의 이익성장률은 18퍼센트(검은색) 증가했습니다. 전 세계적으로 상장

2016년 주요 지역 및 국가 연간 성과

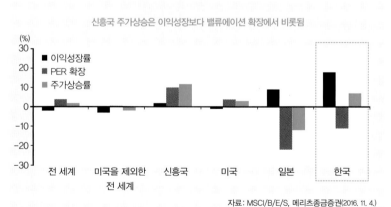

신흥국 주가상승은 이익성장보다 밸류에이션 확장에서 비롯됨

- 이익성장률
- PER 확장
- 주가상승률

전 세계　미국을 제외한 전 세계　신흥국　미국　일본　한국

자료: MSCI/B/E/S, 메리츠종금증권(2016. 11. 4.)

기업의 이익이 가장 많이 증가한 나라가 한국입니다. 한국의 기업이익률이 놀라울 정도로 늘고 있다는 얘기지요.

사실 주가는 그다지 오르지 않았고 2016년 말 현재 전년과 유사한 수준을 보이고 있습니다. 이익은 많이 늘었는데 주가는 제자리인 상황은 한국의 주식시장이 저평가를 받고 있다는 의미입니다. 그 저평가를 풀어줄 계기만 생기면 주식시장은 훨씬 더 좋아질 것입니다.

아래 그래프에서 황색 선은 1995년부터의 코스피, 검은색 기둥은 코스피 연간 순이익률의 합계를 나타냅니다.

2016년의 경우 코스피 기업은 사상 최대의 이익을 냈습니다. 기업이 이토록 많은 이익을 냈는데 코스피는 왜 박스권에 머문 것일까요? 이는 기업이 이익을 잘 낸다는 걸 사람들이 믿지 않기 때문입니다. 매일 경제가 어렵다, 불황이다 하니까 잘할 수 있을지, 연속성이

코스피와 연간 순이익 추이

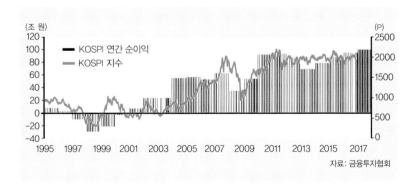

자료: 금융투자협회

있을지 고민하는 것이지요.

그럼 과거 사례를 봅시다. 2003년 코스피 이익 합계가 28조였고 2004년에는 46조 정도였습니다. 기업이익률이 60퍼센트 가까이 늘어나면 단순 계산으로 주식시장도 60퍼센트 오르는 게 맞습니다. 그런데 당시에도 주가는 10퍼센트밖에 오르지 않았습니다. 그때도 사람들은 의문을 보였습니다. 한국 기업에 대체 무슨 일이 있었기에 1년 동안 기업이익이 60퍼센트나 늘었을까?

흥미롭게도 2005년에는 기업이익이 45조였고 당시 주가는 거의 50퍼센트 이상 올랐습니다. '이제 한국 기업이 레벨업해서, 즉 체질을 개선해서 기업이익을 많이 내는구나. 인정해줄게' 하는 심리 덕분에 50퍼센트가 오른 것입니다.

2016년에 기업이익이 많이 난 이유 중 하나는 과거 조선이나 건설, 철강이 적자를 많이 냈는데 2016년에는 흑자를 냈기 때문입니다. 그래서 2017년에도 충분히 그럴 수 있을 거라 기대하는데, 2017년 상반기에 2016년 수준으로 이익을 내면 박스권 상단을 탈피할 거라고 봅니다.

이미 주식시장은 빠른 속도로 변화하고 있습니다. 그러면 대표적으로 오뚜기와 현대중공업의 사례를 살펴봅시다.

주식시장은 시대 변화를 반영하는데 오뚜기는 2012년부터 2016년 초까지 거의 9배 올랐습니다. 라면, 케첩, 참치, 소스 등을 파는 회사가 2012년부터 2016년 초까지 만 4년 동안 주가가 9배나 오른 것입

주도주 트렌드의 변화

2016년 오뚜기 주가는 고점대비 54% 하락 vs. 현대중공업 주가는 저점대비 81% 상승

자료: 한국거래소(KRX)

니다. 도대체 무슨 일이 있었던 걸까요? 기업이익도 많이 늘었고 저금리다 보니 사람들의 시선이 식음료 쪽에 많이 쏠린 것도 사실입니다. 그런데 놀랍게도 2016년 말 현재 반 토막이 났습니다. 9배나 오른 것이 9개월 만에 절반으로 뚝 꺾인 것입니다.

현대중공업은 2012년부터 주가가 4분의 1토막으로 줄었다가 바닥에서 거의 80퍼센트나 올랐습니다. 사실 2016년 신문이나 뉴스에서 조선만큼 부정적인 소식을 쏟아낸 산업도 없습니다. 거제와 울산이 죽어간다, 대우중공업과 삼성중공업을 구조조정해야 한다, 현대중공업이 어렵다 등의 뉴스가 많이 나왔는데 막상 2016년에 가장 많이 오른 기업이 현대중공업입니다. 참 아이러니한 일입니다.

대체 무슨 일이 있었기에 오뚜기는 주가가 반 토막이 나고, 가장

힘들다고 아우성인 조선 쪽의 대표주자 현대중공업은 80퍼센트나 오른 것일까요? 그것은 앞서 말한 대로 주식시장에 변화의 바람이 불고 있기 때문입니다. 그 흐름은 계속 이어질 가능성이 크므로 중소형주보다 대형 섹터 쪽에서 기업을 찾는 연습을 해야 합니다.

그들이 기업분할하는 이유

아쉽게도 2017년에는 크게 성장할 만한 산업이 눈에 띄지 않습니다. 2016년에 기업이익이 좋았던 경우에도 성장 산업이라서가 아니라 구조조정으로 이익이 증가한 것일 뿐 매출 증가는 많지 않습니다. 결국 2017년에는 산업보다 지배구조 이슈, 주주환원정책, 경제민주화 쪽이 대선과 맞물리면서 이슈화할 가능성이 큽니다.

이미 현대중공업, 오리온, 매일유업이 기업분할을 발표했고 삼성전자의 분할 이슈도 주식시장을 뒤흔들었습니다. 2017년 상반기까지 많은 기업이 기업분할을 할 전망인데 이는 기업 지배구조나 승계 이슈와 맞물려 있습니다. 1세대, 2세대 오너가 자녀에게 회사를 물려줄 때 가장 일반적으로 쓰는 방법이 기업분할입니다. 그러면 세금은 적게 내고 대지주 지분율은 올라가는 효과가 있습니다.

여기에 눈여겨봐야 할 것이 자사주 매입(기업이 자기 주식을 사서 갖고 있는 것)입니다. 자사주가 많을수록 기업을 분할하는 오너에게 유

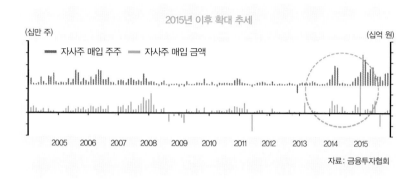

KOSPI + KOSDAQ 자사주 매입 금액 및 주수

2015년 이후 확대 추세

(십만 주) 자사주 매입 주주 자사주 매입 금액 (십억 원)

2005 2006 2007 2008 2009 2010 2011 2012 2013 2014 2015

자료: 금융투자협회

리하기 때문입니다. 실제로 2014년부터 삼성을 비롯한 여러 기업이 자사주 매입을 대거 진행해왔습니다.

겉으로는 주주를 위해 자사주 매입을 늘리는 것이라고 말하지만 실은 대주주 오너를 위해 자사주를 매입하는 것입니다. 자사주가 많은 기업은 오너가 기업분할을 할 때 지분율이 확 올라갑니다. 가령 정몽준 회장의 현대중공업 지분율은 10퍼센트 정도입니다. 만약 기업분할을 하고 나중에 스왑(swap: 거래 당사자가 일정 시점에 자금을 교환하기로 계약하는 거래)을 거치면 정몽준 회장 일가의 지분율은 최대 30~40퍼센트로 늘어납니다.

흥미로운 것은 2016년 7월부터 국회의원들이 자사주에 대한 신주 배정을 금지하는 법안을 마련하고 있다는 사실입니다. 이 법안이 실행되면 자사주가 쓸모없기 때문에 실행 이전인 2017년 상반기까지 자사주가 많은 기업은 기업분할을 할 가능성이 큽니다. 현대중공업 뿐 아니라 오리온, 매일유업도 자사주가 상당히 많은 기업입니다.

기업분할은 우리가 눈여겨봐야 할 중요한 이벤트입니다. 흔히 한국 기업은 배당을 하지 않기로 유명한데 가장 큰 이유는 오너들의 지분율이 낮기 때문입니다. 예를 들어 대주주의 지분이 20퍼센트인데 기업이 100억을 벌 경우 배당을 주면 80퍼센트의 돈이 외부로 나갑니다. 이 돈을 배당하지 않고 회사에 쌓아두면 연봉, 인센티브, 법인카드 등으로 오너가 쓸 수 있었기 때문에 그동안 배당을 잘 하지 않았습니다. 하지만 기업분할로 대기업의 대주주 지분이 올라가면 배당하라고 하지 않아도 알아서 배당을 늘립니다.

115쪽 그래프가 보여주듯 분할하고 나서 1년이 지나면 분할하기 1년 전에 비해 배당 성향이 2배로 늘어납니다. 만약 기업이 예전에 번 돈의 30퍼센트만 배당했다면 기업분할 후에는 번 돈의 60퍼센트를 배당으로 돌립니다. 즉, 배당금을 훨씬 더 많이 줍니다. 이렇게 배당을 많이 할 경우 기업가치 평가에서 후한 점수를 받습니다. 결국 기업분할은 분할 그 자체도 중요하지만 분할하고 나서 배당을 많이 주기 때문에 좋습니다.

실제로 27개의 기업분할 사례가 있는데 9개월 후에 보니 기업의 96퍼센트가 주가가 올랐습니다. 평균 상승폭이 90퍼센트라는 데이터도 있습니다.

물론 그렇지 않은 기업도 있지만 분할하는 기업은 분할 후 주가가

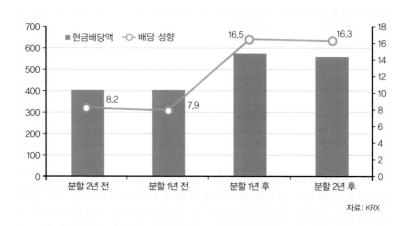

기업분할 전후 분명히 드러나는 배당 성향과 배당액 증가

자료: KRX

상당히 오르므로 분할을 발표한 다음에 사도 늦지 않습니다. 이 경우에도 기업이 제대로 돈을 벌고 있는지 반드시 확인해야 합니다.

주주환원정책 측면에서 봐도 오너들은 기업분할 후 배당을 늘리는 것이 유리합니다. 삼성도 그렇지만 SK도 C&C와 합병하기 전에는 배당을 많이 하지 않았습니다. 그러나 합병 이후 최태원 회장의 지분율이 많이 올라가자 주주들이 요구하지 않아도 알아서 배당을 해마다 늘리고 있습니다. 물론 많이 할수록 최태원 회장이 받아가는 배당금도 많아집니다. 그만큼 지배구조와 주주환원정책은 깊이 연계되어 있습니다.

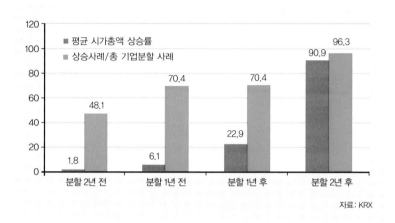

기업분할 이사회 공시 이후 시가총액 상승률

- 평균 시가총액 상승률
- 상승사례/총 기업분할 사례

자료: KRX

기업은 투자 대신 배당을 늘릴 것이다

최근 117쪽의 그래프처럼 사회적으로 많은 변화가 일어나고 있는데 왼쪽이 외환위기 전을 나타냅니다. 세 개의 막대 가운데 왼쪽은 국가GDP성장률, 가운데는 가계소득증가율, 오른쪽은 기업소득증가율을 의미합니다. 당시에는 국가 성장과 기업 성장 그리고 내 월급이 올라가는 속도가 거의 비슷했습니다. 그런데 외환위기 이후 국가성장률이 확 떨어졌음에도 불구하고 기업이익증가율은 크게 올랐습니다. 더 이상한 것은 내 월급증가율이 가장 낮다는 점입니다.

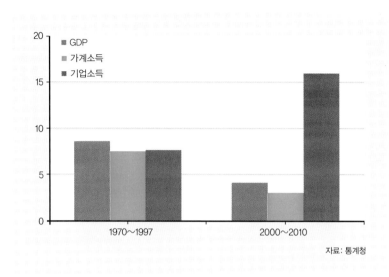

가계소득과 기업소득 간의 격차 확대

- GDP
- 가계소득
- 기업소득

자료: 통계청

지금 사회의 여기저기에서 변혁의 목소리가 커지는 이유도 여기에 있습니다. 특히 이것이 주주환원에 소극적인 부분과 맞물리면서 2017년에 많이 바뀔 듯합니다. 문제는 기업에 주주에게 줄 돈이 있느냐 하는 점입니다. 돈이 없는데 달라고 하면 누가 주겠습니까.

요즘 흔히 듣는 말이 '한국 기업 중에 성장하는 기업이 없다', '투자할 데가 없다'는 것입니다. 실제로 기업들은 투자를 거의 하지 않습니다. 118쪽 그래프의 황색 선이 보여주듯 기업은 거의 투자하지 않고 있는데, 그러다 보니 회색 선인 기업의 현금흐름이 좋아져 기업의 호주머니에 있는 돈이 2008년보다 3배 가까이

금융위기 이후 투자 정체

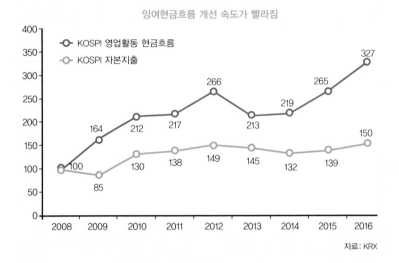

잉여현금흐름 개선 속도가 빨라짐

- ● KOSPI 영업활동 현금흐름
- ○ KOSPI 자본지출

	2008	2009	2010	2011	2012	2013	2014	2015	2016
영업활동 현금흐름	100	164	212	217	266	213	219	265	327
자본지출	100	85	130	138	149	145	132	139	150

자료: KRX

늘어났습니다. 투자를 하지 않아 기업이 현금을 사상 최대치로 갖고 있는 것이죠. 사람들이 주주환원정책을 시행하고 배당을 많이 하라고 요구하는 이유가 여기에 있습니다.

119쪽 자료는 1992년부터 2016년까지의 통계로 막대는 한국의 GDP성장률, 황색 선은 외국인 지분율을 나타냅니다.

알다시피 과거에 한국은 엄청나게 고성장을 했습니다. 당시 외국인은 한국이 고성장하는 것을 보고 한국 주식을 많이 샀지요. 그때 외국인이 한국 기업에 '배당 좀 더해', '자사주 사줘'라는 말을 했을까요? 그게 아니라 '지금처럼 잘 성장하라', '매출을 키워라', '잘되는 산업에 투자해 매출과 이익을 올려라'라고 요구했습니다.

지금도 외국인 지분율이 거의 35퍼센트에 이르지만 이제 투자자들은 한국이 고성장 국가가 아니라는 것을 알고 있습니다. 그런 의미에서 앞으로 외국인이 '배당을 달라', '주주환원정책을 채택하라'라고 요구할 가능성이 큽니다. 실제로 헤지펀드 엘리엇이 2015년부터 삼성에 요구사항을 들이밀고 있는데 앞으로 많은 외국인을 비롯한 투자자도 마찬가지일 것입니다.

한국의 GDP성장률과 외국인 지분율

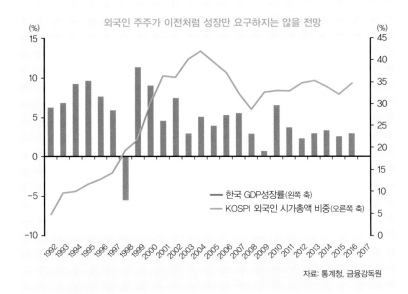

자료: 통계청, 금융감독원

3장 주식 펀드 2017 주식시장, 승부수를 띄워라: 대형주·가치주·경기민감주에 주목하라

애플도 과거에는 빠른 속도로 성장했지만 지금은 성장이 정체되면서 배당을 많이 주는 배당주, 자사주로 바뀌고 있습니다. 낮아진 성장성에도 배당을 확대하면서 주주가치를 올리고 있습니다.

아래 그래프에서 가로축이 배당성향인데 배당을 많이 주는 기업일수록 기업가치가 높고, 배당을 적게 주는 기업일수록 주가가 낮습니다. 즉, 배당은 기업 주가를 올리는 데 상당히 중요한 역할을 합니다. 앞으로 삼성도 기업분할과 함께 배당을 점차 늘려갈 테고 다른 기업도 배당을 올리면 코스피가 2,000 박스권이 아니라 2,100이나 2,200으로 넘어가는 모멘텀이 일어날 것입니다.

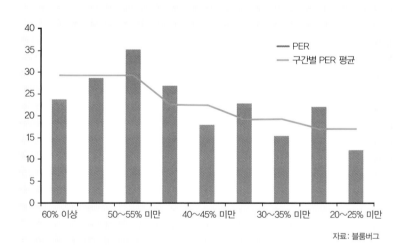

배당성향이 높을수록 높은 주가수익비율(PER)을 부여받는 미국

자료: 블룸버그

대만의 배당수익률은 4퍼센트로 배당수익률이 매우 높습니다. 지금 같은 불황기에도 대만 주식을 사면 연말에 평균 4퍼센트의 배당을 받습니다. 마찬가지로 일본도 기업에 돈이 많다 보니 자사주를 대거 사들이고 있습니다.

마지막으로 경제민주화 쪽을 간단히 살펴봅시다.

현재 국회의원들이 발의하는 법안 중 10퍼센트가 경제민주화 관련 법안입니다. 구체적으로 말하면 지배구조 변화와 관련된 것입니다. 그렇기 때문에 기업들은 어떻게든 기업 지배구조를 바꾸려고 노력할 가능성이 큽니다. 앞서 말했지만 현대중공업이나 오리온, 매일유업뿐 아니라 다른 중견기업들도 기업분할에 큰 관심을 보이고 있습니다.

2017년 상반기라는 골든타임을 놓치면 앞으로 재벌, 오너는 자신을 위한 법률이 사라지기 때문에 상당히 불리해집니다. 많은 기업인이 기업분할을 서두는 이유가 여기에 있습니다.

이미 시장이 많이 바뀌었지만 앞으로는 더 많이 바뀔 것입니다. 과거 4년이 아닌 앞으로의 1~2년을 본다면 대형주, 가치주, 경기민감주인 산업재·소재·금융·IT 쪽에 관심을 기울이는 것이 좋습니다.

서상훈

주식회사 어니스트펀드 대표. 서울대 경영학과를 전체 수석으로 졸업한 뒤 미국으로 건너가 벤처캐
피털인 콜라보레이티브펀드에서 일하며 투자와 사업 기회를 보는 안목을 길렀다. 서 대표는 2015년
2월 P2P(개인 간 대출) 업체인 어니스트펀드를 설립해, 개인투자자에게 평균 연 7~8퍼센트의 수익률
을 보장하는 상품들을 선보였다.

4장

예·적금 이자보다
다섯 배 더 받는 P2P 투자

서상훈, 어니스트펀드 대표

저금리 시대, 가장 매력적인 투자법

'P2P 투자'는 다소 생소할지도 모르지만 그 내용을 알고 나면 상당히 매력적인 투자법입니다. 먼저 P2P 투자가 등장한 이유부터 살펴보겠습니다.

124쪽 그래프를 보면 지난 몇 년 동안 금리가 매우 낮게 유지되어왔음을 알 수 있습니다. 2016년 말 현재 은행예금 자율입출금은 금리가 0퍼센트까지 떨어지기도 했습니다. 적금금리도 겨우 1.3퍼센

저금리 시대의 투자 변화

국내 경제 환경의
변화

저성장
저금리

인구
고령화

주식시장
침체

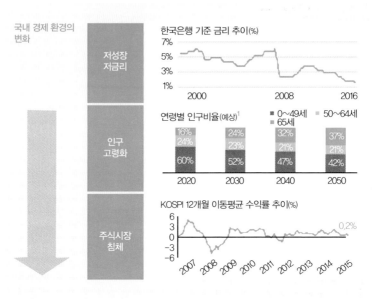

한국은행 기준 금리 추이(%)

7%
5%
3%
1%

2000　　　2008　　　2016

연령별 인구비율(예상)[1]　■ 0~49세　■ 50~64세
■ 65세

2020	2030	2040	2050
16%	24%	32%	37%
24%	23%	21%	21%
60%	52%	47%	42%

KOSPI 12개월 이동평균 수익률 추이(%)

6
3
0
-3
-6

2007 2008 2009 2010 2011 2012 2013 2014 2015

0.2%

금융상품별
투자수익률[2] 및
위험도

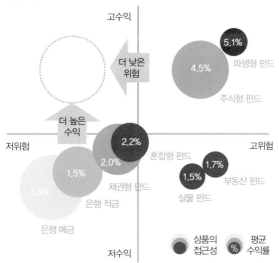

고수익

더 낮은
위험

5.1%
파생형 펀드

4.5%
주식형 펀드

더 높은
수익

저위험

고위험

2.2%
혼합형 펀드

2.0%
채권형 펀드

1.5%
은행 적금

1.3%
은행 예금

1.7%
부동산 펀드

1.5%
실물 펀드

상품의
접근성

%　평균
수익률

저수익

1 통계청, 2015 고령인구조사 · 인구 추이
2 전국은행연합회와 금융투자협회에 공시된 최근 1년간 수익률의 평균(2015년 말 기준)

트를 유지하는 상황이고 저축은행의 특판으로 가야 1.5퍼센트 정도입니다.

저금리만 문제가 아니라 주식시장도 별로 재미가 없습니다. 박근혜 정부 초기만 해도 코스피지수가 3,000을 넘지 않을까 하는 기대가 있었지만 여전히 2,000 수준을 유지하는 정도입니다. 주식으로 재미를 본다는 것은 남 얘기가 된 지 오래입니다.

반면 의료기술 발달로 기대수명이 늘어나면서 노후자금을 구조적으로 대비해야 한다는 목소리는 높아지고 있습니다. 사실 저금리, 저성장, 고령화에 따른 재테크의 중요성은 한국만 강조하고 있는 것이 아닙니다. 한마디로 이것은 전 세계적인 현상입니다.

이러한 문제를 해결하는 방법 중 하나가 P2P 투자입니다. 쉽게 말하면 P2P는 신용대출을 받으러 오는 사람에게 직접 투자하는 방식입니다. 대출을 해주는 것이라고 생각하면 이해하기가 쉽습니다. 개인신용대출을 기준으로 2016년 말 현재 5,000만 국민 중 은행대출을 받을 수 있는 사람은 많지 않습니다. 약 1,500만 명에 불과합니다. 나머지 2,000만~2,500만 명은 카드사에서 대출해주는 카드론을 이용하거나 캐피털, 저축은행, 대부업체에서 대출을 받습니다.

알다시피 이들에게 받는 대출은 금리가 아주 높습니다. 카드사 대출도 20퍼센트가 넘고 저축은행은 말만 은행이지 대부업체처럼 27.9퍼센트라는 법정 최고금리를 적용합니다. 반면 P2P 투자 중개회사는 대출을 원하는 사람들에게 10퍼센트 내외의 금리로 대출을

P2P 투자 방식

- **대출 서비스**: 전문적인 대출 심사를 통해 우량 신용자를 선별.
- **투자 서비스**: 다수의 채권에 위험을 분산하는 포트폴리오 투자.
- **금융 플랫폼**: 온라인을 통해 대출자와 투자자를 직접 연결.

**대출자에게는 보다 낮은 금리,
투자자에게는 보다 높은 수익률 제공**

해줍니다. 물론 그 자금은 대출에 투자해 재테크를 하는 사람들에게서 모은 것입니다.

결국 대출자는 기존 금융기관보다 더 낮은 금리에 돈을 빌리고, 투자자는 예금이나 적금보다 더 매력적인 이자를 주는 상품에 투자하는 셈입니다. 이때 P2P 투자 중개회사는 중간에서 신용평가사와 함께 심사 및 운영, 대출자와 투자자를 만나게 하는 서비스를 개발하거나 연결하는 작업을 합니다.

위 그림에서 보듯 대출자가 대출을 원할 때 투자자가 투자하면 대출자는 중저금리로 대출을 받습니다. 이후 대출자가 돈을 상환할 경우 투자자는 투자수익을 올립니다.

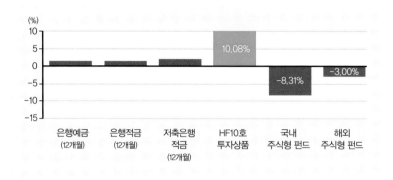

P2P 투자상품의 특성

(%)
- 은행예금 (12개월)
- 은행적금 (12개월)
- 저축은행 적금 (12개월)
- HF10호 투자상품: 10.08%
- 국내 주식형 펀드: -8.31%
- 해외 주식형 펀드: -3.00%

P2P 상품이 매력적인 이유는 일단 투자수익률 기준으로 은행 예·적금이나 저축은행 적금이 1퍼센트 내외일 때, 제가 속한 어니스트펀드의 경우 평균 기대수익률이 10퍼센트에 달하기 때문입니다. 물론 수익률에는 변동폭이 존재합니다. 대출에 투자하는 것이다 보니 대출상환이 이뤄지지 않으면 수익률이 조금씩 내려갑니다. 설령 그럴지라도 10퍼센트 수익률 상품을 내놓으면 보통 예상 차감률이 1~2퍼센트이므로 7~8퍼센트의 수익률을 냅니다.

그래프에서 HF10호 투자상품은 어니스트펀드의 상품입니다. 보다시피 같은 기간 내에 국내주식형 펀드나 해외주식형 펀드는 모두 마이너스입니다. 최근에는 ELS에 투자하는 투자자도 많은데 홍콩 시장이 문제로 떠오르면서 마이너스 40퍼센트까지 떨어진 경우도 있습니다.

그에 비해 수익률 안정성 면에서 강한 것이 P2P 투자의 장점입니다. 주식은 변동률이 큰 반면 개인신용대출은 갑자기 홍콩 증시가 가라앉았다고 해서 돈을 갚지 않는 일은 없습니다. 구조적으로 실업률이 오르는 현상이 일어나지 않으면 부도율은 높지 않습니다. 즉, 수익률도 매력적이고 안전성 면에서도 변동성이 적다는 장점이 있는 것입니다.

그동안 예·적금이 매력적이었던 이유는 국가에서 원금을 보장하는 거의 유일한 상품이기 때문입니다. 다른 모든 상품에는 조금씩 위험부담이 있습니다. 그런데 예·적금을 제외한 대부분의 상품이 주식시장과 관계가 있다는 단점을 안고 있습니다. 국내 증시가 나빠지거나 브릭스펀드에 가입했는데 브라질 증시가 가라앉으면 수익성이 확 내려갑니다. P2P 채권은 예·적금처럼 정부에서 보호해주는 것도 아니고 주식시장과 상관없이 리스크가 있다 보니 10퍼센트 상품에 투자한다고 해서 갑자기 수익률이 20~30퍼센트로 오르지는 않습니다. 그러나 갑자기 마이너스로 추락해 원금손실이 발생하는 일도 극히 드뭅니다.

위험은 분산하고 부담은 줄인다

한국에서 P2P 투자는 2015년부터 본격적으로 시작되었습니다.

금융업이 발달한 미국이나 영국에서는 2005년에 등장했고 이미 주식시장에 상장된 회사도 있습니다. 한국에서는 핀테크에 대한 정부의 지원과 활성화 정책이 맞물리면서 2015년부터 본격화되었습니다.

P2P 투자는 세 종류로 나눌 수 있습니다. 아래 표에서 보듯 개인신용대출에 투자하는 개인신용대출 P2P와 부동산 사업자들이 부동산을 거래하거나 시공할 때 부동산을 담보로 하는 상품에 투자하는 P2P상품이 있습니다. 그리고 소상공인에게 대출을 해주는 상품이 있습니다.

개인신용대출 쪽에서는 어니스트펀드가 대표적인 회사이고 부동산 쪽에는 루프펀딩과 테라펀딩, 소상공인 쪽에는 펀다와 팝펀딩이

P2P 투자의 종류

개인신용 P2P금융	자체적인 신용평가기술을 바탕으로 개인 대출자를 심사하고 대출을 실행하여, 투자자들이 개인신용대출 채권에 투자하는 서비스.	안정추구형	hf Honest Fund 어니스트펀드
부동산담보 P2P금융	토지, 건물 등의 부동산을 담보로 대출을 실행하고 건축자금 PF대출을 실행하여, 투자자들이 부동산담보대출에 투자하는 서비스.	수익추구형	ROOF FUNDING 루프펀딩 TERAFUNDING 테라펀딩
종합/기타	소상공인, 개인사업자 전용 대출, 동산(자동차 등) 담보대출, 장외주식담보대출을 실행하여, 투자자들이 다양한 채권에 투자하는 서비스.	의미부여형	pop funding 펀다 FUNDA 팝펀딩

있습니다. 루프펀딩도 대출에 투자한다는 점에서 P2P 투자인데 어떤 대상에게 대출하느냐에 따라 나뉠 뿐입니다.

저금리, 저성장 시대를 맞아 투자할 대상이 마땅치 않은 상황에서 고금리 대출을 받는 사람에게 대출을 해줌으로써 대출자는 고금리 대출 부담을 줄이고 투자자는 수익을 얻는 구조가 P2P 투자입니다.

특히 개인신용 P2P는 부동산이나 여러 개의 채권에 분산투자하는 것이 강점이자 특징입니다. 가령 투자자가 몇 백만 원을 투자할 경우 한 명의 대출자에게 몰아주는 것이 아닙니다. 기본적으

개인신용 P2P의 특징

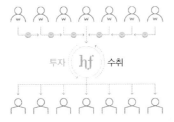
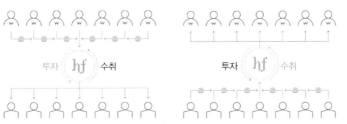

포트폴리오 분산투자

매월 투자 수익금 수취

투자 h∱ 수취

투자 h∱ 수취

- 다수의 우량 대출들에게 자동으로 분산투자 가능.
- 개별채권투자 방식에 비해 더 간편하고 직관적.
- 소수 불량채권의 부도위험을 분산하여 안정적.

- 포트폴리오를 구성하는 대출자들이 매월 원리금 일부를 상환.
- 월 상환액을 모아 투자자들에게 원금 및 이자수익으로 분배.
- 투자자는 만기 동안 매월 정해진 상환일에 수익금을 수취.

로 100명 이상에게 대출을 해주면서 그 채권에 분산투자를 합니다. 개인신용대출에도 원금을 보장하지 않는다는 위험이 존재하기 때문입니다. 따라서 과학적, 시스템적으로 위험을 분산해 투자자가 손실을 보는 일이 없도록 하고 있습니다. 100개 이상의 상품에 투자하는 것도 그 일환입니다.

100개의 채권에 분산투자하면 한두 개 채권에 문제가 생겨도 나머지 채권에서 손실을 막고 수익을 낼 수 있습니다. 결국 100만~200만 원을 투자하면 그 돈을 100여 명에게 분산투자해 수익을 얻는 것입니다. 특히 어니스트펀드는 주식에 연동되는 구조가 아니라 대출자가 매달 상환할 때마다 수익이 발생하는 구조입니다. 이는 12개월 동안 100만 원을 투자하면 매월 원금과 수익이 돌아온다는 얘기입니다.

132쪽 자료는 어니스트펀드의 대출채권 현황입니다. 보다시피 신용등급 기준으로 대출을 받는 사람들은 1~5등급이 80퍼센트가 넘습니다. 즉, 우량한 대출자에게 대출을 해주고 있습니다.

안타까운 것은 이처럼 신용등급이 좋은 사람도 은행에서 대출을 받지 못해 고금리대출을 받는 현실입니다. 결국 투자자는 단순대출이 아니라 고금리대출을 받는 사람들의 금리부담을 줄여줌으로써 사회적으로도 기여하는 셈입니다.

대출자의 50퍼센트 이상이 기존 고금리대출의 이자부담을 줄이기 위한 대환대출 목적으로 P2P 상품을 이용합니다. 주요 연령대는

어니스트펀드의 대출채권 현황

대출자[1] 신용등급별 현황

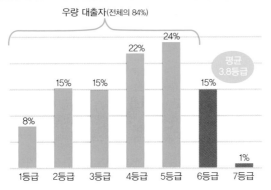

신용등급별 분류(NICE 기준)

우량 대출자(전체의 84%)

평균 3.8등급

- 1등급 8%
- 2등급 15%
- 3등급 15%
- 4등급 22%
- 5등급 24%
- 6등급 15%
- 7등급 1%

1 어니스트펀드 누적 대출고객을 대상으로 한 통계치(2016년 10월 기준)

대출목적·소득별 현황

연령별, 대출목적별 분류

- 50대 9%
- 20대 10%
- 40대 27%
- 30대 53%

- 기타 18%
- 보증금 5%
- 생활비 11%
- 사업자금 20%
- 대환대출 46%

소득 종류 분류

- 사업소득자 28%
- 근로소득자 72%

- 1억 원 이상 6%
- ~3천만 원 24%
- 5천만 원~1억 원 35%
- 3천만 원~5천만 원 36%

30~40대 직장인이고요. 결국 투자자는 30~40대 직장인 중에서 고금리대출을 이용해야 하는 사람들에게 중금리대출을 제공하는 것이나 마찬가지입니다.

어니스트펀드는 그 과정에서 위험을 분산하기 위해 은행처럼 2년 대출기간을 두고 매월 이자만 내다가 마지막 날 원금을 다 갚는 만기일시상환 방식을 취하지 않고, 원금의 일부를 매달 균등하게 상환하도록 합니다.

투자 안정성을 제고하기 위한 원리금균등상환 방식

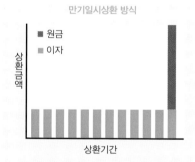

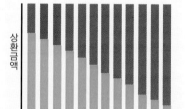

· 대출기간 동안 이자만 상환하고, 만기일에 원금을 일시 상환.

· 수익률은 상대적으로 높지만 원금을 만기에 일시 상환하기 때문에 투자 위험성 역시 높음.

· 매월 상환해야 하는 원리금 총액을 미리 계산한 후 해당 스케줄에 따라 매월 일정한 금액을 상환.

· 매월 원금의 일부가 상환되므로 수익률 계산법이 다름.

· 상환된 원금의 재투자를 통해 수익률 제고 가능.

이것을 원리금균등상환 방식이라고 하는데 100만 원을 투자하든 1,000만 원을 투자하든 매달 동일한 금액의 원금도 돌려받기 때문에 이를 재투자할 수 있습니다. 즉, 적금을 붓거나 주식투자도 할 수 있습니다. 이처럼 투자한 돈을 일정 기간 동안 묶어놓지 않아도 된다는 장점이 있습니다.

개인신용채권의 또 다른 장점 중 하나는 절세효과입니다. P2P 투자는 대출로 투자수익을 얻는 구조입니다. 펀드나 예·적금은 이자수익에 따라 15.4퍼센트의 세금을 내는데, P2P 투자는 부동산이나 개인신용대출을 불문하고 27.5퍼센트라서 세금으로만 보면 수익률이 1퍼센트 떨어집니다. 그런데 개인신용채권은 100개, 200개로 나눠 분산투자하기 때문에 각 채권에서 발생하는 수익이 적어 세금요율이 줄어드는 세금절약 효과가 있습니다. 소액으로 20만 원을 투자하면 수익에 세금을 매기지 않습니다. 반면 1,000만 원 투자는 15.4퍼센트 미만의 세금을 내고 고액을 투자할 경우에는 세금이 20퍼센트 정도로 올라갑니다.

P2P 투자의 절대 원칙

이제 P2P 투자상품의 투자전략을 생각해봅시다.

재테크의 기본은 분산투자인데 이는 P2P 채권도 마찬가지입니다.

다양한 상품에 분산투자하는 것은 굉장히 중요한 일입니다. 어니스트펀드와 비슷한 미국의 대표적인 P2P 회사 렌딩클럽에서 발표한 자료를 보면 100개 이상의 신용채권에 분산투자하면 손실 확률이 0.1퍼센트 미만이라고 합니다.

100개의 상품에 분산투자해서 1,000명 중 한 명 이하꼴로 손실이 나므로 999명 이상은 원금손실 없이 수익을 낸다는 얘기입니다. 따라서 어떤 P2P 상품이든 하나가 아니라 여러 개에 분산투자해야 한다는 것을 꼭 기억하기 바랍니다.

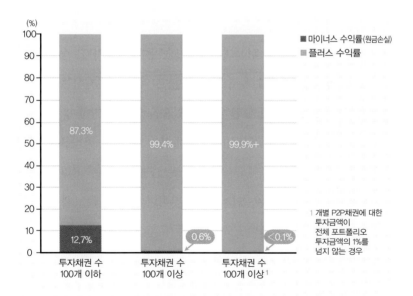

채권 개수에 따른 수익률 비교

앞쪽에 있는 그래프를 보면 알 수 있듯 분산투자는 그 수에 따라 수익률이 달라집니다. 이를 고려해 기본적으로 제1원칙은 최대한 분산투자해서 원금손실을 줄이는 것으로 해야 합니다.

특히 P2P 개인신용채권은 투자 성격상 주식처럼 높은 수익률을 기대하고 투자하는 것이 아닙니다. 이것은 연간 7~8퍼센트의 안정적인 수익을 목표로 하는 사람이 투자하기에 좋습니다. 물론 반드시 분산투자를 기억해야 합니다. 아무리 괜찮아 보이는 대출자가 있어도 한 사람에게 몽땅 투자해서는 안 됩니다.

그리고 투자할 때는 돈을 어떻게 운용할지 계획을 세워야 합니다. 자유입출금 예금은 금리는 낮지만 언제든 출금할 수 있습니다. 반면 P2P 투자에는 만기가 있습니다. 짧으면 12개월, 길면 24~36개월이며 그동안 매월 원금을 일부 상환받습니다. 이처럼 투자수익률은 좋지만 원금을 바로 뺄 수 없는 단점이 있습니다. 만기가 긴 상품은 원금을 곧바로 찾지 못할수록 수익률이 높고 위험도 존재하는 특성을 보이는데, P2P 상품에도 그런 위험이 있음을 알고 투자해야 합니다.

투자의 귀재로 알려진 워런 버핏은 투자의 두 가지 원칙을 이렇게 강조했습니다.

"제1원칙은 원금손실을 입지 않는 것이다. 제2원칙은 제1원칙을 기억하는 것이다."

저금리, 저성장 기조가 길어지면서 요즘 온갖 투자방법이 쏟아져 나오고 있습니다. 심지어 20~30퍼센트의 수익률을 제시하며 원금

수익률 vs. 리스크

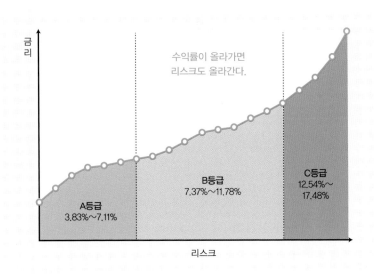

채권 만기와 수익률

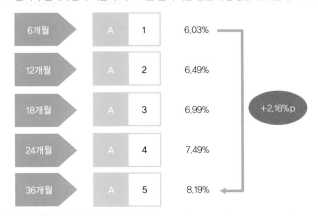

4장 주식 펀드 예·적금 이자보다 다섯 배 더 받는 P2P 투자

까지 보장한다고 광고하는 곳도 있는데, 원금보장 상품이 있는 곳은 은행뿐입니다. 은행이 아닌 곳에서 원금보장 상품을 판다면 꼭 금융감독원에 신고해야 합니다. 어떠한 예외도 없이 은행을 제외하고 원금을 보장해주는 곳은 없습니다.

투자할 때는 좋은 상품을 고르는 것도 중요하지만 이상한 업체에 투자해 손해를 보는 일도 없어야 합니다. P2P 투자에도 원금손실 확률은 있습니다. 하지만 통계적으로 주식보다 변동성 자체가 낮기 때문에 10퍼센트 수익률에서 떨어져도 4~5퍼센트의 수익은 납니다. 비록 일확천금을 선물하는 상품은 아니지만 안정적으로 수익을 내므로 퇴직금을 운용하기에 좋은 상품입니다.

특히 상품 위험을 고지하는지 확인하는 것도 좋은 회사인지 아닌지를 판단하는 좋은 기준입니다. 위험을 고지하지 않는 회사는 의심해봐야 합니다. 투자할 때는 손실을 입지 않는 게 가장 중요하므로 일확천금을 말하는 곳, 은행이 아니면서 원금보장을 말하는 곳은 더욱더 꼼꼼히 확인해야 합니다.

재테크 성공법

기타오 요시타카

일본 SBI금융그룹 회장으로 인터넷 기반의 은행과 증권사를 성공적으로 정착시킨 일본 금융계의 신흥 강자다. 소프트뱅크를 일본 유수의 기업으로 키운 손정의의 핵심 참모이기도 하다. 20년간 일본 노무라증권에서 일하다가 지난 1995년 손정의 회장의 제안으로 소프트뱅크에 합류해 2006년 SBI금융그룹 회장에 올랐다. 일본에서 20만부 넘게 팔린 《일: 나는 지금 무엇을 위해 일하는가》를 썼다.

5장

초저금리 시대, 재테크 불모지에서
생존하는 법

큰 그림을 그리고
보는 눈을 길러라

기타오 요시타카, SBI금융그룹 회장

21세기의 중심, 아시아

투자는 '생선 먹기'와 같다고 생각합니다. 우리는 생선을 먹을 때 머리부터 꼬리까지 다 먹는 것이 아니라 맛있는 부위만 골라 먹습니다. 마찬가지로 욕심을 부리지 말고 팔 것은 팔아야 합니다. 투자에서 가장 중요한 것은 바로 욕심 부리지 않는 자세입니다.

1989년 12월 도쿄증시의 일부 종목 평균 PER가 70.6배였습니다. 미국의 거의 5배 수준이었죠. 상식적으로 있을 수 없는 일이었습니다. 그 비상식적인 상황에서 주식을 사는 일, 그것도 계속 사는 일은 명백하게 이상한 징후입니다. 그럼에도 불구하고 계속 사들이는 사람들이 있었습니다. 저는 당시 모든 투자자에게 팔라고 말했습니다. 동시에 미국이나 유럽, 독일 쪽에도 기회가 많다는 것을 알리고 글로벌 투자를 제안했습니다. 주식이 아닌 채권 쪽으로 눈을 돌려도 좋다는 얘기도 했습니다. 그때 주식을 몽땅 팔고 미국 쪽으로 갈아탄 사람들은 돈을 많이 벌었습니다. 70.6배였던 PER는 이후 5.4배가 되었고요.

미국에도 한때 인터넷 버블이 있었습니다. 1990년대 초 인터넷 열풍이 불면서 사람들은 닷컴회사 주식을 많이 샀지요. 아무런 이익도, 매출도 없는 회사인데도 불구하고 닷컴회사들은 나스닥에 상장되었고 많은 사람이 주식을 샀습니다. 시가총액은 계속 늘어났고 2000년 3월 평균 PER가 100배였습니다.

이것은 상식에 맞지 않았습니다. 그런 비상식의 세계에서 당시 소프트뱅크 그룹은 많은 투자를 했습니다. 제가 1999년에 주식을 대부분 팔겠다고 하자 손정의 회장은 "골드만삭스가 앞으로 5배가 된다고 했다"는 말을 제게 전했습니다. 하지만 저는 상식을 넘어 비상식의 세계로 들어갔다고 말했습니다. 그런 다음 1999년 버블이 꺼지기 전에 주식을 모두 매각했습니다. 덕분에 각 투자자들에게 연 20퍼센트의 이익을 안겨줄 수 있었지요.

투자는 타이밍이 생명입니다. 즉, 언제 사서 언제 파느냐 하는 타이밍이 모든 것입니다. 그때 절대로 욕심을 부리지 않아야 합니다. 또 하나 중요한 포인트는 큰 그림을 그려야 한다는 점입니다. 저는 개별종목에 앞서 커다란 그림을 봅니다.

무엇보다 21세기는 아시아의 시대입니다. 인구만 봐도 2014년 기준 세계 인구의 60퍼센트가 중국, 인도, 기타 아시아에 있습니다. 미국 인구는 전체의 8퍼센트에 불과합니다. 전 세계 경제지역의 명목 GDP를 더할 경우 2020년이면 아시아 경제권이 NAFTA, EU를 넘어섭니다. 이런 상황이기 때문에 아시아에 투자하는 것은 당연히 중요합니다.

역사와 철학을 바탕으로 큰 그림을 그려라

투자자에게 꼭 필요한 교양은 역사와 철학입니다.

예를 들면 일본은 한때 고도성장을 구가했습니다. 1970년대까지만 해도 전 세계가 깜짝 놀랄 만큼 고도성장을 이어갔지요. 이후 중국이 점점 경제성장을 이루고 테이크 오프(Take-off: 후진국이 경제적·사회적으로 발전하려 할 때의 상황을 비행기의 이륙에 비유한 말)를 했습니다.

2000년대의 중국 1인당 명목 GDP는 일본의 1950~1960년대와 유사합니다. 거의 비슷하게 움직이고 있지요. 따라서 일본의 과거를

전후 일본과 현재 중국의 1인당 명목 GDP 비교

(천 엔)

1966~1970년에
일본은 약 17%의
일인당 명목 GDP 성장 유지.

일본은 4대 공해병을 겪음.
중국도 1990년대부터
환경오염 문제 대두됨.

2005년부터
투자가 시작됨

← 높은 경제 성장기 →

* 각 년도의 환율에 따라 중국 위안화 기준 중국 일인당 GDP는 일본 엔화로 변환되었음.
자료: 일본 내각부 경제사회연구소, 일중 경제협회

보면 어떤 산업이 성장할지, 어떤 타이밍에 중국에 투자해야 할지 그려볼 수 있습니다.

고도성장기 초기 일본은 가전제품, 철강, 전기, 가스 산업이 대단히 성공적이었습니다. 더불어 자동차 산업이 성장했지요. 1965년에도 이러한 산업들이 시가총액 랭킹에서 상위권을 휩쓸었습니다. 하지만 이들 산업이 어느 정도 성장하자 그다음부터는 금융보험업이 수익을 독점하기 시작했습니다. 이러한 발달 과정은 중국도 마찬가지일 것입니다.

다음 표에 나오는 중국 기업은 시가총액 상위 10개사입니다.

일본의 산업별 상장주식 시가총액 순위

	1960년	1965년	1970년	1975년	1980년	1985년
1	전자기기	전력 및 가스	금융 및 보험	금융 및 보험	금융 및 보험	금융 및 보험
2	운송 장비	운송 장비	전자기기	전자기기	전자기기	전자기기
3	화학약품	전자기기	화학약품	무역	화학약품	화학약품
4	1차 금속	철강	전력 및 가스	운송 장비	운송 장비	무역
5	철강	화학약품	운송 장비	건설	무역	전력 및 가스
6	식품	금융 및 보험	건설	화학약품	전력 및 가스	운송 장비
7	무역	무역	무역	철강	철강	건설
8	섬유	식품	철강	전력 및 가스	기계	기계
9	전력 및 가스	섬유	기계	기계	건설	식품
10	금융	육상교통	식품	식품	식품	육상교통

자료: TSE 연례 보고서

시가총액 기준 중국 10대 기업

	기업	분야	시장 가치(백만 달러)
1	페트로차이나	석유가스 생산	254,619
2	중국공상은행	은행	230,421
3	중국건설은행	은행	203,396
4	중국농업은행	은행	142,491
5	중국은행	은행	130,025
6	시노펙	석유가스 생산	106,736
7	중국인수보험	생명보험	76,467
8	중국신화에너지	광업	70,171
9	평안보험	생명보험	55,889
10	교통은행	은행	55,828

자료: 2013년 파이낸셜타임즈 이머징 500(FT Emerging 500), 2013년 3월 말 기준

2013년 3월 말 현재 1위인 페트로차이나를 제외하고 나머지는 모두 금융회사입니다. 중국에서 톱10에 들어간다는 것은 대단한 의미가 있습니다. 인구가 일본 인구의 13배에 달하니까요. 그런 나라에서 톱10에 든다는 것은 어마어마한 일입니다.

캄보디아는 앞으로 성장할 지역이고 인도나 동남아시아 국가도 기회가 많은 곳입니다. 투자에는 후각이 아주 중요합니다. 후각은 오랜 경험과 공부로 쌓이는 것이므로 끝없는 경험, 끊임없는 공부야말로 투자자의 기본자세입니다.

일단 큰 그림을 그려서 어떤 나라, 어떤 산업에 투자할 것인지를 중심으로 봐야 합니다. 그런 다음 좀 더 구체적으로 21세기의 중심 산업이 무엇인지 생각해야 합니다. 20세기에는 중심 산업이 가전, 자동차, 반도체였죠. 반면 21세기의 중심 산업은 인터넷, 바이오, 생명과학, 바이오테크놀로지입니다. 공해 문제로 인한 환경과 지구온난화 문제를 다루는 에너지 분야에 투자하는 것도 좋은 생각입니다.

어떤 분야에 주목해야 할까

저는 미국의 인터넷 회사에 상당히 많이 투자했고 일본의 경우에도 인터넷, 통신, 모바일 쪽에 투자했습니다. 147쪽의 도표는 1987년,

미국 기업 시가총액 순위 트렌드

	1987	1997	2002	2009	2016*
1	IBM	GE	마이크로소프트	엑슨모빌	애플
2	엑슨모빌	마이크로소프트	GE	월마트	알파벳(구글)
3	GE	엑슨모빌	엑슨모빌	마이크로소프트	마이크로소프트
4	AT&T	코카콜라	월마트	존슨앤드존슨	페이스북
5	듀폰	인텔	화이자	P&G	아마존
6	제너럴모터스	머크(MSD)	씨티그룹	쉐브론	버크셔해서웨이
7	포트	필립모리스	존슨앤드존슨	AT&T	엑슨모빌
8	필립모리스	IBM	AIG	인텔	존슨앤드존슨
9	머크(MSD)	P&G	인텔	GE	GE
10	DEC	월마트	코카콜라	구글	JP모건체이스

* 2016년 10월 기준

1997년, 2002년, 2016년 미국의 시가총액 순위인데 10개사 중에서 5개사가 IT 기업입니다. 즉, 애플, 구글, 마이크로소프트, 페이스북, 아마존이 시가총액으로 상위권에 올라 있습니다.

미국에서는 1990년대 후반을 마이크로소프트, 인텔의 시대라 부를 정도로 두 회사의 성장이 눈부셨지만 이후 아마존이나 야후 같은 기업이 치고 올라왔습니다. 그러다가 소셜미디어 열풍이 불면서 구글, 트위터, 페이스북이 경제계를 휘어잡았습니다. 새로운 회사가 등장해 급성장함으로써 시가총액 톱10 안으로 들어가는 일이 계속 생기는 것입니다.

흔히 상장한 회사, 기업공개를 한 회사는 가격이 만만치 않습니다. 그러나 앞으로 계속 올라갈 것을 고려하면 지금은 싼 것입니다. 일단 상장을 하면 첫발을 내디딘 것이나 마찬가지입니다. IBM이 상장했을 때 한 주만 샀더라면 지금 얼마나 많은 돈을 벌었을까요?

조금씩 자주 사고파는 사람은 돈을 벌 수 없습니다. 오히려 질레트, 코카콜라 주식을 장기간 보유해서 돈을 번 투자자가 많습니다. 늘 어떤 산업이 핵심 산업이 될 것인가, 어떤 회사가 대형 벤처캐피털의 주목을 받고 있는가, 상장에 성공할 가능성이 있는 회사는 어디인가 등의 질문을 하십시오. 바로 여기에 기회가 있습니다.

마이크로소프트가 처음 등장했을 때 한 주만 샀다면 지금 엄청나게 돈을 벌었겠죠. 물론 망하는 회사, 0원이 되는 회사도 있습니다. 보는 눈을 길러야 하는 이유가 여기에 있습니다.

또한 한 회사에만 집중적으로 투자하는 것이 아니라 투자 포트폴리오를 만들어야 합니다. 특히 새로운 산업의 신생기업은 리스크가 상대적으로 큽니다. 저는 계속해서 인터넷, 바이오테크놀로지, 생명과학 영역에서 투자를 늘려왔습니다.

특히 SBI홀딩스는 투자와 사업의 시너지 효과를 축으로 해서 쌍방의 퍼포먼스를 극대화하는 것이 비즈니스를 구축하는 기본 개념 중 하나입니다. 가령 인터넷과 금융산업은 굉장히 친화력이 좋습니다. 물리적인 상품 이동이 필요치 않고 숫자와 데이터만으로 거래하면 그만이니까요. 이러한 정보산업, 금융산업은 궁합이 잘 맞습니다.

인터넷 시대에는 금융이 인터넷의 특징을 활용해야 합니다. 실제로 인터넷은 이제까지 금융이 해온 비즈니스 양상을 크게 바꿔놓았습니다. 인터넷에서는 점포나 지점이 필요 없고 직원이 많아야 하는 것도 아닙니다. 덕분에 수수료를 대폭 내릴 수 있습니다. 특히 실시간으로 그래픽, 영상을 활용해 정보를 다양한 형태로 제공하는 것이 가능합니다.

고객과 쌍방향으로 대화하는 것은 이미 일상화되어 있습니다. 또한 Q&A를 클릭하면 내가 하고자 하는 질문과 유사한 내용을 볼 수 있습니다. 물론 직접 질문할 수도 있지요. 더 흥미로운 것은 눈 깜짝할 사이에 글로벌 비즈니스를 전개할 수 있다는 점입니다.

투자는 '생선 먹기'와 같다

다시 한 번 말하지만 투자할 때는 절대 욕심을 부리면 안 됩니다. 생선을 먹는 것처럼 머리와 꼬리는 남겨두어야 합니다. 다 먹겠다고 욕심을 부리면 성공하지 못합니다.

또한 큰 그림을 그려야 합니다. 지금은 아시아의 시대이므로 아시아에 투자하되 그중에서도 경제성장률이 좀 더 높아질 곳에 투자하는 것이 좋습니다. 그리고 금리가 낮은 곳에서는 금리가 높은 곳에 투자해야 합니다. 현재 일본의 금리는 마이너스입니다. 은행에 돈을 맡겨봤자 0.00001퍼센트, 즉 거의 0퍼센트의 이자를 받습니다.

저에게 어디에 투자할 것인지 묻는다면 아시아 시대이니 아시아에 투자할 거라고 분명히 대답할 것입니다. 그럼 아시아 중에서도 어떤 섹터가 좋은지 묻는다면 어느 정도 성장률이 높아질 것으로 보이는 금융업 쪽이라고 말하겠습니다. 금융업 쪽에서 시가총액 톱10을 자랑하는 회사라면 더 좋겠지요.

투자에는 경험 법칙이라는 것이 있습니다. 가령 저는 성장 가능성이 큰 금융기관, 아직 상장하지는 않았지만 계속 성장 중인 곳에 투자하겠습니다. 나아가 경영자의 마인드가 안심하고 투자할 만하다면 투자를 망설이지 않겠습니다.

경영자에게 뭔가 부족함이 느껴지면 단기적으로는 성장할 수 있지만 장기적으로는 성장하는 못하는 경우가 많습니다. 회사 성장은 모든 것이 경영자와 관련이 있으므로 반드시 경영자를 세심하게 살펴야 합니다. 특히 저는 경영자에게 세상이나 다른 사람을 위한 뜻과 의지가 있는지 살핍니다.

야심이 있는 경영자는 많습니다. 야심이란 자신의 이익을 추구하는 것을 말합니다. 사리사욕을 추구하는 사람은 일시적으로는 성공할지 몰라도 장기적으로는 살아남기 어렵습니다. 저는 훌륭한 경영자, 뜻과 의지가 높은 경영자를 찾습니다. 그런 경영자 곁에는 반드시 비슷한 특성을 갖춘 사람들이 모이게 마련이고 그 회사는 성장할 가능성이 큽니다. 예를 들어 SBI 증권의 위탁매매대금 수수료는 일본에서 가장 쌉니다. 한마디로 박리다매를 합니다. 이것이 세상과 다른 사람을 위해 일하는 자세이고 그렇게 해도 돈을 벌 수 있습니다.

큰 그림과 함께 경영자의 자질까지 보고 투자하는 것이 이기는 투자방법입니다. 만약 투자에 성공해 돈을 벌었다면 어려운 사람들과 함께 나누십시오. 나눌 줄 아는 사람에게 더 큰 복이 들어오는 법입니다. 저는 이런 것을 중국 고전과 할아버지께 배웠고 지금까지 그것을 실천해왔습니다. 그것이 제가 단기간에 이처럼 성장해온 비결입니다.

발렌틴 발데라바노

한국씨티은행 개인금융상품 세그먼트본부장. 개인자산관리 전문가로 영국·스페인·벨기에·그리스·싱가포르 등 세계 각국을 돌며 현지 상황에 적합한 투자법을 제시해왔다. 인터내셔널 퍼스널 뱅크(외국인 자산가 대상 PB), 신용 리스크 관리, 모기지 등 은행 주요 사업부 요직을 두루 거쳤다. 특히 국가 부도 위기에 까지 몰렸던 그리스에서 2011~2012년 일할 당시 힘든 여건에서도 자산관리 등 소매금융 분야를 이끌며 40만 명의 고객과 42억 유로의 자산 유치 실적을 올려 '기적의 손'으로 불렸다. 은행원이 되기 전에는 코카콜라 북미, 남미, 유럽 법인에서 일하며 마케팅 전략 업무를 담당하기도 했다. 2014년부터 한국씨티은행에서 근무 중이다.

6장

불확실성의 늪, 자산관리로 탈출하라

편중된 포트폴리오는
재테크의 적이다

발렌틴 발데라바노, 한국씨티은행 개인금융상품 세그먼트본부장

자산관리의 3단계

자산관리란 단순히 자산을 보호하고 누리고 축적하는 것이 아닙니다. 자산관리는 하나의 컨설팅 과정으로 여러 단계를 거칩니다. 여기서는 간단하게 3단계를 정리해보겠습니다.

1단계는 고객의 재무 니즈(필요 요건)를 이해하는 것입니다. 2단계는 투자자의 투자 포트폴리오를 이해·관리하는 것입니다. 3단계는 고객에게 맞는 솔루션을 제공하는 일입니다. 이 과정을 통해 자산,

주택담보대출, 신용카드 관련 정보 등 고객이 필요로 하는 금융서비스·재무서비스를 제공하는 것이 바로 자산관리입니다. 한마디로 이것은 통합적 자문을 요하는 프로세스로 맞춤형 서비스를 제공하는 일입니다.

그렇다면 이 같은 컨설팅 프로세스의 구성요소는 무엇일까요?

국가마다 조금씩 다르긴 하지만 공통점이 있습니다. 예를 들면 세금 관련 계획, 상속계획, 투자관리가 포함됩니다. 동시에 구성요소는 고객의 니즈에 따라 달라집니다. 그것이 무엇이든 자산관리사는 고객이 원하는 서비스를 제공해야 합니다.

단순히 상품과 서비스뿐 아니라 두 가지를 더 고려해야 합니다. 하나는 '상품과 서비스를 어떻게 고객에게 제공하는가'이고, 다른 하나는 '누가 제공하는가'입니다.

여기서 어떻게(How)란 자산관리사가 통합적인 자산관리시스템을 활용해 제공하는 것을 말합니다. 고객관리 전문가는 이 시스템을 기반으로 고객의 자산을 관리해줍니다. 이러한 시스템 또는 플랫폼에서는 자산관리사가 고객과 투자 전체 과정을 함께하며 서비스를 제공합니다. 이때 플랫폼만 중요한 것이 아닙니다. 고객에게 노출된 모든 디지털 접점이 중요합니다. 또한 고객의 니즈와 연계해 모바일로 이러한 접점을 제공함으로써 언제 어디서든 서비스를 제공받도록 해야 합니다.

그다음으로 누가(Who) 제공하느냐가 중요합니다. 물론 고객관리

자산관리의 요소

를 하는 매니저가 제공합니다. 단순히 거래를 실행하는 것이 아니라 고객에게 지식과 자문을 제공하고 고객의 리스크 선호도에 따라 그들이 재무목표를 달성하도록 전문가가 도움을 주는 것입니다. 이처럼 상품과 서비스를 넘어 어떻게 자산관리를 하고 누가 실제로 자산관리서비스와 상품 절차를 이행해 고객에게 도움을 주느냐가 중요합니다.

자산관리 분야는 그 규모가 얼마나 클까요?

오른쪽 도표를 보면 자산관리시장이 2020년까지 성장할 것으로 보입니다. 좀 더 성숙한 투자자가 존재하는 북미에서는 자산관리시장이 4퍼센트 정도의 성장률을 기록할 전망입니다. 라틴아메리카는 8퍼센트, 중동과 아프리카도 그와 유사한 성장률을 기록할 것으로 보입니다. 서유럽처럼 좀 더 발전한 시장에서는 약 3.6퍼센트로 보다 더딘 성장률을 기록하겠지만 이 지역에는 총운용자산(AUM, Asset Under Management)에서 수탁거래기준으로 큰 비중을 차지하는 스페인, 독일, 네덜란드 등이 있습니다.

가장 흥미로운 지역은 아시아입니다. 두 자릿수 성장률, 즉 10퍼센트의 성장률이 2020년까지 지속될 전망이기 때문입니다. 아시아에서 이 같은 성장을 이끄는 주체는 한국, 중국, 일본입니다. 특히 일본은 국내 유동자산 100만 달러 이상을 보유한 고액순자산보유자(High Net Worth Individuals)가 270만 명에 달합니다.

또 하나 흥미로운 것은 아시아가 총 개인운용자산 수탁고에서 차지하는 비중이 2020년까지 25퍼센트를 차지할 것이라는 점입니다. 세계 총 개인금융자산 224조 달러 중 아시아의 비중이 54조 달러에 달합니다.

개인금융 자산관리 시장 규모

(단위: 조 달러)

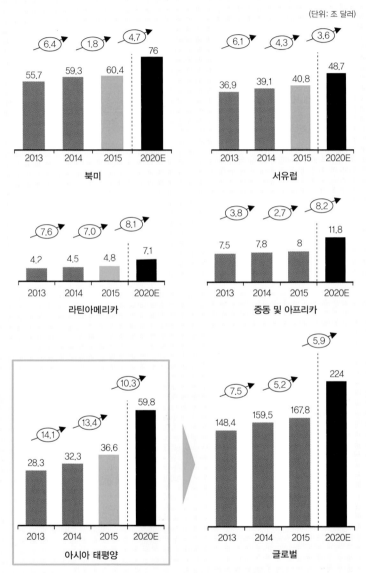

자료: 2016 BCG 글로벌 자산시장 규모 데이터베이스

자산관리로 얻을 수 있는 것

그렇다면 자산은 대체 어디서 나오는 것일까요? 이 질문과 관련해 몇 가지 메시지를 살펴봅시다.

먼저 부와 자산의 원천을 지역별로 살펴보면 다음과 같습니다.

일본을 제외한 아시아, 서유럽, 중동 지역을 북미와 비교하면 약간 차이가 있습니다. 가장 주목할 만한 차이는 바로 소득입니다. 미국의 경우 전체 자산 중에서 소득이 차지하는 비율이 40퍼센트로 아주 높습니다. 다른 지역은 20퍼센트 정도입니다.

이 외에도 몇 가지 차이점이 있습니다. 자산배분 측면에서 북미지역은 자산배분의 34퍼센트가 주식에 편중되어 있습니다. 아시아는 주식 비중이 20퍼센트입니다. 이것은 2016년 말 기준 통계로 환경이나 시장 니즈에 따라 얼마든지 바뀔 수 있습니다.

자산의 원천뿐 아니라 자산관리를 고객의 입장에서 이해하는 것도 필요합니다. 고객이 무엇을 원하는지, 고객이 무엇을 찾는지 이해해야 하는 것입니다. 한마디로 기대치를 알아야 합니다.

160쪽 자료는 우리가 파악하고자 하는 다양한 카테고리를 보여줍니다. 보다시피 여러 가지 주제를 다루고 있는데 예를 들면 투자, 자료의 질, 서비스의 질, 투자 서비스 등이 있습니다.

한국 시장의 경우 현재 고객이 가장 중요하게 생각하는 것은 니즈와 리스크 선호도 이해, 투자성과, 신속한 문제해결 서비스인 것으로

지역별 부와 자산 원천

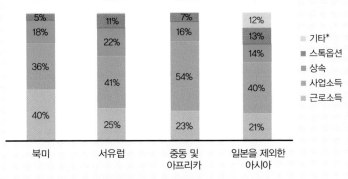

고액순자산보유자 부의 원천

	북미	서유럽	중동 및 아프리카	일본을 제외한 아시아	
기타*	5%	11%	7%	12%	
스톡옵션	18%	22%	16%	13%	
상속				14%	
사업소득	36%	41%	54%	40%	
근로소득	40%	25%	23%	21%	

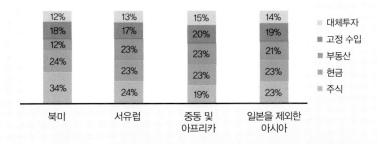

글로벌고액순자산보유자 자산 배분 상황

	북미	서유럽	중동 및 아프리카	일본을 제외한 아시아
대체투자	12%	13%	15%	14%
고정 수입	18%	17%	20%	19%
부동산	12%	23%	23%	21%
현금	24%	23%	23%	23%
주식	34%	24%	19%	23%

* 고액순자산보유자는 국내 유동자산 100만 달러 이상 보유자로 정의함

자료: Datamonitor 2012 글로벌 자산 보고서

나타났습니다. 세계 다른 여러 지역에서는 투자계획서를 비롯해 포트폴리오를 잘 보고하는지, 필요로 하는 것과 우려사항을 제대로 이해하는지를 중요시했습니다.

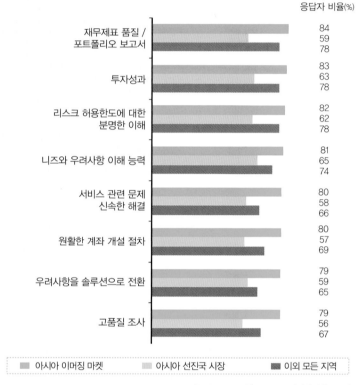

자산관리 서비스에서 고액순자산보유자의 주요 관심사항

응답자 비율(%)

관심사항	비율
재무제표 품질 / 포트폴리오 보고서	84 / 59 / 78
투자성과	83 / 63 / 78
리스크 허용한도에 대한 분명한 이해	82 / 62 / 78
니즈와 우려사항 이해 능력	81 / 65 / 74
서비스 관련 문제 신속한 해결	80 / 58 / 66
원활한 계좌 개설 절차	80 / 57 / 69
우려사항을 솔루션으로 전환	79 / 59 / 65
고품질 조사	79 / 56 / 67

■ 아시아 이머징 마켓   ■ 아시아 선진국 시장   ■ 이외 모든 지역

자료: Capgemini 및 RBC 2015 아시아 자산 보고서

제가 볼 때 가장 중요한 것은 고객의 니즈를 정확히 파악하고 이해하는 일입니다. 고객의 니즈를 정확히 이해하려면 자산관리사가 필요합니다. 고객이 신뢰하는 자산관리사는 자문의 역할을 하고 또

고객이 재무목표를 달성하도록 돕습니다.

그런데 오늘날 자산을 보유한 고객의 상당수가 자산관리사에게 자산을 맡기지 않습니다. 그들은 전체 자산의 30퍼센트만 자산관리사에게 맡겨 관리합니다. 이는 곧 자산관리사에게 기회가 있다는 의미입니다. 종합적인 재무계획을 수립하고 고도화된 자문서비스를 제공할 기회 말입니다.

적은 투자상품과 단기투자를 선호하는 한국 투자자들

처음 한국에 왔을 때 저는 궁금한 것이 아주 많았습니다. 무엇보다 한국 경제의 규모와 고액순자산보유자의 규모가 어느 정도인지 궁금했지요. 나아가 앞으로도 성장세가 계속 이어질 것인지 알고 싶었습니다. 한국의 고액순자산보유자는 21만 1,000명입니다. 중국은 100만 명, 일본은 270만 명이지요. 대만과 싱가포르, 홍콩에는 10만~13만 명의 고액순자산보유자가 있습니다. 인구 비율상 한국에는 상당수의 고액순자산보유자가 있습니다.

그러면 이들의 성장세가 계속 이어질까요?

하나은행이 최근 발표한 한국자산보고서를 보면 부유한 개인은 대부분 기업가였습니다. 그 나머지는 자산을 상속받은 사람들이었죠. 만약 경제가 계속 안정적으로 성장한다면 이 같은 고액순자산보유자의 증가세도 이어질 것이 분명합니다.

그 성장세의 속도는 어떨까요?

한국에서 고액순자산보유자의 부의 원천, 자산의 원천은 상당 부분 부동산입니다.

2012년에는 부동산 비중이 60퍼센트였는데 2016년에는 51퍼센트로 줄어들었습니다. 그 외에 이들의 자산은 현금이 42퍼센트로 나타났습니다. 왜 사람들이 이토록 많은 현금을 보유하고 있는 걸까요? 한국의 투자자들이 보수적이라서 그런 걸까요, 아니면 투자 솔루션으로 수익률을 높일 수 있음을 믿지 않기 때문일까요? 물론 자산관리사뿐 아니라 투자자도 그들의 수익률을 높일 다양한 상품이 있다고 생각합니다.

그런데 한국의 투자자들은 흥미롭게도 단기투자를 선호합니다. 또 하나 한국의 투자자들은 한두 개의 상품에 집중합니다. 알다시피 한두 가지 상품에 집중 투자하면 리스크가 따르므로 주의해야 합니다. 포트폴리오를 이용한 자산배분과 분산투자의 중요성은 뒤에 가서 설명하겠습니다.

제가 고액순자산보유자들을 분석할 때 알아본 것 중 하나가 리스크 선호도입니다. 사실 그들은 점점 리스크 선호도가 높아졌습니다. 고액순자산보유자들이 갈수록 리스크를 더 많이 허용했던 것입니다. 이는 저금리 기조가 이어지면서 점차 대체상품으로 눈을 돌리게 되었다는 것을 의미합니다.

한국 고액순자산보유자들의 부의 원천과 자산의 원천

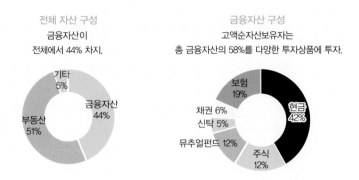

전체 자산 구성
금융자산이
전체에서 44% 차지.

기타 5%
금융자산 44%
부동산 51%

금융자산 구성
고액순자산보유자는
총 금융자산의 58%를 다양한 투자상품에 투자.

보험 19%
채권 6%
신탁 5%
뮤추얼펀드 12%
현금 42%
주식 12%

자산구성 동향
예상보다 낮은 부동산 수익률로 인해 부동산 비율은
지속적으로 낮아지고 금융자산이 늘어나는 경향 나타남.

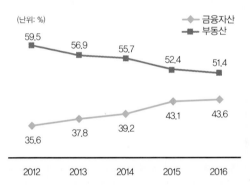

(단위: %)

금융자산
부동산

부동산: 59.5 / 56.9 / 55.7 / 52.4 / 51.4

금융자산: 35.6 / 37.8 / 39.2 / 43.1 / 43.6

2012   2013   2014   2015   2016

자료: KB 홀딩스 리서치 센터, 2016

그중에서 구조화 상품(상품의 구조에 따라 일정 범위까지 수익이나 원금을 보장하는 증권 및 펀드)의 경우 리스크와 수익률이 중간 정도를

고액순자산보유자들의 리스크 선호 경향과 뮤추얼펀드 투자성향 변화

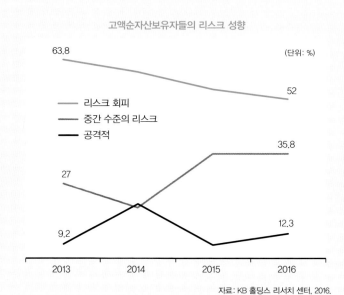

고액순자산보유자들의 리스크 성향

63.8

(단위: %)

52

— 리스크 회피
— 중간 수준의 리스크
— 공격적

35.8

27

9.2

12.3

2013   2014   2015   2016

자료: KB 홀딩스 리서치 센터, 2016.

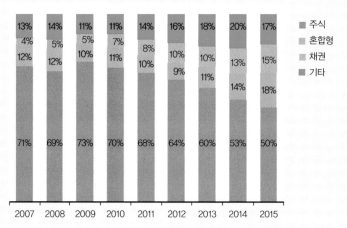

한국 뮤추얼펀드 종류

	2007	2008	2009	2010	2011	2012	2013	2014	2015
주식	13%	14%	11%	11%	14%	16%	18%	20%	17%
혼합형	4%	5%	5%	7%	8%	10%	10%	13%	15%
채권	12%	12%	10%	11%	10%	9%	11%	14%	18%
기타	71%	69%	73%	70%	68%	64%	60%	53%	50%

자료: 한국금융투자협회(KOFIA)

차지합니다. 갈수록 다양해지는 뮤추얼펀드에 대한 투자도 늘어나고 있습니다. 가령 수익을 창출하는 혼합형 펀드 쪽으로 많이 투자하고 있습니다.

최고의 수익을 내는 한 가지 방법은 없다

이제부터 포트폴리오를 이용한 분산투자를 살펴봅시다.

166쪽 도표에 굉장히 많은 내용이 담겨 있는데 한두 가지만 짚어 보겠습니다.

어떤 자산군이 한 해 동안 어느 정도의 수익률을 달성할지 예측하는 것은 매우 어렵습니다. 도표는 2008년부터 2015년까지 자산군의 연도별 수익률을 보여주고 있습니다. 그런데 보다시피 어떤 특정 자산군이 계속해서 초과성과를 달성하지는 못하고 있습니다.

예를 들어 금은 2010년과 2011년에 가장 높은 수익률을 달성했지만, 지난 4년 동안은 수익률이 그리 좋지 않았습니다. 특히 2013년과 2015년까지 투자성과가 미미했습니다. 오히려 마이너스로 돌아서기까지 했지요.

그런데 흰색으로 표시한 멀티에셋(복합자산) 포트폴리오는 선진시장과 신흥시장, 주식과 채권시장 모두를 포괄한 것으로 항상 가장 높은 수익률을 달성한 것은 아니지만 지속적으로 다른 자산군 대비

포트폴리오를 이용한 분신투자의 중요성

	2008	2009	2010	2011	2012	2013	2014	2015	2016년 현재까지(%)
1	투자적격등급(IG) 채권 7%	라틴 아메리카 98%	금 30%	금 10%	글로벌 리츠 24%	일본 51%	글로벌 리츠 12%	일본 10%	라틴 아메리카 43%
2	금 6%	이머징 유럽 79%	일본 제외한 아시아 17%	이머징마켓(EM) 채권 8%	일본 제외한 아시아 19%	미국 30%	미국 11%	유럽 7%	금 20%
3	이머징마켓(EM) 채권 -11%	일본 제외한 아시아 68%	글로벌 리츠 16%	투자적격등급(IG) 채권 6%	일본 18%	전 세계(AC World) 20%	일본 8%	투자적격등급(IG) 채권 1%	이머징 유럽 19%
4	고수익 채권 -26%	고수익 채권 55%	고수익 채권 14%	고수익 채권 6%	이머징마켓(EM) 채권 18%	유럽 17%	투자적격등급(IG) 채권 8%	이머징마켓(EM) 채권 1%	고수익 채권 16%
5	멀티에셋 -26%	멀티에셋 40%	이머징 유럽 14%	미국 0%	고수익 채권 15%	고수익 채권 7%	이머징마켓(EM) 채권 7%	미국 -1%	이머징마켓(EM) 채권 13%
6	미국 -38%	글로벌 리츠 32%	미국 13%	멀티에셋 -2%	유럽 14%	멀티에셋 3%	유럽 4%	글로벌 리츠 -3%	멀티에셋 12%
7	일본 -42%	전 세계(AC World) 32%	라틴 아메리카 12%	글로벌 리츠 -9%	전 세계(AC World) 13%	글로벌 리츠 1%	일본 제외한 아시아 2%	전 세계(AC World) -4%	일본 제외한 아시아 8%
8	전 세계(AC World) -44%	유럽 28%	이머징마켓(EM) 채권 12%	전 세계(AC World) -9%	미국 13%	일본 제외한 아시아 1%	전 세계(AC World) 2%	멀티에셋 -5%	투자적격등급(IG) 채권 5%
9	유럽 -46%	이머징마켓(EM) 채권 27%	멀티에셋 11%	유럽 -11%	멀티에셋 13%	투자적격등급(IG) 채권 0%	고수익 채권 2%	고수익 채권 -6%	미국 4%
10	글로벌 리츠 -50%	금 24%	전 세계(AC World) 10%	일본 -19%	이머징 유럽 13%	이머징 유럽 -3%	멀티에셋 0%	이머징 유럽 -8%	전 세계(AC World) 3%
11	라틴 아메리카 -53%	미국 23%	유럽 9%	일본 제외한 아시아 -19%	금 7%	이머징마켓(EM) 채권 -6%	금 -2%	금 -10%	글로벌 리츠 2%
12	일본 제외한 아시아 -54%	일본 6%	투자적격등급(IG) 채권 4%	라틴 아메리카 -22%	투자적격등급(IG) 채권 5%	라틴 아메리카 -16%	라틴 아메리카 -15%	일본 제외한 아시아 -11%	유럽 -7%
13	이머징 유럽 -70%	투자적격등급(IG) 채권 4%	일본 -1%	이머징 유럽 -23%	라틴 아메리카 5%	금 -28%	이머징 유럽 -40%	라틴 아메리카 -33%	일본 -10%

자료: 2016년 10월 21일자 Bloomberg&Citi 리서치

더 나은 성과를 기록하고 있습니다. 다시 말해 분산투자로 구성된 포트폴리오는 2008~2015년에 꾸준히 좋은 성과를 달성했습니다.

여기서 핵심 메시지는 계속해서 최상위 수익률을 제공하는 특정 자산군은 없다는 것입니다. 그렇기 때문에 분산투자 포트폴리오가 필요합니다. 특히 잘 분산하는 것을 넘어 투자의 지평도 함께 생각해봐야 합니다. 그런 의미에서 또 다른 사례도 살펴봅시다.

아래 그래프는 MSCI 세계지수(Morgan Stanley Capital International Index)를 기준으로 20년 동안 투자한 결과입니다. 20년 동안

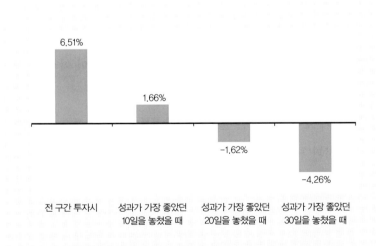

MSCI 세계지수 연평균 수익률

전 구간 투자시	성과가 가장 좋았던 10일을 놓쳤을 때	성과가 가장 좋았던 20일을 놓쳤을 때	성과가 가장 좋았던 30일을 놓쳤을 때
6.51%	1.66%	-1.62%	-4.26%

투자했을 때 6.5퍼센트의 수익률을 기록했습니다. 가운데 두 막대그 래프는 성과가 가장 좋았던 열흘을 놓쳤을 때와 성과가 가장 좋았던 20일을 놓쳤을 때의 같은 기간 수익률이 얼마인지 보여줍니다. 심지 어 가장 성과가 좋았던 20~30일을 놓치면 수익률이 더 낮아지거나 마이너스로 내려갑니다. 보다시피 20년 동안 꾸준히 투자해야 성과 가 가장 높습니다.

우리가 하루하루의 시장을 예측할 수 있다면 투자수익률은 당연히 좋아지겠죠. 물론 그런 일은 불가능합니다. 따라서 적 절한 답은 타이밍을 잡는 것보다 장기투자를 하는 것입니다.

포트폴리오의 핵심

포트폴리오는 다각화해야 합니다.

먼저 여러 지표와 투자상품에 대한 10년 투자수익이 어떻게 나타 났는지 살펴봅시다.

그래프가 보여주는 짙은 선은 복합자산투자의 변동폭을 의미합니 다. 보다시피 단일자산군은 매우 심하게 등락을 거듭하고, 복합 자산군은 상대적으로 낮은 변동성을 보이며 꾸준히 수익을 올 리고 있습니다. 바로 이것이 잘 분산투자한 포트폴리오의 또 다른 장점입니다. 다시 말해 시장의 변동성을 보다 잘 헤쳐 나갈

분산 포트폴리오 10년 투자수익

분산 포트폴리오는 MSCI 세계지수, 일본 제외 MSCI 아시아 지수, 글로벌 IG(투자적격등급) 채권 지수, 글로벌 HY(하이일드) 지수, 아시아/이머징마켓(EM) 채권 지수에 동등하게 분산되었음.

자료: 블룸버그, 2016년 8월 16일자

분산 포트폴리오 5년 투자수익

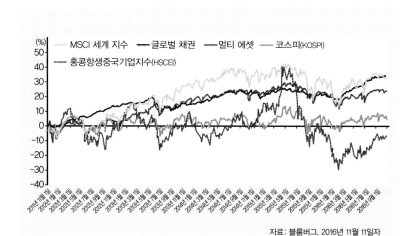

자료: 블룸버그, 2016년 11월 11일자

수 있는 것입니다.

그다음으로 5년 투자수익을 생각해봅시다.

실제로 선진시장은 5년 동안 신흥시장보다 수익률이 더 좋았습니다. 한국은 코스피 투자를 많이 하지요? 물론 코스피 투자도 중요하지만 다른 포트폴리오를 추가해서 분산투자를 하면 전반적으로 리스크는 줄어들고 수익은 더 올릴 수 있습니다.

다른 사례와 마찬가지로 매우 어려운 것이 단일자산군을 보는 일입니다. 자산군은 동시에 똑같은 방향으로 움직이지 않기 때문입니다.

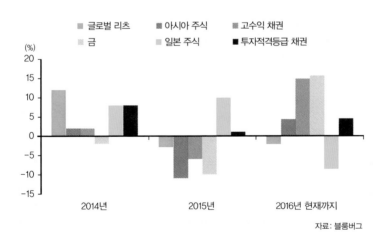

자산군은 동시에 같은 방향으로 움직이지 않는다

자료: 블룸버그

170쪽 그래프가 보여주듯 금에 투자한 경우 2014년, 2015년에는 수익이 마이너스고 2016년에는 수익이 양호했습니다. 만약 일본에 투자했다면 2014년과 2015년에 많은 수익을 얻었겠지만 2016년에는 돈을 잃었을 겁니다. 결국 복합자산 포트폴리오의 개념, 즉 잘 분산한 포트폴리오가 중요합니다.

이제 지금까지 말한 내용을 정리해보겠습니다.

투자 자산 다변화로 위험을 관리하는 동시에 수익을 높이는 법

지금까지 글로벌 시장은 장기투자자에게 매력적인 수익을 안겨주었습니다. 지난 5년 동안 글로벌 주식의 수익률은 연평균 7퍼센트에 달합니다. 그러나 어떤 달에는 10퍼센트 이상의 시장하락을 동반한 높은 변동성을 보이기도 했습니다.

채권가격은 과거 5년 동안 연 6퍼센트의 수익률을 기록하며 랠리를 이어왔습니다. 그렇지만 최근 채권금리는 급격히 하락했고 선진시장 국채 중 30퍼센트 이상은 현재 마이너스 금리를 기록하고 있습니다. 이처럼 등락을 거듭하는 글로벌 자산시장에 투자해 위험을 관리하는 동시에 수익을 올리려면 어떻게 해야 할까요?

투자자가 기회를 찾아내는 방법은 다양합니다. 가령 각국의 주식시장 규모와 주식 업종은 각기 다른 관점에서 투자기회를 보여줍니다. 보다 자세히 살펴봐야 할 다수의 자산군도 있습니다. 한 마디로 국가, 경제, 투자, 업종별로 고려사항을 통합해 고려해야 합니다.

무엇보다 중요한 것은 분산효과입니다. 이 효과는 시장 변화에 맞춰 자산을 배분해야 얻을 수 있습니다. 투자 포트폴리오 성과에 미치는 영향 중 자산배분 결정이 차지하는 비중이 80퍼센트에 달한다는 조사결과도 자산배분의 중요성을 보여줍니다. 그 이유는 시기마다 좋은 성과를 기록한 시장과 자산군이 다르기 때문입니다. 분산투자가 매년 플러스 수익을 보장하는 것은 아니지만, 이 전략은 중장기적인 시장 변동성에도 불구하고 투자자가 포트폴리오 성과를 효과적으로 높이도록 도와줍니다.

자료: 한국씨티은행, 2016. 10. 7.

자산관리사는 솔루션으로 고객을 만족시켜야 한다

또 다른 주제는 가치제안입니다. 투자자의 입장에서는 단순히 투자 솔루션뿐 아니라 이와 함께 제공받는 모든 가치가 중요합니다. 가치제안에는 자산, 고객 인사이트, 전문가팀이라는 요소가 있습니다. 예를 들어 투자자는 단순히 투자자로서 자산관리사와 관계를 유지하고 지원을 받는 것이 아니라 전문가팀의 지원을 받아야 합니다. 보험전문가든 주식전문가든 다양한 지식을 팀 형태로 지원받아야 투자결정을 할 수 있습니다.

가장 중요한 것은 고객관리의 인센티브가 고객의 니즈에 초점을 둬야 한다는 점입니다. 고객에게 제공하는 모든 투자 솔루션은 고객의 필요에 따라 제공해야 합니다. 더불어 자산관리사의 인센티브도 이러한 개념과 조화를 이뤄야 합니다.

제가 강조하고 싶은 것은 상품이 아니라 솔루션이 중요하다는 사실입니다. 자산관리사가 제공하는 것은 상품이 아니라 솔루션이어야 합니다. 다시 말해 단일상품을 제안하는 것이 아닌 여러 상품을 솔루션 형태로 제공하고 고객의 니즈를 충족시켜야 합니다.

디지털 시대, 자산관리 시장은 더욱 확장될 것

이제 시장과 최근 트렌드, 포트폴리오 분산, 가치제안에 이어 짚어 봐야 할 것은 디지털입니다. 디지털을 이해하려면 먼저 온라인 뱅킹 사용자가 얼마나 많은지 알아야 합니다. 최근 조사결과 아시아에서만 약 7억 5,500만 명이 디지털을 이용해 은행 업무를 본다고 합니다. 물론 한국이 96퍼센트로 보급률이 가장 높습니다.

2014년 아시아 디지털 이용자 인구

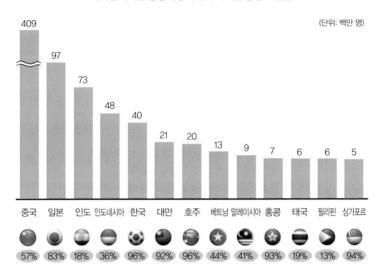

국가별 디지털 뱅킹 이용자 수와 디지털 뱅킹 보급률

(단위: 백만 명)

중국	일본	인도	인도네시아	한국	대만	호주	베트남	말레이시아	홍콩	태국	필리핀	싱가포르
409	97	73	48	40	21	20	13	9	7	6	6	5
57%	83%	18%	36%	96%	92%	96%	44%	41%	93%	19%	13%	94%

자료: 2014 맥킨지 PFS 디지털 뱅킹 조사

디지털에는 인터넷과 모바일이 모두 포함되며 특히 한국은 모바일 이용자가 상당히 많습니다. 실제로 한국 고객 중 3분의 2는 일주일에 최소 한 번씩 모바일 결제 앱을 이용하는데, 온라인 쇼핑에서 가장 많이 사용합니다. 한국의 고객이 온라인 앱을 사용할 때 가장 중요시하는 것은 사용의 용이성입니다. 사용자의 40퍼센트가 그렇게 응답했습니다.

자산관리 측면에서 디지털은 모바일이나 인터넷뱅킹으로 금융거래를 얼마만큼 하는가와 관련이 있습니다. 최근의 한국은행 보고서를 보면 50퍼센트 정도라고 합니다. 그중 28~39퍼센트가 모바일이고 나머지는 전화나 ATM에서 이루어지며 지점에서의 금융거래는 6퍼센트에 불과합니다.

디지털은 현재의 트렌드로 모두가 그것을 포용할 수밖에 없습니다. 흥미롭게도 디지털 등장으로 새로운 사람들이 자산관리 분야로 들어오고 있습니다. 구체적으로 밀레니얼세대, 즉 2030세대가 자산관리 세계로 들어오고 있는 것입니다. 이 세그먼트는 기본적인 자산관리서비스를 필요로 하는데 그것도 가급적 디지털화한 서비스를 받고 싶어 합니다.

또 다른 관심사항은 로봇 자문입니다. 저도 개인적으로 은퇴자금 투자를 위해 로봇의 자문을 받고 있습니다. 이 솔루션이 제게 잘 맞는다고 생각하기 때문입니다. 미국에서 출발한 로봇 자문은 현재 2,500억 달러 정도를 운용하고 있습니다. 아직은 전체 자산관리 대비 미미한 수준이지만 앞으로 계속 늘어나리라고 봅니다.

이와 관련해 한 설문조사업체가 자산관리사와 그들의 고객을 대상으로 두 가지 질문을 했습니다.

첫 번째 질문은 '여러분의 자산 중 일부를 로봇에게 관리를 맡기겠습니까?'였습니다. 두 그룹의 응답은 크게 달랐습니다. 자산의 일부를 로봇에게 맡기겠다고 대답한 고객 비율이 굉장히 높았지요. 반면 자산관리사 그룹은 '고객의 20퍼센트만 사용할 것'이라는 대답을 했습니다. 이는 자산관리사가 고객에게 새로운 솔루션을 제공함으로써 고객의 니즈를 충족시킬 또 다른 기회가 생겼음을 의미합니다.

디지털은 이미 대세입니다. 특히 한국은 디지털 보급률이 가장 높은 나라입니다. 이는 분명 자산관리에도 영향을 미칠 것입니다. 저는 구체적으로 두 가지 변화가 일어날 거라고 봅니다.

첫째, 다양한 모델이 등장합니다. 가령 자동화한 자문과 인간의 자문이 통합될 가능성이 큽니다. 이 방식은 모바일 덕분에 자산가들에게 아주 빠르게 확산될 것입니다.

둘째, 수수료 구조가 바뀝니다. 디지털 채널은 직관적이고 소비자가 이해하기 쉽게 바뀌고 있습니다. 더불어 고객층과 그들에 대한 접근성에도 변화가 일어나고 있습니다. 가령 디지털을 통해 또 다른 자산관리층, 즉 밀레니얼세대에게도 새로운 서비스가 가능한 시대입니다.

지금까지 많은 얘기를 다뤘는데 가장 중요한 메시지는 우리가 아주 복잡한 세상에 살고 있다는 사실입니다. 이에 따라 정보가 빠르게 이동하고 있으며, 모든 시장이 서로 연결되고 있습니다. 언젠가 스티브 잡스가 이런 말을 했습니다.

"성공은 복잡성을 단순하게 만들고 관련 정보에 대한 접근성을 용이하게 만드는 자의 것이다."

저는 이것이 자산관리사의 역할이라고 생각합니다. 복잡성을 단순화하고 고객에게 투명한 솔루션을 제공함으로써 고객이 자산 목표를 충족시키도록 돕는 것 말입니다.

이순우

저축은행중앙회장. 1977년 상업은행에서 은행원 생활을 시작해 34년 만에 우리금융지주 회장 겸 우리은행장이 됐다. 은행장이 된 뒤에도 작업복 점퍼를 입고 승합차를 타고 중소기업을 찾아다닐 정도로 현장을 중시하는 최고경영자였다. 2015년 12월 저축은행중앙회장에 취임한 이 회장은 사마천 《사기(史記)》에 등장하는 '인패위성(因敗爲成, 실패로 말미암아 성공을 이룬다)'을 인생의 지표로 삼고 있다.

7장

CEO 특강
실패를 찾아다녔더니
성공이 찾아왔다

이순우, 저축은행중앙회장

끝이 보이지 않는 저성장 시대를 이겨내는 법

《손자병법》에 보면 어떤 장수가 가장 유능한 장수인지 설명하는 대목이 나옵니다. 용감하고 지혜로운 장수가 가장 훌륭한 장수일까요? 손자는 그보다는 덕이 있는 장수가 가장 훌륭하다고 말합니다. 저는 거기에 하나를 더 붙여 '억세게 운이 좋은 장수'가 최고의 장수라고 생각합니다.

사실 저는 억세게 운이 좋은 사람입니다. 인생의 단맛, 쓴맛, 신맛,

떫은 맛 등 온갖 맛을 두루 거치며 이 자리에까지 왔으니까요. 그러면 지금부터 우리가 어떤 시대를 살고 있는지 살펴보고 경제를 뒤흔드는 요소와 투자방향, 도전과 실패 이야기를 해볼까 합니다.

'성장'에서 가장 중요한 것은 계속 커야 한다는 점입니다. 사람도, 가정도, 세계 경제도 마찬가지입니다. 성장해야 기업도 생기고 일자리도 늘어나는데 지금은 전 세계가 저성장 상태에 놓여 있습니다.

이웃한 중국을 보면 세계적인 저성장 상태가 우리와 어떤 관계가 있는지 알 수 있습니다. 사실 한국은 수출의 30퍼센트를 중국에 하고 있습니다. 또한 관광객의 50퍼센트가 중국인입니다. 이처럼 중국 경제는 한국 경제와 엄청난 연관성이 있습니다. 그런데 공교롭게도 근래 중국 경제가 지속적으로 하락하는 모습을 보이고 있습니다.

한국은 그 영향을 직접적으로 받고 있지요. 181쪽 그래프에 나타

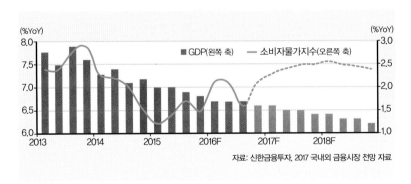

중국의 분기별 경제성장률과 인플레이션 전망

자료: 신한금융투자, 2017 국내외 금융시장 전망 자료

나 있듯 한국은 연평균 성장률이 2.9퍼센트밖에 안 될 정도로 저성장을 이어가고 있습니다.

저성장 기조에서는 금리가 내려갑니다. 금리는 수요와 공급으로 결정되는데 사는 사람이 많으면 가격이 올라가고, 사는 사람이 적은 반면 공급자가 많으면 가격이 내려갑니다. 저성장이라는 것은 곧 자금수요가 없다는 것을 의미합니다.

수출이 잘 이뤄지면 공장을 짓고 사람을 채용하기 위해 돈이 필요하니 돈의 가치가 오르면서 금리가 상승합니다. 물론 저성장 시대에는 그 반대의 일이 벌어지면서 금리가 하락합니다. 현재 한국뿐 아니라 미국을 포함한 전 세계 금리가 대폭 하락한 상태입니다. 예금에 쥐꼬리만 한 이자가 붙는 것도 이 때문입니다.

또 다른 저성장의 커다란 원인은 고령화 추세입니다. 고령화는 이

한국의 분기별 경제성장률 전망

자료: 신한금융투자, 2017 국내외 금융시장 전망 자료

미 전 세계적인 추세지요. 65세 이상 노인의 비율이 7퍼센트 이상이면 고령화사회라 하고 14퍼센트 이상은 고령사회라고 합니다. 그리고 그 비율이 20퍼센트가 넘어가면 초고령화사회라고 부릅니다. 한국은 이미 고령사회에 진입했습니다. 더욱더 염려스러운 것은 고령

빠르게 늙어가는 한국

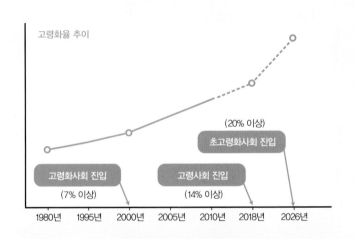

자료: 통계청, 2010

화 속도가 세계 어느 나라보다 빠르다는 점입니다.

가령 프랑스는 고령화사회에서 고령사회로 가는데 115년이 걸렸지만 한국은 19년밖에 걸리지 않았습니다. 프랑스가 40년 걸린 초고령화사회에 한국은 앞으로 7년이면 들어설 것이라고 합니다.

고령사회가 되어도 출산율이 높으면 괜찮습니다. 생산인구가 늘어나기 때문입니다. 생산 가능한 노동력이 자꾸만 줄어들면 젊은 사람들의 노인 부양 부담은 점점 커지게 마련입니다. 실제로 2060년이면 젊은이 한 명이 노인 한 명을 부양할 거라는 전망이 나오고 있습니다.

우리의 고민을 더해주는 이슈는 또 있습니다. 미국의 차기 대통령으로 도널드 트럼프가 당선되었습니다. 많은 분들이 뉴스를 통해 접하셨듯이 트럼프가 보호무역주의를 앞세우고 물론 심지어 FTA도 재협상해야 한다는 입장이라면 한국 경제도 우려스러운 것이 사실입니다. 그렇다고 미국만 자국 이익을 우선시하는 관점으로 돌아서는 것은 아닙니다. 유럽 여러 나라도 극우파가 집권할 가능성이 큽니다. 그러면 수출의존도가 높은 한국은 미국과 마찬가지로 여타 외국의 변화를 예의주시해야 합니다.

한국의 국내 사정도 해외 못지않게 난감한 지경입니다. 최근 미국의 트럼프 당선보다 한국 경제를 더 어렵게 만드는 이슈는 정치적 불안정성입니다. 정치가 경제를 뒤흔들면서 어느 지표 하나 나아진 것이 없습니다. 외환위기 이후 가장 나쁜 지경에 처했다고 봐도 과언이 아닙니다.

선진국으로 가겠다는 우리의 꿈은 지금 어디에서 헤매고 있는 걸까요? 우리는 언제쯤 선진국에 갈 수 있을까요? 우리가 선진국으로 가는 길목에 떡 버티고 있는 문제가 바로 가계부채입니다. 1,300조에 가까운 가계부채가 우리의 발목을 꽉 붙잡고 있는 것입니다.

개인사업자 대출이 무려 185조에 달합니다. 이것은 언제 터질지 모르는 뇌관으로 금리가 조금이라도 오르면 곧바로 문제가 될 수 있습니다.

한국 경제의 여러 가지 데이터를 보면 지난 20년간 GDP 규모가 상당히 커졌습니다. 하지만 너무 일찍 늙어버려 성장 동력을 잃고 말았습니다. 이런 탓에 박차고 나아가지 못하고 계속 '0'에 머물러 있습니다. 안타깝게도 우리는 OECD에 가입할 당시의 국민총생산과 국민총소득을 여전히 유지하고 있습니다. 3만 달러를 뛰어넘어야 하는데 국내외의 여러 가지 악조건이 맞물리면서 몹시 어려운 상황입니다.

발품을 팔아야 재물이 따라온다

이처럼 좋지 않은 상황에서 우리는 어디에 어떻게 투자해야 할까요?

'투자' 하면 우리는 보통 채권, 주식, 부동산을 떠올립니다. 그러면 그것을 하나하나 생각해봅시다. 먼저 가장 안정적인 투자로 여겨지는 채권입니다. 일부에서는 미국 금리가 올라감에 따라 미국 채권 값이 폭등할 것이라는 예상을 합니다. 그런데 한국은 채권금리가 계속 떨어지는 상황이라 선뜻 채권에 투자하기가 쉽지 않습니다.

주식시장은 어떨까요? 현재 부동산이 어려워지면서 일부 자금이 주식으로 넘어간 까닭에 주식시장에 대기 중인 유동성이 많을 거라고 생각합니다. 그렇지만 장기적으로 주식시장이 좋아질지 아닐지는 누구도 장담할 수 없습니다. 저는 설령 상승하더라도 그 폭이 제한적일 것이라고 봅니다.

그러면 많은 사람이 관심을 보이는 부동산은 어떨까요? 사실 지금까지 부동산 시장을 이끌어온 사람들은 베이비부머입니다. 이제 그들의 은퇴가 시작되면서 부동산 전문가나 언론은 부동산 시장의 전망을 낙관하기 어렵다고 입을 모읍니다. 물론 반론도 있지만 결코 쉽지 않은 상황입니다.

그럼 누구의 말을 믿어야 할까요? 이런 말이 있지요.

"재물은 네 발 달린 짐승이고 인간은 두 발 달린 짐승이라 인간이 아무리 재물을 쫓아가도 붙잡기 어렵다."

결국 돈을 벌려면 네 발 달린 짐승이 우리를 덮쳐야 합니다. 하지만 마냥 손 놓고 앉아 있으면 재물이라는 짐승이 우리를 덮치지 않습니다. 의사의 진료를 한번 생각해봅시다. 우리는 아프면 병원에

2016년 발행 계획 대비 국고채 발행 축소

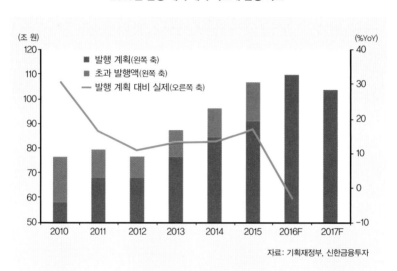

자료: 기획재정부, 신한금융투자

분기별 금리 전망치

평균	2016년 4분기	2017년 1분기	2017년 2분기	2017년 3분기	2017년 4분기	2017년
기준금리	1.25	1.25	1.25	1.25	1.25	1.25
국고 3년	1.40	1.32	1.45	1.40	1.30	1.38
국고 5년	1.40	1.35	1.45	1.40	1.30	1.38
국고 10년	1.65	1.60	1.75	1.70	1.60	1.66
국고 30년	1.75	1.75	1.85	1.80	1.70	1.78

자료: 신한금융투자

가서 의사의 처방을 받습니다. 이때 의사는 환자마다 처방을 다르게 합니다. 똑같은 감기일지라도 환자에 따라 다른 처방을 내리는 것입니다.

마찬가지로 채권, 주식, 부동산에 대한 처방도 사람마다 다 다릅니다. 처방만 다른 것이 아닙니다. 의사는 치료를 위해 약을 처방하고 수술도 합니다. 그뿐 아니라 환자 스스로 회복을 위해 노력하기를 바라며 이러한 조언을 합니다.

"술을 드시지 말고 적당히 운동을 하세요. 음식도 가려서 드세요."

결국 필요한 것은 딱 두 가지입니다. 하나는 명의를 만나는 것이고 다른 하나는 스스로 발품을 팔아야 한다는 것입니다. 재물운, 재테크에 가장 필요한 것은 이 두 가지입니다. 곰곰이 생각해보면 제가 재테크에 성공하지 못한 이유는 두 가지입니다. 첫 번째는 발품을 팔지 않았고 두 번째는 아내의 말을 듣지 않았습니다.

어디에 더 많이 투자할 것인가도 사람마다 다릅니다. 각자에게 다른 포트폴리오가 있는 것입니다.

13세부터 경제를 배우는 유대인

가장 중요한 것은 어릴 때부터 경제교육을 받아야 한다는 점입니다. 한국인은 보통 대학을 졸업하고 직장을 구하면서 경제를 알아가지만 유대인은 다릅니다.

전 세계에 분포한 유대인은 1,500만 명으로 70억 인구의 0.2퍼센트에 불과합니다. 그런데 노벨상을 받는 유대인의 비율이 22퍼센트에 달합니다. 미국에는 세계 경제를 움직이는 세 개의 힘, 즉 월스트리트(미 금융산업), 연방준비제도(미 중앙은행), 백악관 직속 국각경제위원회(NEC)가 있는데 유대인이 장악하고 있다고 보면 됩니다. 우리가 익히 알고 있는 창업가 빌 게이츠, 마이클 저커버그도 유대인이지요. 트럼프 정권의 재무장관으로 임명된 스티븐 므누신도 골드만삭스 출신입니다. 골드만삭스는 주요 인사가 유대인으로 구성되어 있습니다. 이 정도면 유대인이 금융을 장악하고 있다고 언론이 비판할 만도 하지만 그런 일은 일어나지 않습니다. 왜냐하면 주요 언론도 유대인이 장악하고 있기 때문입니다.

대체 어찌된 일일까요?

유대인의 유아교육법에 하브루타(chavruta)라는 것이 있습니다. 이것은 두 사람만 만나도 끊임없이 토론하고 질문하면서 새로운 창의력과 상상력을 끄집어내는 것을 말합니다.

더 중요한 것은 바르 미츠바(Bar Mitzvah)라는 성인식입니다. 유대인은 13세가 되면 성인식을 하는데 이후에는 모든 것을 스스로 알아서 해야 합니다. 잘사는 집은 성인식을 치르면 2,000만~3,000만 원의 돈을 아이에게 줍니다. 그러면 아이는 돈을 어떻게 굴릴 것인지 고민합니다. 저축을 할지, 주식이나 채권 혹은 부동산에 투자할지 고민하는 것입니다. 겨우 사회에 나와서야 월급을 어떻게 활용할지 생각하는 것과 13세부터 경제를 고민하는 것에는 많은 차이가 있습니다.

이런 부분은 우리도 배울 필요가 있습니다.

제가 런던에서 근무하던 시절, 지금은 모 언론사의 대표가 된 언론인이 부인과 자녀 둘을 데리고 왔습니다. 하루는 그들과 셰익스피어 생가에 갔는데 부인이 아이들에게 끊임없이 이야기를 들려주었습니다. 예를 들면 이런 것이었지요. 앞에 차가 지나가면 3세, 7세 아이들에게 저 차는 포드라는 차인데 미국의 누가 만들었고, 저 번호판은 왜 그런지 계속해서 들려주는 것입니다. 비록 아이들은 자기표현을 하지 못했지만 이야기는 다 알아들었습니다. 나중에 그 아이들은 사교육 한 번 받지 않고도 우수한 대학에 들어갔습니다.

아이들에게 많이 들려주고 또 기회가 있을 때마다 토론을 하십시오.

얘기가 잠깐 샛길로 빠졌는데 제가 저축은행장이니만큼 저축은행을 활용하는 팁을 하나 알려드리겠습니다. 요즘 뉴스를 보면 은행금리를 '코딱지 금리'라고 부르는데 저축은행금리는 은행금리보다 배 정도 높습니다. 그렇다고 저축은행에 많이 맡기면 안 됩니다. 정부에서 보장하는 것이 1인당 5,000만 원이기 때문입니다. 2016년 말 현재 저축은행이 79개이므로 각 저축은행에 5,000만 원씩 맡기면 약 40억입니다. 금리도 3.3퍼센트라 괜찮은 편입니다. 은행금리는 1.1퍼센트에 불과하거든요. 골치 아픈 투자는 접어두고 그냥 은행에 넣어둘 생각이라면 저축은행에 가는 것이 가장 좋습니다.

최고의 재테크는 직장에서 성공하는 것

요즘 많은 젊은이가 금수저, 흙수저, 은수저, 다이아몬드수저를 얘기합니다. 저는 수저로 따지면 흙수저도 아니었습니다. 우리 시대의 많은 사람이 그랬던 것처럼 말이지요.

한국의 젊은이들이 모르고 있는 사실 중 하나는 한국은 정말 잘사는 나라라는 점입니다. 해외에 나가 보면 한국보다 잘사는 나라는 손에 꼽을 정도밖에 없습니다. 또 하나, 해외에 나가면 우리가 무시하는 일본과 중국이 강대국이라는 사실을 새삼 깨닫습니다. 그 밖에 우리는 북한의 위협에 무덤덤하게 반응하지만 해외에 있는 사람들은 많이 걱정합니다.

저는 젊은이들이 수저를 구분하지 말고 계속해서 도전했으면 하는 바람입니다. 아이가 네 발로 기다가 일어서려면 몇 번쯤이나 넘어질까요? 무려 3,000번쯤 넘어져야 일어서서 걸을 수 있다고 합니다. 만약 거센 태풍이 몰아치면 가로수와 광릉 임업시험장에 있는 나무 중 어느 쪽이 먼저 넘어질까요? 답은 간단합니다. 편하게 살아온 쪽이 먼저 넘어집니다. 가로수는 척박한 토양에서 살아남기 위해 뿌리를 깊이 내리고 있고, 광릉수목원에 있는 나무는 영양분이 풍부해 그 반대의 상황에 있습니다.

북미 원주민이 기우제를 하면 반드시 비가 온다고 하지요. 그것은 그들이 비가 올 때까지 기우제를 지내기 때문입니다.

그 정도의 간절함으로 재도전하고 부활을 시도해야 합니다. 비록 어렵고 힘들겠지만 시도하면 시도한 만큼 얻는 게 있습니다. 반면 하늘에 삿대질하며 주저앉아 있으면 아무것도 얻지 못합니다.

제게는 지금도 늘 고맙게 생각하는 선배가 있습니다. 그 선배는 제가 삶의 방향을 잃고 헤맬 때 태산 같은 가르침을 전해준 멘토입니다. 그 선배에게 감사하는 마음을 담아 선배의 조언을 여러분에게 전할까 합니다.

첫째, 많이 웃으십시오.

이것은 가볍게 여길 수도 있는 조언이지만 사실 웃는 게 생각만큼 쉽지 않습니다. 더구나 한국인의 얼굴은 가만히 있으면 성난 것처럼 보입니다. 서양인은 인중이 길어서 가만히 있어도 웃는 표정이지만 한국인은 인중이 짧아서 그냥 있으면 성난 얼굴이 됩니다. 그래서 의식적으로 웃어야 합니다.

웃으면 얼굴 근육이 발달하지요. 이 근육을 자꾸 사용하지 않으면 얼굴에서 점차 웃음이 사라집니다. 저는 매일 아침 웃는 연습을 합니다. 웃는 얼굴이 더 낫지 않나요? 돈이 들어가는 것도 아닌데 이왕이면 많이 웃으십시오.

둘째, 말을 많이 하십시오.

"침묵이 금"이라는 말은 거짓입니다. 내가 말하지 않으면 사람들과 소통하기가 힘들고, 소통이 이뤄지지 않으면 남는 것은 오해와 불신뿐입니다. 내 마음을 나도 모르는데 말하지 않아도 상대방이 내 마음을 알아주길 바라는 것은 말도 안 되는 일입니다. 세상에 독심술을 발휘할 수 있는 사람은 없습니다. 점쟁이도 하지 못하는 일을 주위 사람들에게 강요하지 말고 스스로 말하십시오.

셋째, 닉네임을 만드십시오.

거창한 무언가를 만들라는 얘기가 아닙니다. 그저 나를 드러내주는 뚜렷한 무언가로 족합니다. 가령 '이순우' 하면 '욕쟁이'라는 말이 튀어나올 정도면 됩니다. 좋은 것은 아니지만 실은 제가 욕쟁이입니다. 적절히 사용하면 욕을 하는 것도 사람의 가치를 보여주는 하나의 방법입니다.

사회에 나와 직장생활을 시작하면 그때부터 지옥문이 열립니다. 이런저런 상황을 겪고 문제를 해결하는 과정에서 당연히 스트레스가 쌓이며 갑질하는 상사 때문에 속이 뒤집어지기도 합니다. 이왕 지옥문을 열었으니 힘들어도 헤쳐 나가야 합니다. 사실 직장이 즐겁고 좋으면 돈을 받으며 다닐 이유가 없습니다. 우리를 즐겁게 해준다면 오히려 우리가 돈을 내고 다녀야지요. 극장이나 놀이공원에 갈 때 돈을 내고 가는 것처럼 말입니다.

저는 최고의 재테크는 직장에서 성공하는 것이라고 생각합니다. 직장에서 20년 정도 일하면 연봉을 1억 원쯤 받습니다. 요즘처럼 저금리 시대에 1억을 받으려면 얼마를 예금해야 할까요? 무려 70억입니다. 그러니 직장이 좋은 재테크라는 말이 나오는 것입니다.

제가 좋아하는 시로 마무리를 할까 합니다. 장석주 시인의 〈대추

한 알)이라는 시입니다.

> 저게 저절로 붉어질 리는 없다.
> 저 안에 태풍 몇 개
> 저 안에 천둥 몇 개
> 저 안에 벼락 몇 개

한 알의 예쁜 대추도 저절로 영글 리 없다는 것입니다. 이 말은 세상에 공짜는 없다는 의미입니다. 재테크에도 공짜는 없습니다. 열심히 공부하고 발품을 팔아야 얻는 것이 있습니다.

고(故) 안병욱 교수는 생전에 "오늘을 충실히 살라"는 말을 했습니다. 인생은 오늘의 연속입니다. 그러니 오늘에 정신을 집중해 하루하루를 충실하게 보내십시오.

현영

자타공인 연예계의 재테크 여왕. MC, 영화배우, 가수의 영역을 넘나들며 활약하는 만능 엔터테이너
인 현영은 쇼핑보다 재테크를 더 좋아하고, 단돈 1,000원도 허투루 쓰지 않는 '똑순이 연예인'으로 유
명하다. 적금·펀드·보험·주식·부동산 등 재테크 전반에 걸쳐 전문가 못지않은 지식을 보유한 그녀
는 자신의 노하우를 담은 책 《현영의 재테크 다이어리》를 쓰기도 했다.

8장

행복한 삶을 위한
재테크

현영, 방송인

2030, 목적통장과 연금에 집중하라

재테크는 20~30대 사회초년생과 노후자금이나 은퇴자금을 목표로 하는 40~60대의 전략이 달라야 합니다. 비록 제가 전문가는 아니지만 제 경험과 재테크 책을 내면서 고민한 내용을 중심으로 얘기를 풀어가겠습니다.

일단 사회에 발을 내디디면 많은 사회초년생이 어떻게 돈을 모아야 하는지 고민합니다.

먼저 통장 길들이기를 해야 합니다. 돈이 제멋대로 돌아다니도록 내버려두지 말고 내가 원하는 길로 흘러가게 해야 돈을 지배할 수 있습니다. 물론 통장은 많으면 많을수록 좋습니다. 저는 통장을 네 개로 나눠서 관리했습니다. 지출통장, 비상금통장, 적금통장, 목적통장이 그것입니다. 통장을 하나로 두면 안 됩니다. 돈이 나가는 목적에 따라 통장이 달라야 합니다.

지출통장은 공과금, 휴대전화 요금, 신용카드 대금 등 써서 없어질 돈을 예상해 나가는 돈이 잠시 머물게 하는 정류장입니다.

비상금통장은 몰래 숨겨놓는 돈이 아니라 비상시에 요긴하게 쓸 돈을 모으는 통장입니다. 비상금을 꾸준히 모아두면 예상치 못한 일이 발생했을 때 당황스러워 허둥대지 않을 수 있지요. 여기에 함께 넣어야 하는 것이 주식이나 펀드 등 갑자기 정한 금액이 아니라 일정하게 투자하는 돈입니다. 급한 일이 생겼을 때를 대비한 비상금은 한 달 생활비의 세 배 정도로 보고 관리하는 것이 좋습니다.

적금통장은 적금으로 나갈 돈을 묶어놓는 통장입니다. 한 달 월급이 들어오면 적금과 연금 납입액을 따로 옮겨두고 여기서 해당 상품으로 빠져나가도록 관리하는 겁니다. 이렇게 돈의 흐름만 잡아놔도 내 돈이 얼마나 쌓이고 있고 돈의 흐름이 어떤지 파악해 자신의 소비 패턴과 재테크 패턴을 분석할 수 있습니다.

제가 가장 중요하게 여기는 것은 바로 목적통장입니다. 목적통장은 펀드나 예금, 적금에 가입하되 통장에 자신의 꿈이 담긴 것입니다. 결혼 전에 제게는 세 개의 목적통장이 있었습니다. '몇 년 뒤의 결혼자금', '몇 년 뒤의 내 집 마련 자금', '몇 년 뒤의 아이 대학입학금' 하는 식으로 통장에 꿈을 담아 제목을 달면 충동적인 소비를 막을 수 있습니다. 목적통장을 보는 것만으로도 자신을 컨트롤할 힘이 생깁니다.

그다음은 연금보험입니다. 요즘 어르신들은 자식보다 더 좋은 것이 연금보험이라고 하더군요. 연금보험에는 연금보험상품과 비과세 연금상품 그리고 국민연금이 있습니다.

저는 20대 중반에 연금보험에 가입했습니다. 30대에 활발히 활동하면서 수입이 늘었을 때 가입을 추가해 국민연금을 포함해 총 여섯 개의 연금보험이 있습니다. 저는 그것을 계단식으로 받을 계획입니다.

국민연금의 경우 나이에 따라 받는 시기가 다릅니다. 저는 1970년대 후반에 태어났는데 1969년 이후 태어난 경우 65세부터 수령할 수 있습니다. 제가 짠 전략은 65세부터 연금을 받기 시작해 70세에 하나 더 받고, 75세에 하나 더, 80세에 하나 더 하는 식으로 제가 힘이 빠질 때마다 더 받는 것입니다. 저는 좀 일찍 시작한 편이지만 누구든 정보를 알게 되었을 때 바로 시작하면 됩니다.

만약 이미 연금보험에 가입했다면 그것을 어떻게 관리하는가가 중요하고, 지금 가입할 생각이라면 어떤 것을 선택할 것인가에 집중해야 합니다.

인터넷에는 연금보험을 비교할 수 있는 사이트가 많이 있습니다. 먼저 자신이 가입한 보험내역을 확인할 수 있는 곳은 손해보험협회, 생명보험협회 홈페이지입니다. 여기에 개인정보를 입력하면 자신의 보험가입 내역을 확인할 수 있습니다.

그다음으로 내게 어떤 보험이 부족한지 알아보려면 금융감독원에서 운영하는 '금융상품 한눈'에 홈페이지를 활용하는 것이 좋습니다. 이곳에서는 예·적금, 대출, 연금저축부터 금융사에서 공통으로 판매하는 상품까지 동시에 비교할 수 있습니다. 보험 쪽에는 '보험다보아'라는 사이트가 있습니다. 간단한 개인정보를 입력하면 내게 맞는 보험이 무엇인지 금융사별로 상품을 설명해줍니다. 특히 상품가격까지 비교가 가능하므로 꼼꼼히 따져보십시오. 주택연금으로 받을 수 있는 금액을 확인하려면 주택연금공사 홈페이지의 주택연금예상조회를 활용하는 것이 좋습니다. 나이와 대출금까지 감안해 받을 수 있는 액수와 월지급액까지 안내해줍니다.

은퇴를 위한 재테크는 퀄리티 재테크

이제 40~60대로 넘어가겠습니다.

은퇴 이후를 위한 재테크는 패러다임 자체가 바뀝니다. 20~30대가 일단 종잣돈을 모은 다음 이를 활용해 어떻게 부를 더 축적할지에 초점을 둔다면, 은퇴 이후를 위한 재테크는 '퀄리티 재테크'입니다. 다시 말해 내가 모은 재산 안에서 내 삶의 질을 얼마나 끌어올릴지가 관건입니다.

알고 있다시피 지금은 100세 시대입니다. 예전에는 기대수명 자체가 60세 중후반이었기 때문에 50세에 은퇴해도 크게 곤란하지 않았고 더구나 금리가 높았습니다. 그러나 100세 시대인 지금은 기대수명이 70대 후반, 80대 후반인데 금리는 바닥을 기고 있습니다. 일본은 금리가 0이고 심지어 마이너스 금리까지 도입했습니다. 이것은 은행에 돈을 내고 맡겨야 한다는 얘기입니다.

우리는 더 이상 은행에 돈을 예금하고 이자를 받아 생활할 수 없지만, 삶의 질은 높이고 싶어 합니다. 늙어도 젊은 시절과 마찬가지로 풍요로움을 이어가고 싶어 하는 것입니다.

그러면 노후를 위한 재테크 방법을 살펴봅시다.

연금 가입은 지금도 늦지 않지만 금액이 젊은 층보다 높습니다.

직접투자를 고려한다면 그 대표주자는 주식인데 노후에 은퇴자금으로 직접투자를 하는 것은 위험합니다. 그보다는 수익형 부동산에 투자하는 것이 낫습니다. 흔히 하는 말로 조물주 위에 건물주라고, 누구나 건물주가 되고 싶어 합니다.

제2의 직업을 갖는 것도 훌륭한 투자방법입니다. 은퇴하면 많은 사람이 프랜차이즈에 관심을 보입니다. 실제로 프랜차이즈에 투자하는 경우가 많지만 1~2년 안의 생존율이 자영업자 10명 중 2명이라고 합니다. 평균수입도 차라리 취업해서 월급을 받는 게 낫겠다는 생각이 들 정도로 낮습니다.

탈서울도 하나의 재테크 수단입니다. 제가 다섯 개의 은퇴자금과 노후생활을 위한 재테크 방법을 얘기했는데, 제 부모님에게 맞는 방법은 탈서울이었습니다. 서울에 사는 이유는 보통 직장과 자녀교육에 있습니다. 물론 한창 직장생활을 하면서 아이들 교육에 신경 써야 하는 사람이라면 서울에 남아도 좋습니다. 하지만 그 시기가 지났다면 탈서울을 하십시오.

반포에 있는 25평형 아파트 가격이 10억 정도 하는데, 제가 아는 분이 반포에 살다가 아파트를 팔고 구리로 갔습니다. 그곳에 건물을 사서 월세를 받으며 넉넉하게 살고 있지요. 이것은 반포에 아파트를 소유한 사람에게만 해당되는 이야기가 아닙니다.

자신의 바운더리에서 조금만 넘어가면 건물주가 되어 좀 더 여유롭게 살 수 있습니다. 미국의 경우 맨해튼의 집값이 굉장히 비쌉니다. 그런데 많은 미국인이 일선에서 물러나면 모든 것을 정리하고 떠납니다. 저금리 시대에 삶의 질을 유지하면서 살아가는 방법 중 하나는 좀 후진해서 여유를 찾는 것입니다.

하지만 이 방법에는 장점과 단점이 있습니다. 서울에서 10억대 아파트를 살 정도면 지방에서 같은 평수의 아파트와 건물을 얻을 수 있습니다. 이때 돈의 가치가 변합니다. 기회비용이 변하는 장점을 누리는 것입니다. 교육과 문화를 비롯해 각종 서비스 비용이 줄어들기 때문이지요.

제 부모님은 본래 수원의 단독주택에서 생활했는데 가장 마음에 드는 풍경을 골라 화천으로 가셨습니다. 그곳에서 숙박업을 시작해 하나씩 늘려가고 있습니다. 화천에 정착하는 자금으로 서울이나 수원에서 생활했다면 그만큼 이루기 어려웠을 것입니다. 공기 좋은 화천에서 닭을 키워 계란을 팔기도 하고 채소를 손수 길러 먹는데 비슷한 나이의 어르신이 많아 좋다고 합니다.

물론 단점도 있습니다. 가장 큰 단점이 낯선 곳에 대한 두려움입니다. 사실 나이가 들수록 옮기는 것을 싫어합니다. 흔히 낯선 곳으로 이사를 가면 병이 난다고 하는데 그렇지 않습니다. 스트레스가 많은 서울을 조금만 벗어나도 스트레스 지수는 대폭 낮아집니다.

이때 가급적 의료기관이 가까운 곳으로 가는 것이 좋습니다. 근처에 10분 내에 도착할 수 있는 의료기관이 있는 지역으로 가는 것도 하나의 팁입니다.

미래에 대한 두려움은 누구에게나 있습니다. 그중에서 특히 강한 것이 노후 불안감입니다. 망설이지 말고 자신이 원하는 지점을 찾아 하나씩 실천하십시오. 단, 모든 투자가 많을 것을 주지는 않는다는 점을 기억해야 합니다. 가진 것 안에서 안정적으로 살아갈 방법을 찾아야 합니다. 굳이 빡빡한 도시생활을 고집할 필요는 없습니다. 저도 은퇴하면 지방에 가서 닭을 키우며 농사를 지을 겁니다. 그런 삶도 경험해보는 것이 어떨까 합니다.

노후설계 04

김경록

인구구조와 고령사회, 은퇴 문제 분야의 국내 최고 전문가로 미래에셋은퇴연구소 소장이다. 김경록 소장은 내 손과 머리로 익히고 배운 기술 하나가 노후에는 수억, 수십억 원의 금융자산과 맞먹는다는 '1인 1기'의 필요성을 강조하는 실용주의 전문가다. 또 "앞으로는 80년 동안(직장 40년과 퇴직 후 40년) 자산을 계속 굴려야 하기 때문에 단기로 자산을 운영하는 방식은 맞지 않다"며 "노후를 위해 돈의 수명을 길게 늘려야 한다"고 주장한다.

9장

돈의 수명을 늘려라
노후 난민이 되지 않는
100세 시대 자산관리

김경록, 미래에셋은퇴연구소장

노후를 위한 튼튼한 배를 많이 만들어라

현재 재테크, 투자시장, 자본시장에서 빅뉴스로 떠오른 것은 무엇일까요? 외신에 3~4일에 한 번꼴로 1면 톱으로 크게 나오는 것이 바로 '채권'입니다. 채권금리가 오른다는 것이 가장 큰 뉴스지요. 물론 한국도 올랐지만 미국 시장은 거의 패닉 상태입니다.

1995년부터 채권 리서치를 해온 저는 지난 20여 년 동안 네 번의 커다란 쇼크를 경험했는데, 이번이 다섯 번째입니다.

첫 번째는 1990년 금리가 19.7퍼센트였다가 거의 한 자리 숫자로 떨어졌을 때입니다. 두 번째는 외환위기 시절 금리가 다시 19∼20퍼센트로 올랐을 때입니다. 당시 30퍼센트까지 오르기도 했지요. 세 번째는 대우 사태와 카드채 사태가 벌어졌을 때입니다. 네 번째는 글로벌 금융위기로 금리가 올랐을 때입니다. 이번이 다섯 번째인데 이것은 글로벌 시장이 1990년 이후 거의 20년 만에 맞는 쇼크입니다. 2016년 말 현재 한국은 심각한 국내 문제로 이 상황을 조용히 지나가고 있지만 사실 국제 채권시장은 패닉 상태입니다.

미국의 경우 듀레이션(duration, 채권금리 가격 변동폭)이 오르면 채권가격이 떨어집니다. 가령 듀레이션이 9인데 금리가 9퍼센트 오르면 채권가격은 1퍼센트 떨어집니다. 듀레이션이 15이고 금리가 1퍼센트 오르면 채권가격은 15퍼센트 떨어집니다.

그런데 현재 미국의 10년짜리 채권금리가 한 달 만에 1퍼센트 올랐습니다. 10년짜리 채권의 듀레이션이 9입니다. 10년짜리 채권가격이 한 달 동안 9퍼센트 떨어진 것입니다. 이는 상당히 큰 변화입니다. 듀레이션이 14 정도인 20년짜리 채권가격은 14퍼센트, 듀레이션이 약 20인 30년짜리 미국 국채는 한 달 만에 가격이 20퍼센트 하락했습니다. 이 정도면 금융위기에 맞먹을 정도로 굉장히 큰 쇼크입니다.

만약 주식가격이 20퍼센트 떨어졌다면, 다시 말해 한국 주가가 2,000에서 1,600으로 떨어졌다면 어떨까요? '시장이 난리가 났구

나' 싶을 정도로 큰일이 나겠지요. 한데 비교적 안전하다고 여겨져
온 채권이 그 정도로 떨어졌으니 얼마나 쇼크가 크겠습니까.

채권시장은 모든 금융시장과 투자시장의 저변을 형성하고 있습니
다. 펀딩할 때(돈을 빌릴 때)도, 자산 가격을 매길 때(할인할 때)도 채
권금리의 영향을 받습니다. 채권금리의 상승과 하락이 광범위하게
여러 시장으로 파급되면서 생각보다 큰 영향을 주는 것입니다. 물론
환율에도 영향을 주지요.

왜 최근에 채권금리가 오른 것일까요? 항간에 떠도는 것처럼 트
럼프 때문이 아닙니다. 비록 트럼프가 방아쇠를 당기긴 했지만 그
안에 총알을 장전한 존재는 2015년 초·중반부터 인플레이션에 주
목해온 채권시장입니다. 실제로 채권시장 매니저들은 2015년 하반
기부터 인플레이션 연동채권을 매입하는 등 인플레이션을 고민해왔
습니다. 그러한 분위기 자체가 곧 총알이 되어버렸는데, 트럼프가 그
방아쇠를 딱 당기니까 채권시장이 난리가 난 것입니다.

지금 채권금리 쇼크는 거의 8부 능선에 다다랐는데 문제는 이것이
향후 채권시장, 부동산 시장, 주식시장, 금시장에 어떤 영향을 미칠
것인가 하는 데 있습니다. 채권금리가 모든 시장을 아우르는 중요한
변수이기 때문입니다.

이처럼 강력한 파도가 밀려올 때는 어떤 배를 만들어야 할까요?
파도가 많이 칠 때는 항해사가 파도를 헤치면서 항해를 잘하는 것도
중요하지만, 그보다 더 중요한 것은 튼튼한 배를 만드는 일입니다.

그런 배를 많이 만들어놓는 것이 훨씬 더 중요합니다.

항해를 잘하는 것이 재테크라면 튼튼한 배를 만드는 것은 노후를 대비한 구조나 틀을 만드는 것이라고 할 수 있습니다. 왜 틀을 짜야 할까요?

2016년 8월 영국 주간지 〈이코노미스트〉에 인간의 평균수명이 120세까지 갈 수 있다는 기사가 실렸습니다. 아마 20년 정도가 지나면 120세 시대라는 말이 나올 것입니다. 지금까지 증가해온 평균수명의 20~80퍼센트는 낮아진 유아사망률 덕을 본 것입니다. 즉, 어렸을 때 전염병에 걸리거나 전쟁을 겪는 일이 줄어들어 평균수명이 늘어났다는 얘기입니다.

그러니까 늘어난 평균수명의 70~80퍼센트는 환경이 좋아지면서 유아기나 아동기의 생존율이 높아진 영향이고, 나머지 20~30퍼센트는 60세 이상 인구의 수명이 늘어난 것입니다. 앞으로는 60세 이상 인구의 수명이 길어지면서 평균수명이 더 늘어날 전망입니다. 결국 지금의 50대는 축복일 수도, 위협일 수도 있는 환경에서 살아갈 확률이 높지요.

〈이코노미스트〉는 기사에서 과거에는 치료나 환경이 좋아져 평균수명이 늘어났지만 앞으로는 항노화제, 줄기세포 등의 혁명으로 평균수명이 점프할 거라고 예측했습니다. 실리콘밸리는 아예 향후 120세 수명이 가능할 것으로 보고 있습니다. 단지 돈이 문제일 뿐 기술적으로는 충분히 거기에 도달할 수 있다는 입장이지요. 물론 그

비용이 갈수록 싸지면 60세 이상 인구의 평균수명은 당연히 늘어날 것입니다.

재앙의 시대

이런 상황에서 우리는 미래를 위해 경제적으로 어떤 준비를 해야 할까요? 이것은 채권을 좀 더 잘 사고팔거나 좋은 주식종목을 선택하는 문제가 아니라 틀을 갖추는 문제입니다.

그리스 로마 신화에 티토노스와 에오스, 즉 새벽의 여신인 아우로라 이야기가 나옵니다. 에오스는 미의 여신 아프로디테(비너스)가 사랑하는 전쟁의 신 아레스를 사랑하는 바람에 아프로디테에게 저주를 받았습니다. 아프로디테는 에오스에게 평생 인간을 사랑하라는 저주를 내렸지요. 이것이 왜 저주였을까요? 영원히 사는 신과 달리 늙어가는 인간을 평생 사랑해야 하니 저주일 수밖에 없습니다.

저주를 받아 트로이의 젊은 왕자 티토노스에게 완전히 빠져버린 에오스는 그를 납치해 남편으로 삼았습니다. 그런 다음 그녀는 제우스에게 간청해 티토노스에게 영생을 내려달라고 부탁했습니다. 제우스는 그 소원을 들어주었지만 에오스의 간청에는 함정이 있었습니다. 영원히 늙지 않게 해달라는 부탁을 함께해야 하는데 깜박 잊은 것입니다.

티토노스는 영생을 받았지만 갈수록 늙어갔습니다. 자꾸만 쪼그라드는 티토노스를 보다 못한 에오스는 그를 골방에 가둬버렸습니다. 그곳에서 웅얼거리며 계속 작아지던 티토노스는 웽웽거리는 소리를 내다가 결국 매미가 되었습니다.

영생으로 장생은 구했으나 불로를 구하지 않은 탓에 둘의 차이가 비극을 낳은 것입니다. 이와 마찬가지로 〈이코노미스트〉의 기사는 장생을 이야기하고 있습니다. 따라서 우리가 여기에 발맞추지 않으면 비극이 생겨날 수밖에 없습니다.

그 비극은 세 가지입니다.

첫째, 길어지는 평균수명입니다.

한국은 평균수명이 10년에 5년꼴, 2년에 1년꼴로 늘어나고 있습니다. 현재 한국인의 평균수명은 82~83세인데 건강수명은 73세입니다. 여기서 발생하는 9세의 차이는 우리가 9년 정도 아프다는 의미입니다. 세계보건기구(WHO)는 장수시대에 무엇보다 중요한 것은 건강수명이라고 합니다. 아무리 수명이 늘어나도 그것이 침대에 누워서 목숨만 연명하는 것이라면 별다른 의미가 없기 때문입니다.

여성은 평균수명이 남성보다 더 길지만, 건강수명은 오히려 남성보다 3년 짧습니다. 다시 말해 여성이 남성보다 더 오래 살긴 해도 3년이나 더 아픕니다. 남성과 여성의 수명 차이는 꽤 큰데 특히 100세가 넘으면 87퍼센트가 여성입니다. 결국 초장수는 여성의 문제입니다.

만약 평균수명이 92세인데 건강수명이 70대에 머물면 아픈 기간만 늘어나고 맙니다. 따라서 평균수명이 길어지면 동시에 건강수명도 길어져 둘 사이에 갭이 생기지 않아야 합니다.

둘째, 짧아지는 근로수명입니다.

한국에서는 보통 55세 전후로 직장에서 물러납니다. 남성의 평균수명이 80세라면 이는 직장에서 나온 뒤 25년을 수입 없이 살아야 한다는 얘기입니다. 그러므로 근로수명을 늘릴 필요가 있는데 무엇보다 자기 자신에게 투자해야 합니다.

한국인은 고등학교와 대학 교육에 전 세계 어디에도 뒤지지 않을 만큼 많은 돈을 투자합니다. 반면 그 이후에는 세계에서 가장 적은 비용을 투자합니다. 이제 고령화 시대를 맞이한 우리는 그 불균형에서 탈피해야 합니다. 고령화 시대에는 고등학교와 대학교보다 자신의 노후를 대비한 교육에 훨씬 더 많이 투자해야 합니다. 실제 조사결과를 보면 노후를 대비한 교육에 많이 투자하는 사람일수록 근로수명이 긴 것으로 나타났습니다.

셋째, 평균수명에 비해 짧아지는 돈의 수명입니다.

내 수명보다 돈의 수명이 짧으면 어떤 일이 벌어질까요? 노후에 파산하고 맙니다. 돈은 다 떨어졌는데 나는 그보다 더 오래 살고 있으니까요. 물론 내 수명보다 돈의 수명이 더 길면 남은 돈을 유산으로 남길 수 있습니다. 최소한 내 수명과 돈의 수명이 일치하도록 해야 합니다. 그런데 안타깝게도 현실은 내 수명은 길어지는 반면 돈의 수명은 자꾸만 짧아지고 있습니다.

돈의 수명을 늘리는 법

돈의 수명을 늘리려면 어떻게 해야 할까요?

먼저 내가 튼튼한 구조와 틀을 갖춘 배를 만들어야 합니다. 즉, 내가 좋은 틀을 갖춰놓고 훌륭한 항해사를 데려와야 합니다. 물이 새는 난파선을 갖고 있으면 아무리 훌륭한 항해사를 데려와도 파도를 헤쳐가지 못합니다.

돈의 수명을 늘리기 위해 튼튼한 구조를 갖춘 배를 만들려면 어떻게 해야 할까요? 돈의 수명을 늘리는 데는 두 가지 방법이 있습니다.

먼저 연금이 있습니다. 연금은 종신토록 받는 것이므로 자신의 수명과 똑같습니다. 자신의 수명이 짧으면 돈의 수명도 짧아지고 자신의 수명이 길면 돈의 수명도 길어지는 연금은 상당히 방어적이고 보수적인 상품입니다. 그다음은 수익을 추구하는 적극적인 투자입니다. 노후를 위해서는 연금과 투자로 구조를 짜야 합니다.

한국인의 노후구조는 대부분 정기예금과 부동산에 집중되어 있습니다. 65세 이상 인구의 금융자산을 보면 80퍼센트가 정기예금입니다. 그런데 정기예금은 1년짜리 상품이라 수명이 아주 짧습니다. 평균수명은 계속 길어지는데 돈의 수명은 여전히 짧은 구조라는 얘기입니다. 여기에 더해 부동산을 갖고 있는데, 물론 부동산도 투자 자산입니다.

그러나 노후구조를 연금과 투자의 틀로 나눠보면 연금으로 생활 자금을 마련하고 투자 자산으로 부동산이나 금융자산을 잘 섞는 구조로 가야 합니다. 사실 이것은 매우 재미있는 구조입니다. 국민연금은 우리가 자율적으로 운용할 수 있는 것이 아니며 넣은 액수에 따라 받는 돈이 정해져 있습니다.

민간연금에서 종신연금은 1억당 30만 원 정도를 받는데 이것으로는 부족하다는 생각을 할 수 있습니다. 그렇지만 연금은 수익 추구형이 아닙니다. 가급적 1억당 많이 주는 것을 찾아야겠지만 이것이 적다고 생각해 연금 가입을 포기하지는 않았으면 합니다.

연금은 태생적으로 그 성질이 음적(陰的) 성향이고 보수적·방어적입니다. 가령 1억으로 돈을 더 벌려는 것이 아니라 사는 동안 정해진 지출에 맞춰 연금을 받는 것입니다. 애초에 보수적이고 방어적인 상품에서 수익을 더 얻으려고 하는 생각이 잘못된 것입니다.

연금으로 수익성을 높이고 싶다면 오래 살아야 합니다. 오래오래 살면 엄청난 돈을 법니다. 실제로 프랑스에서 122세까지 생존해 세계 최장수를 기록한 장 칼망 할머니에게는 재미있는 일화가 있습니다. 할머니가 90세가 되었을 때 어느 변호사가 할머니에게 이렇게 제안했습니다.

"오늘부터 당신이 죽는 날까지 내가 모든 생활비를 대겠습니다. 대신 당신이 죽을 때 당신의 집을 내게 주십시오."

할머니는 그 후로도 30년 넘게 더 살았고 생활비를 대주던 변호사는 빈털터리가 되어 할머니보다 먼저 세상을 떠났습니다.

연금과 달리 투자는 철저히 수익 추구형입니다. 즉, 투자는 원금을 보존하는 것이 아니라 수익을 더 얻기 위해 하는 것입니다. 그래서 투자는 그 성질이 양적(陽的)입니다.

노후생활의 밑바탕은 연금

음양이 조화를 이루듯 연금과 투자는 잘 어우러져야 합니다.

먼저 가장 기본적인 것은 음적인 성질로 다져야 합니다. 음적인 성질은 보수적, 방어적으로 토대를 탄탄히 지키기 때문입니다. 가령 기초적인 생활비, 즉 생존을 위해 꼭 써야 하는 생활비는 보수적인 것으로 만들어놔야 합니다.

남는 것으로는 투자를 합니다. 하지만 노후의 투자는 아주 조심해야 합니다. 어떻게 투자를 해야 할까요? 무엇보다 노후의 투자는 굉장히 위험하므로 주의할 필요가 있습니다.

사실 돈의 수명을 늘리는 것은 태극의 음양과 같습니다. 이를 염두에 두고 연금과 투자를 여러분의 성향에 맞게 잘 섞어야 합니다. 이것을 두고 포트폴리오라고 합니다. 먼저 정기예금과 부동산에 집중된 구조를 연금과 투자로 재편하는 것이 좋습니다.

연금은 내가 죽을 때까지 받을 수 있는 돈입니다. 그러므로 젊었

가입자의 노령연금 수령을 돕기 위한 국민연금의 다양한 제도

제도	내용
반납	반환일시금을 받은 사람이 반환일시금에 소정의 이자를 가산해 공단에 다시 납부하면 국민연금 가입기간을 복원해주는 제도.
추후 납부	국민연금 보험료를 내지 못한 기간(납부예외기간)의 보험료를 추후 국민연금 가입자격이 생겼을 때 납부할 수 있도록 편의를 제공하는 제도.
임의 가입	국민연금 의무가입 대상이 아닌 가입자가 자발적으로 보험료를 납부할 수 있는 제도.
연기 연금	노령연금의 일부를 연기 수령하면 수령액이 1년마다 연 7.2% 늘어나는 제도(최대 5년 가능).
경단녀 추후 납입	경력단절 여성이 임의가입을 하면 이전 공백 기간의 보험료를 추후 납입할 수 있게 하는 제도.

을 때 일찍 시작하고 중도에 절대 해지하지 않아야 합니다. 여기에 더해 젊은 시절에는 투자에 좀 더 치중하는 것이 바람직합니다. 아무튼 연금으로 자산을 꽁꽁 묶어놓고 도중에 절대 해지하지 않아야 합니다.

물론 연금에도 주의해야 할 점은 있습니다.

먼저 국민연금에는 다양한 제도가 있습니다.

국민연금은 연기해서 받거나 앞당겨서 받을 수 있습니다. 또한 직장에 다닐 때 납부하다가 결혼 후 직장을 그만두고 20년이 지났더라도 추후 납부해 살리는 것이 가능합니다. 예를 들어 아내가 아이를 두 명 낳고 회사를 그만둔 지 10년이 지났을 경우, 10년 치를 납부하면 부부가 연금을 같이 받을 수 있습니다. 이처럼 국민연금에는 다양한 제도가 있으므로 이를 잘 활용해 연금을 만드는 것이 좋습니다.

그다음에 민간연금으로 퇴직연금과 개인연금이 있는데 이것은 '어떻게 운용하느냐'가 관건입니다. 국민연금은 국가가 운용해주지만 퇴직연금, 개인연금은 스스로 운용하기 때문입니다. 잘 운용하느냐 아니냐에 따라 그 결과에 커다란 차이가 납니다. 처음에는 퇴직연금이나 개인연금 액수가 적지만 40대 중반이 넘어 15년 이상 쌓으면 액수가 커집니다.

우리나라의 퇴직연금에는 DB형(확정급여형, 회사책임형)과 DC형(확정기여형, 근로자책임형)이 있지만 갈수록 IRP형(개인형퇴직연금)이 증가할 전망입니다. 우리나라는 DB형에 들었어도 회사를 옮기면 IRP로 바꿔야 하므로 세월이 갈수록 자기 책임으로 운용하는 비율이 높아질 것입니다. 결국 개인연금, 퇴직연금은 어떻게 운용할지 많이 고민해야 합니다.

민간보험사에서 운용하는 변액연금도 익히 들어보았을 것입니다. 더러는 가입한 뒤 불만을 표출하는 사람도 있지만 현재 이것은 돈 많은 사람들의 절세수단으로 가장 좋습니다. 변액연금은 세금에서 아예 제외되므로 종합과세를 신경 쓰는 사람의 입장에서는 매우 파워풀한 상품입니다. 이들은 변액연금에 돈을 10년, 15년 넣어두어도 별다른 영향을 받지 않기 때문입니다.

반면 세금을 많이 내지 않는 사람은 생각보다 별로 이득이 없고 오히려 손해를 봤다고 말합니다. 사실 당장 여윳돈이 부족한 사람은 변액연금에 돈을 넣어두고 10년, 15년 기다리는 것이 굉장히 힘든 일입니다. 그래서 중간에 찾으면 당연히 손해가 납니다. 변액연금은 이런 부분을 주의해야 합니다.

가장 중요한 것은 주택연금입니다. 주택연금은 연금의 형태를 띠긴 하지만 정확히 따지면 연금이 아닙니다. 한국인은 자산에서 부동산이 많은 비중을 차지하는데 집은 필요할 때 벽돌 하나씩 떼어내 생활비로 쓸 수 없습니다. 그렇다고 집을 담보로 대출을 받았다가 갚지 못하면 쫓겨나고 맙니다. 이를 감안해 노후에 일정한 현금흐름

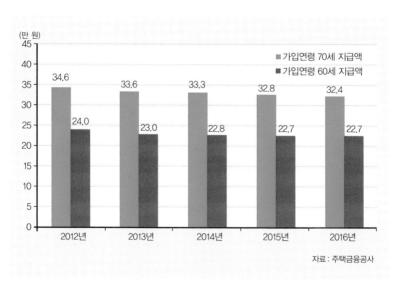

주택가격 1억당 월 연금지급액

자료 : 주택금융공사

을 보장받고 그 집에서 계속 살게 해주는 것이 주택연금입니다. 즉, 이것은 집만 있고 현금은 없는 사람이 집으로 연금을 만들도록 해주는 시스템입니다.

통계적으로 보면 대략 70세에 주택연금에 드는 사람이 가장 많은데, 보통 2억 원 정도의 집으로 가입합니다. 70세에 주택연금을 받으면 주택이 3억 원일 경우 97만 원 정도입니다. 2억 원이면 약 62만 원입니다.

노후에 현금흐름이 부족한 사람에게는 국민연금이나 다른 연금과 함께 매우 효과적인 것이 주택연금입니다. 특히 주택연금은 지금의 주택가격으로 연금을 받다가 1년 후에 주택가격이 절반으로 뚝 떨어져도 애초에 받기로 한 연금을 평생 받습니다. 다시 말해 주택가격 변동과 상관없이 연금을 받기 때문에 주택으로 노후의 안정을 보장받을 수 있는 시스템입니다.

이처럼 안정적인 주택연금을 지급하는 기관은 바로 한국주택금융공사입니다. 국가기관이 주택연금을 주는 것이므로 이는 보유주택을 국공채로 전환한 것이나 마찬가지입니다. 만약 여러분이 주택연금을 들었다면 여러분의 자산은 주택이라기보다 국공채인 셈입니다.

지금까지 설명한 국민연금, 퇴직연금, 개인연금, 변액연금, 주택연금을 잘 활용해 노후소득을 만들어놓는 것이 노후의 험난한 파도를 이겨내는 배의 한 구조입니다.

원칙을 지키면 투자가 두렵지 않다

이제 정기예금이 아닌 '투자'를 생각해봅시다. 세상에 투자처럼 어려운 것도 없습니다. 금융자산 가격이 갑자기 뚝 떨어지는 난감한 일을 당하지 않고 수익을 얻는 것은 정말 어려운 일입니다. 투자 세계에서는 금융자산 가격이 90퍼센트나 떨어지는 것도 일상사로 일어납니다. 가령 90년대 중반 일본의 골프장 회원권이 95퍼센트나 떨어진 적이 있습니다.

어떻게 95퍼센트나 떨어지느냐고요? 주식종목을 한번 쭉 훑어보십시오. 95퍼센트나 떨어진 종목이 허다합니다. 그만큼 투자는 쉽지 않습니다. 그런데도 투자가 쉽게 보이는 이유는 성공한 사람만 이야기하기 때문입니다. 실패한 사람은 조용히 입을 다뭅니다.

투자할 때는 절대 욕심을 부리지 말고 몇 가지 원칙을 지켜야 합니다.

첫째, 장기운용입니다. 그렇다고 무작정 한 자산을 오래 보유하고 있는 것은 장기투자가 아닙니다. 가령 정기예금을 10년, 20년 놔두는 것은 결코 장기투자로 볼 수 없습니다. 장기투자란 장기 자산에 오랫동안 투자하는 것을 말합니다.

또한 어떤 한 종목의 주식을 오래 보유한다고 해서 돈을 버는 것은 아닙니다. 여러 주식으로 포트폴리오를 만들어 시장 리스크, 즉 개별종목 리스크를 없앨 때는 이 이론이 적용되지만 개별종목 리스

218

크가 있는 것은 오래 보유할지라도 돈을 벌지 못합니다.

인프라, 부동산, PEF(사모펀드: 투자자에게 모은 자금을 주식이나 채권 등에 운용하는 펀드) 등이 바로 장기 자산입니다. PEF는한 번 투자하면 5년 정도 걸리는 장기 자산이지만 ELS(주가연계증권: 개별 주가나 주가지수에 연계해 투자수익이 결정되는 유가증권)는 6개월 정도 걸리는 단기 자산입니다.

장기투자를 하려면 먼저 장기투자 자산을 찾아야 합니다. 중국의 정치사상가 관자(管子, 관중)는 이런 말을 남겼습니다.

"1년 계획이라면 곡식을 심고, 10년 계획이라면 나무를 심고, 100년 계획이라면 사람을 키워라."

마찬가지로 1년의 시야로 자산관리를 볼 때와 10년의 시야로 볼 때는 그 대상이 완전히 다릅니다. 곡식, 나무, 사람처럼 그 대상이 달라지는 것입니다. 짧게 볼 때는 그 대상에 ELS나 정기예금 혹은 금이 들어가지만 길게 보면 인프라, 부동산, PEF, 주식, 채권 등으로 대상이 바뀝니다. 이러한 장기투자 자산을 장기로 운용하는 것이 바로 장기 운용입니다.

둘째, 분산입니다. 한두 종목을 오래 보유한다고 해서 이익이 올라가는 것은 아닙니다. 더구나 기업 수명이 20년에서 10년으로 짧아진 오늘날에는 그 수명조차 예측하기 어려운 상황입니다. 결국 종목의 위험을 없애야 하는데 이것은 분산을 통해 가능합니다. 특히 노후에는 리스크를 최대한 줄이는 것이 관건입니다.

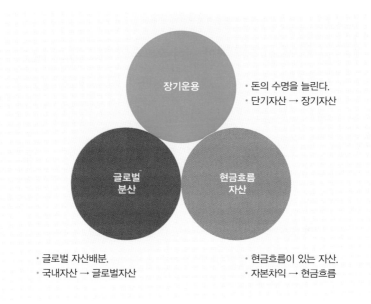

투자수익을 올리는 3대 전략

장기운용

- 돈의 수명을 늘린다.
- 단기자산 → 장기자산

글로벌
분산

현금흐름
자산

- 글로벌 자산배분.
- 국내자산 → 글로벌자산

- 현금흐름이 있는 자산.
- 자본차익 → 현금흐름

아쉽게도 한국인은 글로벌 분산에 약합니다. 해외펀드가 계속 증가하고 있긴 하지만 다른 나라와 비교해보면 그 비율이 매우 낮은 편입니다. 글로벌 분산이 필요한 이유는 뒤에서 설명하겠습니다.

셋째, 현금흐름 자산입니다. 현금흐름 자산은 변동성이 가장 적고 위험도도 낮습니다. 예를 들어 여러분이 원유 선물에 투자하거나 금을 사놓았는데 20년 동안 원유나 금이 전혀 오르지 않았다면 20년 후 무엇이 남을까요? 원금 외에 아무것도 남지 않습니다. 만약 2퍼센트의 배당을 주는 주식을 사놓고 20년이 흘렀는데 주가가 전혀 오르지 않았다면 무엇이 남을까요? 20년 동안 배당이익을 복리로 계산하면 50퍼센트에 가깝습니다.

현금흐름 자산은 자산가격이 전혀 오르지 않아도 장기적으로 어느 정도 수익을 안겨줍니다. 그만큼 안전판이 있는 것입니다. 그러므로 젊을 때는 몰라도 노후에는 현금흐름 자산으로 가격변동성을 줄여야 합니다. 채권이나 부동산도 현금흐름이 있는 자산은 가격변동성이 적습니다. 반면 현금흐름 없이 수요와 공급에 따라 결정되는 자산은 가격이 제멋대로 날뜁니다. 대표적으로 원유, 금, 곡물 등은 현금흐름 없이 수요와 공급에 따라 결정됩니다. 그 수요와 공급은 시장 상황에 따라 달라지기 때문에 전문가도 예측이 불가능합니다.

글로벌 분산투자가 필요한 이유

미국 대선에서 트럼프가 당선된 뒤 한국의 주가는 떨어졌지만 미국 다우지수는 역사상 최대치인 1만 9,000을 뚫고 올라갔습니다. 글로벌 분산을 선택한 사람은 분명 짭짤한 재미를 보았을 것입니다.

그럼 일본과 미국의 주가를 생각해봅시다. 1985년부터 일본과 미국의 주가를 보면 미국은 계속 올랐고, 일본은 옆으로 기었습니다. 이럴 때 필요한 것이 글로벌 분산입니다. 이 둘을 섞었다면 일본인은 중간 정도라도 따라가지만, 그렇지 않다면 20년 동안 박스권 안에서 무수익 자산으로 남았을 것입니다. 글로벌 분산이 필요한 이유가 여기에 있습니다.

또한 자산을 장기간 보유하면 일반적으로 위험이 줄어듭니다. 예를 들어 유동성이 적은 인프라 자산에는 유동성 프리미엄이 있습니다. 그러므로 여유가 있으면 인프라에 장기간 넣어두고 그 수익을 복리로 쌓아가는 것이 좋습니다.

주식의 경우 전체 주식지수와 포트폴리오로 만든 것은 수익률이 끝없이 올라가지도 끝없이 떨어지지도 않습니다. 종목은 90퍼센트 떨어지거나 영원히 사라질 수도 있지만 주식시장 인덱스는 그렇지 않습니다. 독성도 오래 놔두면 점차 소멸되듯 주식을 포트폴리오로 보유하면 위험이라는 독성이 줄어듭니다. 결국 주식과 채권을 포트폴리오로 보유하되 장기로 두는 것이 돈을 버는 방법입니다.

우리나라의 개인연금, 퇴직연금이 보유한 해외자산 비중은 다른 나라 연기금이 보유한 것에 비해 매우 낮습니다. 물론 국민연금의 경우 15~20퍼센트로 해외자산 비중을 늘리고 있습니다. 따라서 우리는 자신도 모르게 해외자산을 갖고 있는 셈이지만, 아직 자산에 비해 글로벌 분산 비중이 너무 낮습니다.

그러면 글로벌 분산을 늘려야 하는 이유를 살펴봅시다.

224쪽 그래프가 보여주듯 닛케이225지수(일본 주가지수)는 1990년이 절정이었습니다. 일본은 침체기를 26년째 이어가는 중이니 그러려니 할 수 있지만 대만은 왜 이런 걸까요? 제가 4~5년 전에 대만

에 갔는데 그 무렵 대만은 해외채권이 60퍼센트를 차지했고 국내 주
식펀드는 죽을 쑤고 있었습니다. 그래서 주가지수를 그려보니 그 모
양이 그래프처럼 나타났습니다.

대만과 일본은 경제를 움직이는 동력이 한국과 비슷한 나라입니
다. 두 나라는 제조업, 그러니까 배나 자동차를 만들어 수출함으로
써 경제 활성화를 도모합니다. 이와 비슷한 나라는 또 있습니다. 바
로 독일이지요. 그런데 독일은 통화 통합으로 주가가 옆으로 기어가
는 일본이나 대만과는 다른 행보를 보이고 있습니다. 그 이전만 해
도 일본의 엔화와 독일의 마르크화는 같이 움직였습니다. 그러다가
통화 통합으로 마르크화가 유로화로 바뀌면서 독일은 이 저주에서

일본과 대만의 주가지수 추이

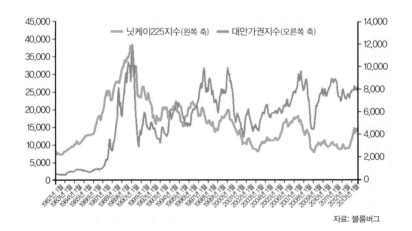

자료: 블룸버그

벗어나고 일본과 대만은 그대로 남은 것입니다.

제조업이 발달할수록 투자수요는 줄어듭니다. 기업 규모가 커지면 인건비 역시 상승하는데 이때 기업은 분산을 위해 해외투자를 늘립니다. 설령 M&A를 해도 국내기업이 아니라 해외기업을 사들입니다. 최근 삼성전자가 사들인 기업이 그것을 단적으로 보여줍니다.

규모가 커진 기업은 공장도 해외에 짓습니다. 그만큼 국내에는 투자수요가 줄어듭니다. 이런 탓에 제조업을 기반으로 성장을 추구해온 나라는 함정에 빠지고 맙니다. 일본의 경우 90년대 초반에 산업 공동화가 심하게 일어났습니다. 엔화 강세로 기업들이 모두 인도네시아나 베트남에 공장을 지은 것입니다. 이는 곧 국내 투자수요 감소를 의미합니다. 한국 역시 그 덫에 빠져들고 있습니다.

물론 글로벌 기업의 수익성은 좋아집니다. 해외에서 벌어들이는 것도 지분법으로 국내에 들어오므로 수익성이 좋고 주가는 오릅니다. 그렇지만 국내 고용이나 투자에 기여하는 바는 거의 없습니다. 결국 국내 성장률과 취업률은 떨어지는 반면 기업의 주가는 오르는 양극화 현상이 일어납니다.

대만은 지난 20년 동안 그 덫에 걸려 허덕였고 한국도 그 국면에 접어들고 있습니다. 이미 투자수요가 해외로 나가고 있는 데다 소비수요마저 줄어들고 있습니다. 여기에는 그럴 만한 이유가 있습니다. 무엇보다 베이비부머들의 퇴직이 이어지면서 소득이 대폭 줄어들었습니다. 늘 들어오던 소득이 사라졌는데 지출은 그대로이면 순간적으로 사람들은 충격을 받아 소비를 완전히 줄입니다.

약 15년 전 미국에서 '왜 사람들은 퇴직 이후 5~10년 동안 소비를 왕창 줄일까?'라는 연구보고서가 나온 적이 있습니다. 퇴직하고 처음 플러스(소득) 없이 마이너스(지출)만 일어나는데 어떻게 마음껏 소비할 수 있겠습니까? 대개는 5~10년 동안 눈치를 보다가 슬금슬금 지출을 시작합니다.

한국의 베이비부머들이 이 단계에 접어들고 있습니다. 이에 따라 투자수요와 소비수요가 눈에 띄게 얼어붙으면서 주가가 박스권에서 벗어나지 못하고 있습니다. 결국 자산을 운용하거나 투자하는 사람들은 나라의 안위를 바라는 마음과 별개로 위험을 회피하기 위해 분산투자를 선택합니다.

만약 한국의 주가가 해외만큼 더 오를 가능성이 있다면 한국 주식을 갖고 있는 것이 맞습니다. 반면 해외주식이 오르는 것만큼 오르지 못하면 당연히 분산해야 합니다.

기술혁신, 고령화, 중산층 증가

한국의 주식시장은 너무 한쪽에 편중되어 있습니다.

227쪽 그래프는 핀란드 사례로 노키아에 집중된 핀란드 주가는 노키아가 떨어지면서 전체적으로 엄청나게 떨어졌습니다. 한국도 현대차와 삼성전자의 비중이 시가총액에서 30퍼센트를 차지하고 있는데 이것은 대단한 비중입니다. 일본 역시 이런 시기를 겪었으나 당시 대기업 비중이 시가총액 대비 2~2.5퍼센트였습니다.

핀란드는 한두 개 기업에 집중되어 있을지라도 완충장치가 있고 일본에는 중소기업이 많습니다. 한국은 지금까지 대기업 위주로 이끌어왔는데 대기업이 정체되면 리스크가 커지므로 글로벌 분산을 해야 합니다. 현재 5대 그룹이 상장사 전체 순이익에서 차지하는 비중이 무려 51퍼센트입니다. 완전히 집중되어 있는 것입니다.

많은 사람이 4차 산업을 이야기하는데 한국은 하드웨어와 중공업의 비중이 80퍼센트에 이릅니다. 이는 코앞에 다가온 4차 산업혁명

노키아와 핀란드 주가

자료: 블룸버그

에 대한 대비가 미약하다는 얘기입니다. 지금은 무엇보다 빨리 구조조정을 하고 자원을 경제의 다른 부문으로 옮기는 것이 중요합니다.

외환위기 때 우리는 비록 강제로 이뤄졌지만 굉장히 빠른 속도로 구조조정을 했습니다. 덕분에 불과 2~3년 만에 500퍼센트이던 부채비율이 100퍼센트로 낮아졌습니다. 과도한 중복투자를 일거에 퇴치하면서 한국이 세계적으로 주목을 받기도 했지요.

지금 한국은 두 번째 위기 국면에 들어섰는데 이번엔 그리 만만치 않습니다. 즉, 지금은 4차 산업으로 이동하는 시기고 그만큼 위험부담이 크므로 자산을 분산해야 합니다. 다시 말해 미래 트렌드를 보고 글로벌 분산을 해야 합니다.

글로벌한 추세, 즉 트렌드를 이끄는 자산은 229쪽 그래프처럼 우상향으로 올라갑니다. 이러한 추세를 보이는 자산에 투자해야 합니다. 이 자산은 사이클상 떨어져도 다시 추세를 타고 올라갑니다. 반면 추세가 없는 자산은 일단 떨어지면 영원히 그 가격을 유지할 수 있습니다.

언젠가 트럼프가 이런 말을 했습니다.

"돈을 벌려면 사회의 흐름을 잘 알아야 한다. 흐름을 잘 아는 사람이 큰돈을 번다."

그 흐름이 바로 추세이자 트렌드입니다. 현재 가장 큰 트렌드는 고령화입니다. 좀 과장을 하자면 이것은 앞으로 100년, 최소한 70년 동안 이어질 엄청나게 강한 트렌드입니다.

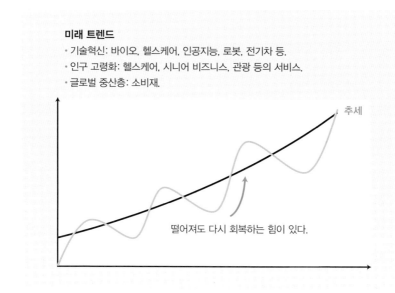

미래 트렌드와 이를 이끄는 자산의 힘

미래 트렌드
• 기술혁신: 바이오, 헬스케어, 인공지능, 로봇, 전기차 등.
• 인구 고령화: 헬스케어, 시니어 비즈니스, 관광 등의 서비스.
• 글로벌 중산층: 소비재.

추세

떨어져도 다시 회복하는 힘이 있다.

선진국은 이미 고령화에 들어가 있고 한국은 곧 고령화에 접어듭니다. 앞으로 7년 정도면 중국이 고령화에 접어들지요. 14억 인구를 자랑하는 나라가 고령화에 접어드는 것이므로 시장이 어마어마합니다. 그리고 중국이 끝날 때쯤 인도가 여기에 뛰어듭니다. 일단 고령화에 접어들면 50년 동안은 그 여파를 받습니다. 결국 인도나 다른 시장까지 합하면 아시아 시장만 해도 고령화의 여파가 최소 70년에서 100년은 갑니다.

헬스케어에는 바이오나 고급 기술뿐 아니라 애견산업과 미용실 같은 뷰티산업도 포함됩니다. 또 다른 분야로 시니어 비즈니스, 관광, 교육이 있습니다. 요즘 일본에서 유행하는 것이 교육과 관광을 결합한 상품입니다. 미국에서 대학교 강의를 들으며 여행하는 상품도 인기가 좋습니다.

글로벌 중산층 증가도 미래의 트렌드입니다. 국민소득은 1,000달러에서 2,000달러로 오르다가 갑자기 7,000달러, 심지어 1만 달러로 확 올라갑니다. 이렇게 국민소득이 올라가면 중산층이 대거 형성됩니다. 국민소득이 1,000달러일 때와 1만 달러일 때의 중산층 소비는 완전히 달라집니다. 현재 중국의 국민소득이 7,000~8,000달러인데 1,000달러일 때에 비해 소비시장이 상당히 커졌습니다. 글로벌 중산층 증가는 곧 소비시장 증가로 이어집니다.

결론적으로 기술혁신, 인구 고령화, 중산층 증가라는 세 가지 트렌드에 맞춰 자산을 분배하는 것이 좋습니다. 즉, 전체 자산에서 이 부분의 비중을 높이는 것이 바람직합니다. 특히 장기적으로 승부할 때는 가격 변동성이 낮아 수익률과 배당률이 높은 소비재가 좋습니다.

미국의 50년 데이터를 보면 수익률이 높았던 상위 20개 종목 중 16개가 소비재와 헬스케어입니다. 이 중에서 헬스케어가 3개이고 나머지는 소비재입니다. 소비재가 배당주와 마찬가지로 노후 투자 자산으로 적합한 이유가 여기에 있습니다. 변동성이 커서 기업이 갑자기 사라지기도 하고 생기기도 하는 분야는 재산이 많은 사람이나 젊은 사람이 투자하기에 적합합니다.

글로벌 분산을 하되 추세가 있는 곳에 투자하면 분산 효과가 2배로 높아집니다. 부동산은 첫째도 입지, 둘째도 입지, 셋째도 입지입니다. 마찬가지로 금융은 첫째도 분산, 둘째도 분산, 셋째도 분산입니다. 개중에는 분산하면 돈을 벌지 못한다고 말하는 사람도 있습니다. 집중 투자해야 돈을 번다는 것이지요. 물론 그 말은 맞습니다. 문제는 집중 투자해서 돈을 버는 사람이 100명 중 몇 명인가에 있습니다. 젊다면 몰라도 노후에 100명 중에서 5명이 돈을 버는 곳에 베팅을 하면 안 됩니다. 노후에는 철저하게 분산투자, 그것도 글로벌 분산을 해야 합니다.

배당의 시대가 온다

지난 50여 년 동안 한국은 자본축적시대를 거쳐 왔습니다. 대표적으로 포스코나 조선소, 현대차 공장에 가면 엄청난 기계를 볼 수 있는데 그것이 지난 50년 동안 한국이 축적한 자본입니다. 지금은 투자가 많이 줄어들었고 설령 투자를 해도 해외에 하고 있습니다.

많은 기업이 현금을 잔뜩 쌓아놓고도 투자할 곳이 없다고 하는데 이는 당연한 과정입니다. 어떻게 계속 자본을 늘려가면서 고수익을 올리겠습니까? 앞으로는 달라질 것입니다. 기업이 예전 같은 수익을 낼 수 없기 때문입니다. 예전에는 돈을 쌓아놓고 투자해 공장을 늘리는 '곳간의 시대'였지만 이제는 번 돈을 나눠주는, 즉 배당을 하는 '우물의 시대'로 나아가야 합니다. 자본축적시대에서 배당의 시대로 가야 한다는 말입니다.

아직까지는 기업이 배당률을 높이지 않지만 향후 지배구조 개선과 함께 배당의 시대가 오리라고 봅니다. 저성장 시대에는 현금흐름이 좋은 자산이 수익성 면에서 유리하기 때문입니다. 특히 미국처럼 경제가 안정된 상황에서는 이러한 자산의 장기수익률이 훨씬 더 좋습니다. 현금흐름이 좋으면 장기적으로 자산 가격이 오르지 않더라도 수익을 올릴 수 있습니다.

만약 20년간 가격이 오르지 않더라도 2퍼센트만 받으면 원금에서 50퍼센트 정도는 받는 셈입니다. 예를 들어 브라질 국채에 투자해 10퍼센트를 받을 경우 10년 후면 원금이 날아가든 말든 원금의 액수만큼은 챙깁니다. 그러므로 현금흐름 자산을 반드시 확보해야 합니다. 이것이 가격변동성을 낮추고 안정성을 취하는 방법입니다.

앞으로 수명은 계속 길어질 테고 우리는 세 가지 수명을 잘 관리해야 합니다.

우선 건강을 잘 챙겨 내 몸의 가치를 계속 싱싱하게 유지하는 것이 중요합니다. 그래야 근로수명도 늘어납니다. 근로수명을 늘리는 데는 몸을 튼튼히 하는 것뿐 아니라 자신에 대한 투자도 필요합니다. 투자수익률로 따지면 금융자산 수익률보다 나에 대한 수익률이

현금흐름이 좋은 자산은 변동성을 낮춘다

- 노후 인출 흐름과 매칭 가능.
- 배당소득이 높을수록 가격 변동성이 낮아짐.
- 자산 가격이 오르지 않아도 수입은 지속됨.
- 배당소득이 높을수록 장기성과가 좋아짐.

총수익 = 배당소득 + 자본차익

더 좋습니다.

돈의 수명은 음양의 태극처럼 보수적·방어적인 연금과 적극적인 투자를 잘 섞어 조화를 이루게 해야 합니다. 특히 투자는 장기자산에 장기간 투자하기, 글로벌 분산하기, 현금흐름이 있는 자산에 투자하기를 실천해야 합니다.

투자는 한마디로 야생마입니다. 야생마가 싫다고 비루한 말을 탈수는 없습니다. 가장 좋은 방법은 야생마를 잘 길들이는 것입니다. 야생마를 잘 길들이는 방법이 바로 장기자산에 장기간 투자하는 것과 현금흐름이 있는 자산을 글로벌하게 분산하는 일입니다.

이러한 원칙 아래 노후의 험난한 파도에 맞설 튼튼한 배를 만들기 바랍니다.

김병민

한국주택금융공사 연금기획팀장. 저성장 기조 속에 은퇴자들에게 좋은 반응을 얻고 있는 주택연금을 국내에서 가장 잘 아는 전문가다. 김 팀장은 주택연금을 어떻게 이용하는 것이 효율적인지, 가입 후에도 이사할 수 있는지, 집의 소유권을 다시 돌려받을 수 있는지 등 은퇴자들의 다양한 궁금증을 풀어준다.

10장

노후 걱정, 집으로 해결하자

주택연금활용법

김병민, 한국주택금융공사 연금기획팀장

준비 없는 노후는 불행하다

우리는 노후를 얼마나 걱정하고 있을까요? 주택이 연금이 되는 시대에 우리는 주택연금을 어떻게 활용해야 할까요? 지금부터 내집 연금3종세트와 주택연금에 관한 오해와 진실을 살펴봅시다.

영국의 사회학자 피터 래슬릿(Peter Laslett)은 인생을 4기로 나누었습니다.

래슬릿의 인생 4기 분류

1기	2기	3기	4기
의존적 사회화 교육의 시기.	독립해 가정을 이룸. 직업을 갖고 자녀출산양육의 시기.	은퇴. 개인적 성숙의 시기. 은퇴 후 건강하게 지내는 시기.	건강 악화로 의존적이 됨. 죽음에 이르는 시기.

1기는 독립 전에 의존생활을 하는 시기, 2기는 직장생활을 하면서 독립적으로 생활하는 시기, 3기는 은퇴 후 개인적 성숙기로 내가 하고 싶은 일을 할 수 있는 시기입니다. 과거에는 3기가 되어 은퇴하면 쓸모없는 인간, 별다른 기능이 없는 인간이라는 부정적 시각이 있었지만, 래슬릿은 노년도 아름답게 보낼 수 있다는 것을 강조합니다.

물론 3기에 아름다운 노년을 보내려면 인생을 잘 설계해야 합니다. 2016년 1월 1일부터 우리나라는 300인 이상 사업장의 경우 정년이 60세로 바뀌었습니다. 그리고 2017년 1월 1일부터는 상시 종업원이 300인 미만인 사업장도 정년이 60세로 바뀝니다. 법적인 공식 퇴직연령이 아직까지 OECD 평균인 65세에 미치지 못하는 상황입니다.

그런데 현실적인 은퇴연령은 그보다 빠른 50세, 55세 전후입니다.

자신의 의사와 상관없이 그 연령대가 되면 소위 명예퇴직이라 하여 구조조정을 당하는 일이 다반사로 일어나고 있습니다. 우리는 이미 구조조정이나 명예퇴직이라는 말에 익숙해져 있습니다.

사실 정년을 꽉 채운 뒤에 은퇴해도 노후를 마음껏 즐길 수 있는 사람은 많지 않습니다. 대개는 노후준비가 되지 않아 은퇴 후에도 11년 정도를 더 일합니다. 외국은 공식 정년연령 64.79세, 실제 은퇴

은퇴하지 못하는 한국

OECD 주요국 남성의 공식 은퇴연령과 실제 은퇴연령 비교

공식 퇴직연령 (평균 64.79)		실제 은퇴연령 (평균 64.13)	
이탈리아	66	71.1	한국
일본		69.1	일본
스위스		66.1	스위스
스웨덴		66.1	스웨덴
미국		65.0	미국
호주		64.9	호주
영국	65	63.7	영국
네덜란드		63.6	네덜란드
덴마크		63.4	덴마크
스페인		62.3	스페인
독일		62.1	독일
프랑스		61.1	이탈리아
벨기에		59.7	프랑스
한국	60	59.6	벨기에

자료: OECD, 한국노동연구원

연령 64.13세로 정년연령과 은퇴연령이 비슷합니다. 그러나 은퇴 후에도 생계를 위해 10년 넘게 일해야 하는 한국인이 래슬릿이 강조한 행복한 노년을 누리기는 어려운 일입니다.

과거의 추세를 보면 1980년대의 기대수명은 65.7세였습니다. 1980년대에 태어난 아이가 앞으로 몇 살까지 살지 예측한 나이가 65.7세였던 것입니다. 그리고 그때의 금리는 24퍼센트였습니다.

그렇지만 그림이 보여주듯 2014년에는 기대수명이 81.9세로 늘어난 상황에서 금리는 2퍼센트 아래로 뚝 떨어졌습니다. 2016년 말 통계청에서 발표한 자료에 따르면 기대수명은 82.1세로 늘어났습니다. 수명이 늘어난다는 것이 마냥 축복일 수만은 없습니다. 준비 없는 노후는 오히려 불행일 수도 있습니다. 만약 60세에 은퇴해서 80세

고령화와 저금리

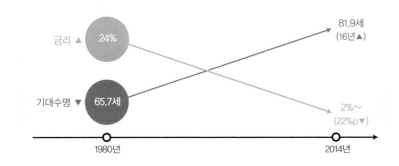

자료: IMF, 한국은행, 한화생명 은퇴연구소

까지 산다면 20년 동안 어떻게 지낼 계획입니까?

금리가 높던 시절에는 통장에 1억 2,000만 원을 넣어두면 이자로 월 100만 원을 받을 수 있었습니다. 하지만 금리가 2퍼센트일 때 월 100만 원을 받으려면 통장에 6억 원을 넣어두어야 합니다.

사실 저금리는 이자생활자에게 치명타입니다. 이미 노후에 과거처럼 이자로 생활하는 것은 불가능합니다. 대통령에 당선된 트럼프의 영향으로 국내 채권가격이 하락하고 있으니 금리가 오르긴 할 겁니다. 그렇지만 과거처럼 금리가 10퍼센트대로 오르지는 않습니다. 현재보다 조금 오르긴 해도 기본적으로 저금리 기조를 유지할 것입니다. 결국 이자생활에 대한 인식을 바꿔야 합니다. 이자로 생활하기 어려운 상황에서는 일을 하는 수밖에 없습니다.

월급 대신 주택연금

고령층 인구는 계속 늘어나고 있습니다. 2010년 고령화사회로 진입한 한국은 2017~2018년 고령사회, 즉 65세 인구가 전체 인구의 14퍼센트를 넘는 사회로 진입할 전망입니다. 이는 노인을 부양해야 할 생산가능인구가 줄어든다는 의미입니다. 그러면 지금 65세 이상 소득하위 75퍼센트는 기초연금을 받습니다. 이것이 계속 쌓이면 연금 재정이 부실해질 우려가 있습니다.

앞으로 고령층은 갈수록 늘어나고 100세까지 사는 사람도 많아질 것입니다. 만약 나를 위해 세금을 낼 국민이 줄어들면, 다시 말해 일하는 사람이 적으면 세금으로 운영하는 기초연금이 존속할 수 있을까요? 기대수명을 보면 65세 이후 남자는 18년, 여자는 22년을 더 삽니다. 65세 이후 이들에게 들어가는 의료비는 남자의 경우 평생의료비의 50.5퍼센트, 여자는 55.5퍼센트를 차지합니다. 65세 이후의 의료비 문제가 하나의 사회적 문제로 떠오를 가능성이 큽니다.

그러면 부모 부양에 대한 사람들의 생각은 어떨까요? 다음의 통계청 조사결과를 보면 가족이 부모를 부양해야 한다는 응답자가 34퍼센트에 불과합니다. 나머지 66퍼센트는 국가나 사회가 같이 부양해

부모 부양에 대한 인식 변화

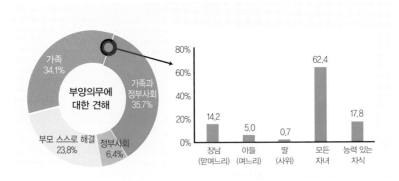

자료: 통계청 사회조사, 2015년

야 한다고 응답했습니다. 이제 내 노후는 스스로 고민해야 하는 시기가 왔습니다.

부모가 자녀에게 의지하는 것은 자녀에게도 고통입니다. 요즘 베이비부머 세대는 '마지막으로 부모를 부양하는 세대이자 처음으로 자녀에게 부양받지 못하는 세대'로 불립니다. 실제로 부모는 의료기술 발달로 장수하고 있고 자녀들은 경기침체로 독립 시기가 점점 늦어지고 있습니다.

문제는 실제 은퇴연령이 50대 중반인 상황에서 베이비부머 세대가 부모와 자식을 모두 부양해야 한다는 데 있습니다. 그러다 보니 자신을 위해 노후를 대비할 틈이 없습니다. 결국 부모가 돌아가시고 나면 이들은 자식에게 기대지도 못하고 노후를 걱정해야 합니다. 부모와 자식을 부양하느라 모아둔 돈이 없기 때문입니다.

부양 책임을 완수하고 정말로 손에서 일을 놓아야 하는 시기가 되었을 때, 베이비부머 세대는 막막합니다. 기댈 데가 없는 상황에서 국가의 생산가능 인구마저 점점 줄어들어 기초연금을 받는 것도 불안정한 탓입니다.

은퇴 이후의 삶을 준비하려면 내 통장구조를 바꿔야 합니다. 은퇴 이후 통장을 무엇으로 채울 것입니까? 이자소득, 배당소득이 있으면 좋겠지만 저금리 시대라 대부분의 중산층이 이자소득으로 버티기가 어렵습니다. 그러니 다른 대안을 찾아야 합니다. 그 대안 중 하나가 2007년 도입한 주택연금제도입니다.

우리나라 노년층의 73.9퍼센트는 집을 갖고 있습니다. 시골의 몇천만 원짜리부터 강남의 몇 십억 원짜리까지 자신의 형편에 맞게 집을 보유하고 있는 것입니다. 그 집을 현금화하자는 것이 주택연금의 기본 개념입니다.

아마도 많은 사람이 그 집을 마련하기 위해 그동안 열심히 일해왔을 것입니다. 이제는 일하기가 곤란하니 대신 집이 일하게 하자는 겁니다. 임대소득을 올린다면 다행이지만 그것이 어렵다면 주택연금으로 집이 일하게 할 수 있습니다. 통장에 월급 대신 주택연금이 들어오는 방식입니다.

주택연금은 집을 소유한 60세 이상 어르신이 집을 담보로 맡기고 자기 집에서 평생 살면서 일정 기간 혹은 평생 연금 방식으로 생활비를 받는 제도입니다. 이것은 국가가 보증합니다. 국민연금은 국민연금법에 국가가 보증한다는 조항이 없습니다. 반면 주택연금은 부실해지거나 문제가 생기면 정부에서 지원한다는 조항이 한국주택금융공사법에 들어가 있습니다. 즉, 주택연금은 국가가 보증하는 제도입니다.

주택연금 신청자격은 243쪽 표와 같습니다. 나이는 만 60세 이상이지만 부부 중 한 명만 해당되면 가능합니다. 심지어 부부 중 한 명이 60대이고 다른 한 명이 30대여도 가입할 수 있습니다. 대신 연금은 적은 연령기준으로 줍니다.

주택 기준은 본래 9억 원 이하 1주택을 원칙으로 했는데 지금은

주택연금 신청자격

나이	만 60세 이상(주택소유자 또는 배우자 중 한 명). • 확정기간방식은 부부 중 연소자가 만 55~74세.
주택보유	부부기준 9억 원 이하 1주택 소유자. • 9억 초과 2주택자는 3년 이내 비거주 1주택 처분. • 보유주택 합산가격 9억 원 이하 다주택자.
대상주택	주택 및 노인복지주택(지방자치단체 신고) 중 실제 거주하는 한 채. • 확정기간방식은 노인복지주택 제외.

* 치매 등 정신적 제약이 있는 어르신도 법정대리인을 통해 신청 가능.

합산해서 9억 원 이하면 가능하도록 제도를 개선했습니다. 예를 들어 5억 원짜리에 살고 있는 사람이 상속으로 3억 원짜리 집을 받는 경우도 있기 때문입니다. 자신이 소유한 주택가격이 모두 합해 9억원 이하면 내가 살고 있는 집 기준으로 가입 가능합니다. 7억 원짜리집에 살고 있는데 3억 원짜리 집을 상속받아도 가입이 가능합니다. 단, 상속받은 집을 3년 내에 처분해야 합니다.

집은 모든 형태가 가능하지만 아직 주거용 오피스텔은 해당되지 않습니다. 조만간 9억 초과 주택과 오피스텔도 가입할 수 있도록 법 개정을 추진하는 중입니다.

그럼 연금은 언제까지 받는 것이 좋을까요? 사실 이것은 종신이 최고입니다.

가입자 중 종신 방식으로 받는 사람이 90퍼센트가 넘습니다. 확정

주택연금 지급 종류

| 1. 종신연금 | 매월 월지급금을 종신까지 지급받는 방식. |
| 2. 확정기간 | 매월 연령별로 선택가능 한 지급기간 동안
월지급금을 받는 방식.
– 종신지급 대비 최대 80% 더 많은 월지급금 수령.
※ 선택기간: 10년, 15년, 20년, 25년, 30년. |

70세, 3억원 주택 보유자
– 종신연금(정액형) 97만 원 vs. 확정기간(15년) 120만 원.
– 어느 것을 선택하더라도 종신거주 보장.

기간은 공무원연금을 받거나 자식에게 용돈을 받거나 계속 일하는 경우 연금수령기간을 정해놓고 연금을 받는 것입니다. 이 경우 종신연금보다 월 수령액이 많습니다. 예를 들어 70세에 3억 원짜리 집을 소유하고 있다면 종신은 97만 원을 수령하는데, 확정기간을 15년으로 하면 120만 원을 수령할 수 있습니다. 물론 둘 다 그 집에 계속 사는 것을 보장합니다.

간혹 주택연금의 월 지급금이 너무 적다고 생각하는 사람들도 있습니다. 그러면 현재 살고 있는 집을 월세로 내줄 경우 얼마를 받을 수 있을까요? 주택연금은 나중에 집값보다 더 많이 살아도 임대료를 낼 필요가 없습니다. 주거비를 계산하지 않은 월 지급금인 셈입니다.

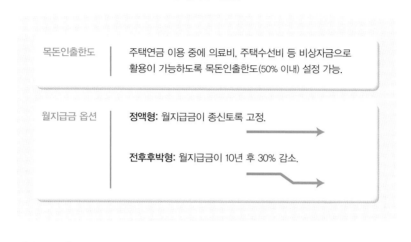

주택연금 계산법

목돈인출한도	주택연금 이용 중에 의료비, 주택수선비 등 비상자금으로 활용이 가능하도록 목돈인출한도(50% 이내) 설정 가능.
월지급금 옵션	**정액형**: 월지급금이 종신토록 고정.
	전후후박형: 월지급금이 10년 후 30% 감소.

주택연금 계산에는 두 가지 선택사항이 있습니다.

하나는 마이너스 통장처럼 한도를 설정해놓고 의료비나 해외여행, 등록금처럼 목돈이 들어가는 일에 쓰는 것입니다. 다른 하나는 월 지급금 옵션으로 여기에는 정액형과 전후후박형이 있습니다. 정액형은 매월 같은 금액을 받는 것이고, 전후후박형은 10년 동안은 종신보다 많이 받고 10년 후에는 처음 받는 것의 70퍼센트를 받는 방식입니다. 다른 연금을 마련해놓은 사람들이 주로 이 방식을 선택합니다.

연금은 나이와 집값을 기준으로 결정합니다. 나이가 많고 집값이 높을수록 연금액이 많습니다. 즉, 사망 시점이 가까운 연령일수록 많이 지급하는 것입니다. 이는 가입자가 그 집의 가치를 빨리 누려야 하기 때문입니다. 사실 기대여명 여자 85세, 남자 79세까지 살면 집의 가치는 모두 찾아 쓰는 셈이고, 그 이후까지 살면 남는 장사입니다. 집값은 시가를 100퍼센트 반영합니다.

주택연금은 정책금융상품으로 여기에는 원가나 이윤이 포함되어 있지 않습니다. 그래도 이자는 받습니다. 2016년 11월 말 기준 시중 은행 주택담보대출 금리가 3.4~3.5퍼센트인데 이보다는 낮은 수준입니다. 또한 연금상품이므로 가입자가 누리는 혜택에 대해 일정한 가입비와 연보증료를 받습니다. 현금 납부 방식은 아니고 연금에 가입하면 최대 30만 원의 설정비만 발생할 뿐 나머지는 주택연금 금융상품 시스템 안에서 모두 해결합니다. 예를 들어 연금 100만 원을 받으면 그중 얼마를 비용으로 내는 것이 아니냐고 생각할 수도 있지만 그렇지 않습니다.

연금은 부부가 모두 사망하면 지급이 중단됩니다. 주택소유권을 상실하거나 실거주가 확인되지 않거나 장기간 미거주할 때도 마찬가지입니다.

한쪽 배우자가 사망했을 경우 생존한 배우자가 채무를 인수하면 계속 지급됩니다. 주택이 재개발과 재건축에 들어갈 경우에도 주택연금은 계속 받을 수 있습니다. 질병 또는 요양으로 장기간 집을 비우는 경우에는 신고를 하면 지급됩니다. 9억 원 초과 주택을 처분하지 않을 경우 지급이 중단되는데 중단 사유를 해소하면 미지급금을 일시에 지급합니다. 그리고 주택연금은 이용하는 도중에라도 연금을 정산하면 언제든 계약을 종료할 수 있습니다. 이때 별도의 수수료는 없습니다.

가급적 가입하기 전에 신중하게 고민해서 도중에 해지하지 않는 것이 좋습니다. 주택연금은 가입 후 오래 살아야 이익인데 가입한 뒤 해지하면 중간에 납부한 가입비를 돌려받을 수 없습니다. 대신 주택을 처분했을 때 모자라는 부분은 국가가 보장합니다. 이를 비소구대출이라고 하는데 대출 잔액이 집값보다 많아도 상속인에게 부

주택연금 중단 조건

부부 모두 사망, 주택 소유권 상실, 장기 미 거주 등의 경우에만 중단.

1   **부부 모두 사망하는 경우**
- 가입자만 사망하는 경우에는 배우자 채무인수 후 계속 이용 가능.

2   **주택 소유권을 상실하는 경우**
- 매각, 양도로 소유권 이전. 다만, 재개발, 재건축 되어도 계속 이용 가능.

3   **장기 미 거주하는 경우**
- 부부 모두 1년 이상 미 거주. 다만, 병원 입원 및 장기요양 등 예외 인정.

4   **처분조건약정 미 이행 및 주택의 용도 외 사용**
- 소유주택가격 합산 9억 초과 2주택자로 가입 후 3년 내 비거주 주택 미 처분 등.

※정해진 기한 내 지급정지사유 해소 시 연금 계속 지급(미수령액 일시금 지급).

주택연금 정산 방법

계약종료 시 상환해야 하는 금액은
최대 주택처분금액 범위 내에서 이용한 연금지급총액.

1 **직접상환**
- 이용 도중 언제든 상환 가능(별도 수수료 없음).
  연금지급총액(연금수령액 + 가입비 + 연 보증료 + 대출이자)을 직접 상환.

2 **주택을 처분하여 상환**
- 주택을 처분한 금액 범위 내에서 연금지급총액 상환.

| 주택처분금액 < 연금지급총액 | = | 부족해도 더 청구하지 않음. |
| 주택처분금액 > 연금지급총액 | = | 남은 부분은 상속인에게 상속됨. |

족분을 청구하지 않습니다. 그래서 자녀에게 부채를 안겨줄 일이 없습니다.

집, 살면서 연금도 받는다

2016년 4월 초 내집연금3종세트가 나왔는데 이것은 주택연금을 특화한 것입니다. 1종은 주택담보대출 상환용입니다. 2016년 말 현재 금리가 계속 오르는 상황에서 어르신들의 평균 대출금은 6,000만~8,000만 원입니다. 이것을 주택연금에서 목돈일시대출로 상환하고 연금을 받는 방식으로 바꾸면 가처분소득이 증가합니다. 2종은 주택연금 사전예약 보금자리론입니다. 40~50대가 보금자리대출을 받을 때 60세 이후 주택연금에 가입하는 것으로 약정하면 주택연금으로 전환할 경우 연금을 받는 것입니다. 이때 대출 잔액의 0.15~0.3퍼센트의 인센티브를 줍니다. 3종은 우대형 주택연금입니다. 이것은 내가 집을 한 채 갖고 있는데 금액이 1억 5,000만 원 이하면 월 지급금을 15퍼센트 더 받는 것입니다.

2016년 말 현재 주택연금에 약 3만 8,000명이 가입했습니다. 10년이라는 기간으로 따지면 작은 숫자로 보일 수도 있지만 이는 미국인이 23년 동안 가입한 실적과 같습니다. 어쩌면 한국 은퇴 세대의 삶이 그만큼 팍팍한 것인지도 모릅니다.

이 주택연금은 어떻게 활용하는 것이 좋을까요? 한국주택금융공사에서 수요 실태를 알아보기 위해 노년층 3,000명에게 설문조사를 했습니다. 그런데 희망소득, 필요소득, 조달수입을 조사한 결과 약 68만 원의 차이가 났습니다. 주택연금의 평균 월 지급금이 98만 원입니다. 따라서 주택연금에 가입하면 68만 원의 부족분이 곧바로 플러스로 바뀝니다. 간단히 생각만 바꾸면 부족한 삶이 풍족한 삶으로 바뀌는 것입니다. 주택연금을 국공채라고 부르는 이유가 여기에 있습니다.

내집연금3종세트

1종
주택담보대출 상환용 주택연금
- 주택연금 일시인출한도를 50% ➜ 70%로 확대해
  빚 갚고 연금 받는 노후설계 지원.

2종
주택연금 사전예약 보금자리론
- 주택연금 전환을 약정한 40~50대 보금자리론 이용자에게
  주택연금 가입시 전환장려금(15bp 또는 30bp)를 지급.

3종
우대형 주택연금
- 1억 5,000만 원 이하 저가주택은 최대 15% 더 지급.

그러면 주택연금의 장점을 간단히 짚어봅시다. 일단 평생 거주하고 평생 연금을 받습니다. 또 국민연금과 달리 배우자 한 명이 먼저 사망해도 남은 배우자가 받던 금액을 그대로 받습니다. 나아가 자녀에게 부채를 남기지 않는 것은 물론 재산세 25퍼센트를 매년 감면받습니다.

그러면 주택연금은 누구에게 유리할까요? 제가 볼 때는 여성 독신자가 가장 유리합니다. 부부의 연령층을 보면 대체로 여자가 남자보다 4세 어리고 4세 더 오래 삽니다. 결국 8년을 더 오래 사는 셈입니다. 이런 까닭에 경제활동을 하지 않는 고령 여성은 생계가 매우 위험한데 이들에게 주택연금은 하나의 대안입니다.

주택연금은 집을 빼앗지 않습니다. 소유권은 가입자에게 있고 언

제든 처분해서 담보저당권을 말소할 수 있습니다. 만약 금리가 오르면 손해일까요? 월 지급금에는 변동이 없습니다. 금리가 아무리 올라도, 즉 1980년대처럼 금리가 24퍼센트 수준이어도 자녀에게 초과지급금액을 청구하지 않습니다. 물가상승률을 반영하지 않는다고요? 국민연금은 소비자물가 상승률을 0.7퍼센트 반영해서 받습니다. 주택연금은 매년 주택가격이 0.7퍼센트 이상 오르는 것을 가정해서 설계했습니다. 즉, 연금 산정금액에 실물자산 가치 상승률, 물가상승률을 이미 반영했습니다.

또한 가입한 집에 평생 살아야 하는 것도 아닙니다. 살던 집이 4억

주택을 국공채로 바꿔주는 주택연금

정부의 다양한 지원	• 재산세 25% 감면, 대출이자비용 연금소득공제. • 기초연금 산정시 소득으로 미반영(연금액 증가 요인).
합리적인 상속	• 집값보다 덜 받으면 자녀들에게 상속. • 집값보다 더 받아도 청구하지 않음(국가 부담).
유족연금 100%	• 가입자 사망 후 감액 없이 배우자도 동일금액 보장. 　(타 공적연금은 감액 후 40~70% 지급)

은퇴 후의 삶을 준비하기 위해 고려해야 할 요소

일 때 똑같이 4억짜리로 이사 가면 월 지급금에 변화가 없고, 5억짜리로 가면 월 지급금이 상승한 1억 원에 맞게 높아집니다. 언제든 이사할 수 있으며 이사 시점의 주택가격으로 월지급금을 조정합니다.

100세까지 사는 걸 가정하면 월 지급금이 너무 적은 것이 아니냐고 생각하는 사람도 있는데, 그 100세는 확률적으로 마지막에 사망하는 사람의 연령을 가정한 것입니다. 그리고 정책금융상품이다 보니 사업운영비가 모두 국가 부담이라 마진이 없습니다. 주택에서 나오는 모든 현금은 가입자에게 돌아갑니다. 특히 주택연금은 공무원연금, 국민연금 같은 다른 연금 수급에 영향을 주지 않습니다. 오히려 기초연금을 받을 때는 플러스 요인이 됩니다.

여러분이 생각하는 노후는 아마 252쪽의 그림과 같을 것입니다.

한마디로 필요 자금은 많은데 준비 자금은 적습니다. 집을 처분하면 시소의 균형에 변함이 없겠지만 그 집을 주택연금을 활용해 유동화하면 현금 수입이 들어와 시소가 내려갑니다. 내 노후가 마이너스 68만 원에서 플러스로 바뀌는 것입니다. 진정한 가치는 거주비에 있습니다. 평생 거주하지만 거주비와 관련해 어떠한 비용도 요구받지 않는다는 것을 이해해야 주택연금의 가치가 보일 것입니다.

원종훈

우리은행 PB사업단을 거쳐 KB국민은행 WM컨설팅부 세무팀장으로 활동 중이다. 국민대학교 부동산 아카데미 및 최고경영자과정에서 세법과 부동산경매과정을, 이화여대 최고경영자과정에서 부동산특별과정을 강의했다. 저서로 《실전에 바로 써먹는 부동산 절세지식 200문 200답》, 《은행원을 위한 실전 세금설계》 등이 있다.

11장

절세 특강
돈 버는 절세전략

원종훈, KB국민은행 WM컨설팅부 세무팀장

세금, 충분히 줄일 수 있다

중국 경전《예기(禮記)》에 '가정맹어호(苛政猛於虎)'라는 말이 나옵니다. 이것은 가혹한 정치는 호랑이보다 무섭다는 뜻으로 지나친 세금에서 비롯된 말입니다.

중국의 어떤 아주머니가 산속의 무덤가에서 울고 있었는데, 마침 제자들과 그곳을 지나던 공자가 왜 우는지 물었습니다. 아주머니는 세 개의 무덤을 가리키며 하나는 호랑이에게 물려 죽은 시아버지 무덤이고 그 옆은 남편의 무덤으로 역시 호랑이에게 물려 죽었다고 했습니다. 나머지 무덤도 호랑이에게 물려 죽은 하나밖에 없는 아들의 무덤이었습니다. 공자가 산 아래 동네에서 안전하게 살지 왜 호랑이가 많은 산속에 사느냐고 묻자, 아주머니는 산 아래에는 호랑이보다 더 무서운 세금이 있다고 말했습니다. 세금을 피해 산기슭에 숨어 산 것입니다.

설마 이런 일이 있을까 싶겠지만 지금도 세금 때문에 국적을 바꾸는 사람까지 있습니다. 세금을 내지 않거나 줄이려고 이혼하는 부부도 있습니다. 세금을 피하기 위해 위장 이혼을 하는 것이지요.

그러면 부동산 관련 세금과 상속·증여 이슈를 살펴봅시다.

먼저 비사업용토지를 다루겠습니다. 과거 참여정부 시절 세금에서 불이익을 주는 두 가지 제도를 만들었습니다. 첫째, 비사업용토지를 팔면 세율이 66퍼센트로 매우 높았습니다. 둘째, 아무리 오랫동안 보유해도 장기보유 특별공제를 해주지 않았습니다. 장기보유 공제도 없고 세금을 66퍼센트나 내면 그 땅은 내 것이지만 정부 지분이 66퍼센트인 것과 똑같습니다. 이명박 정부 들어 이것을 조금 완화했습니다. 다주택자에 대한 규제가 풀리면서 비사업용토지 규제도 풀린 것으로 오해하는 사람도 있지만, 아직 풀리지 않았습니다.

다음의 도표는 부동산을 매각할 때 적용하는 양도소득세 세율로 2015년 기준입니다.

2015년 비사업용토지를 매각하면 기본세율을 적용받았습니다. 기

부동산 매각 시 적용하는 양도소득세 세율(지방소득세율 포함)

과세대상	2015년	2016년 이후
1년 미만 보유한 부동산 등	55% (주택 및 조합원 입주권: 44%)	55% (주택 및 조합원 입주권: 44%)
2년 미만 보유한 부동산 등	44% (주택 및 조합원 입주권: 기본세율)	44% (주택 및 조합원 입주권: 기본세율)
2년 이상 보유한 부동산 등	기본세율	기본세율
1세대 2주택 보유	기본세율	기본세율
1세대 3주택 이상 보유	기본세율	기본세율
비사업용토지 보유	기본세율	기본세율에 10%p 가산
미등기부동산의 전매	77%	77%

본세율이란 종합소득세, 양도소득세 등을 낼 때 적게는 6퍼센트에서 많게는 38퍼센트까지 과세되는 것을 말합니다. 2016년 말 현재 국회에서 최고세율을 40퍼센트로 올리자는 말이 나왔습니다. 바로 이것이 기본세율입니다. 그런데 2015년 세법을 개정하면서 2016년 기본세율에 10퍼센트를 가산했습니다. '10퍼센트 가산'이란 6퍼센트짜리 세율이 16퍼센트가 된다는 얘기입니다. 최고세율 38퍼센트에 10퍼센트를 가산하면 무려 48퍼센트에 달합니다. 여기에다 주민세까지 더하면 세율이 50퍼센트를 넘습니다.

만약 비사업용토지가 있다면 2015년에 팔아야 했을까요? 아니면 2016년에 팔아야 했을까요? 저는 세율이 늘어나도 2016년에 팔라고 권했습니다. 정부가 2015년 세법개정안을 발표하면서 세율을 높이지만 2016년부터 장기보유 특별공제를 해주겠다고 약속했기 때문입니다. 즉, 세율은 높아져도 장기보유 공제가 가능하니 2016년에 팔라고 권한 것입니다. 그것도 정확히 몇 년 이상 보유하는 게 유리한지 계산해서 7년이라는 숫자를 확인했습니다. 7년이 넘으면 보유기간에 대한 공제혜택이 크기 때문에 세율이 올라도 2016년에 파는 것이 유리했습니다.

그러면 이 세법이 어떻게 개정되었는지 살펴봅시다.

2016년부터 보유기간별로 적게는 10퍼센트부터 많게는 30퍼센트까지 장기보유 특별공제를 해주겠다는 것인데, 여기에 문제가 있습니다. 공교롭게도 그 특별공제를 계산하는 시점은 2016년 1월 1일이 출발점입니다. 이미 10년 이상 부동산을 보유했더라도 장기보유 공제를 2016년 1월 1일부터 계산하겠다는 얘기입니다. 결국 2016년, 2017년, 2018년까지 장기보유 공제를 받지 못합니다.

결국 세법 개정으로 세율만 늘어난 꼴이라 2015년에 파는 것이 세금 절약 면에서 더 나은 선택이었습니다. 제가 공연히 거짓말쟁이가 된 셈입니다. 이 일로 인해 비사업용토지 거래가 완전히 가라앉았습니다. 비사업용토지란 전답, 과수원, 대지, 잡종지 등을 말합니다. 이것을 2016년에 팔면 장기보유 공제 없이 세율만 늘어나는 효과가 있는 겁니다.

그런데 정부가 다시 약속을 했습니다. 2017년에 비사업용토지를

토지에 대한 양도소득세 시뮬레이션: 사업용토지 vs. 비사업용토지

양도가액: 10억 원, 취득가액: 2억 원(필요경비는 없는 것으로 가정), 보유기간: 10년

(단위: 원)

	매각시기	사업용토지	비사업용토지		
			2015년 매각	2016년 매각 (현행)	2017년 매각 (개정안)
	양도가액	1,000,000,000	1,000,000,000	1,000,000,000	1,000,000,000
(−)	취득가액	200,000,000	200,000,000	200,000,000	200,000,000
	양도차익	800,000,000	800,000,000	800,000,000	800,000,000
(−)	장기보유특별공제	240,000,000	0	0	240,000,000
	양도소득금액	560,000,000	800,000,000	800,000,000	560,000,000
(−)	기본공제	2500000	2,500,000	2,500,000	2,500,000
	과세표준	557,500,000	797,500,000	797,500,000	557,500,000
(×)	세율	6%~38%	6%~38%	16%~48%	16%~48%
	산출세액	192,450,000	283,650,000	363,400,000	248,200,000
(+)	지방소득세	19,245,000	28,365,000	36,340,000	24,820,000
	총 납부세액	211,695,000	312,015,000	399,740,000	273,020,000

※비사업용토지의 올해와 내년의 양도소득세 차이

※사업용일 때와 비사업용일 때의 양도소득세 차이

팔면 장기보유 특별공제를 당초 취득한 날부터 계산해주겠다는 것입니다. 이제 그 효과가 얼마나 큰지 생각해봅시다. 위의 도표는 이해를 돕기 위해 예를 들어 설명한 것입니다.

가령 10년 전 2억 원에 구입한 비사업용토지가 2016년 말 현재 10억으로 뛰었다고 해봅시다. 이걸 팔면 매매차익이 8억 원입니다. 이 부동산을 2016년에 팔 때와 2017년에 팔 때 세금에 얼마나 차이

가 나는지 계산해보겠습니다.

　현행 기준으로 2016년에 팔 때 약 4억 원을 냅니다. 그런데 2017년으로 넘어가 정부가 약속한 대로 장기보유 특별공제를 받으면 양도세가 2억 7,300만 원으로 줄어듭니다. 무려 세금이 1억 3,000만 원이나 줄어드는 것입니다. 다만, 예정대로 특별공제 약속이 국회를 통과할지는 미지수입니다. 그간 비사업용토지에 대한 세법 개정 추이를 보면 정부가 약속하고 어긴 경우가 상당히 많습니다. 그래서 좀 더 지켜봐야 합니다.

　만약 통과되지 않아 4억을 내야 한다면 사업용 토지로 바꾸는 것도 고려해볼 만합니다. 비사업용토지를 사업용토지로 바꾸면 도표에서 보듯 2억 1,100만 원 가량의 세금을 냅니다.

사업용토지로 바꾸면 세금 단위가 바뀐다

비사업용토지를 사업용으로 바꾸는 방법은 세 가지입니다.

　첫째, 매각일로부터 역산해 3년 중 2년 이상 그 땅을 사업 목적으로 사용합니다. 둘째, 역산해서 5년 중 3년 이상 그 땅을 사업 목적으로 사용합니다. 셋째, 전체 보유기간 중 60퍼센트를 사업 목적으로 사용합니다.

　사업 목적으로 사용한다는 것은 땅의 성격에 따라 다릅니다. 대지

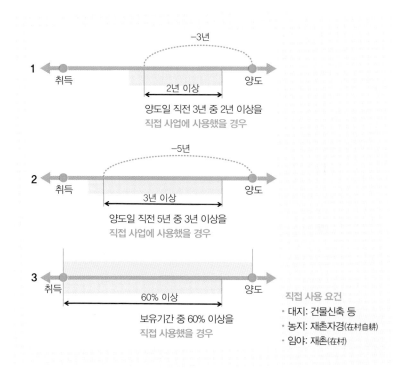

사업용토지 판단을 위한 기간 요건

1
취득 ——— 2년 이상 ——— 양도
−3년
양도일 직전 3년 중 2년 이상을
직접 사업에 사용했을 경우

2
취득 ——— 3년 이상 ——— 양도
−5년
양도일 직전 5년 중 3년 이상을
직접 사업에 사용했을 경우

3
취득 ——— 60% 이상 ——— 양도
보유기간 중 60% 이상을
직접 사용했을 경우

직접 사용 요건
· 대지: 건물신축 등
· 농지: 재촌자경(在村自耕)
· 임야: 재촌(在村)

의 경우 사업용으로 바꾸는 방법은 건물을 짓는 것입니다. 즉, 최소의 노력으로 사업용으로 바꾸려면 건물을 짓고 2년만 기다리면 됩니다. 만약 내가 나대지를 20년간 보유했더라도 매각일로부터 역산해 3년 중 2년 이상 건물이 있었으면 사업용으로 인정받습니다.

일단 건축허가를 내면 6개월 만에 창고 하나를 올릴 수 있습니다. 아주 오래된 땅에 창고를 지어놓고 6개월이나 1년 안에 팔면 여전히 비사업용토지입니다. 꼬박 2년을 기다려야 합니다. 물론 그 기간은 포클레인으로 땅을 파는 순간부터 헤아립니다. 이를 터파기 기준이라고 하는데 이것은 착공계를 제출한 날부터 2년을 계산합니다. 예를 들어 착공계를 제출하고 공사기간이 1년 6개월 걸렸다면, 완공된 지 몇 개월 후에 팔아야 사업용이 될까요? 바로 6개월입니다.

특히 농지는 재촌자경(在村自耕)을 해야 합니다. 즉, 매각일로부터 역산해 3년 중 2년을 농지 소재지에 주소를 옮기고 직접 농사를 지어야 합니다. 임야는 재미있게도 농사를 짓는 땅이 아니므로 임야 소재지에 해당하는 시, 군, 구에 2년간 주소만 옮겨놓으면 됩니다. 인접한 소재지의 시, 군, 구에 2년간 주소를 두어도 상관없습니다.

농지를 사업용토지로 만들려면 세 가지 조건을 충족시켜야 합니다. 농지 소재지 거주, 자경, 농지가 도시지역에 편입되지 않아야 한다는 조건이 그것입니다.

토지이용계획확인원에 보면 주거지역, 공업지역, 상업지역이 나와 있는데 시 지역에 있는 농지로 주거지역, 공업지역, 상업지역에 들어가 있으면 사실상 농지여도 농지에 해당되지 않습니다. 다시 말해 시 지역에 편입된 농지인데 주거지역, 상업지역, 공업지역으로 되어 있을 경우 세법에서는 농지로 인정하지 않습니다. 여하튼 이 세 가지 요건을 충족시키고 최소 2년을 보유해야 합니다.

우리가 주택 한 채를 갖고 있는 경우 매각하면 양도소득세를 면제받습니다. 이때 내가 이사하기 위해 주택을 추가로 구입하면 일시적

농지의 사업용토지로 전환 및 자경 감면

비사업용토지에 해당하는 농지란?

농지(전, 답, 과수원)로서 다음 아래의 어느 하나에 해당하는 것.
- 농지의 소유자가 농지소재지에 거주하지 아니하거나 자기가 경작하지 아니하는 농지.
- 특별시, 광역시 시지역 및 도시지역 안에 있는 농지.
  (다만 도시지역에 편입 후 3년이 경과되지 않은 경우는 제외)

농지가 사업용토지로 되기 위한 조건

1. 농지소재지에 거주해야 한다.

2. 자경을 해야 한다.

3. 도시지역에 편입되지 않아야 한다(편입 후 3년까지 가능).

단, 도시지역 편입 1년 전부터
위 1, 2 요건을 만족해야 함.

사업용토지
판단을 위한
기간요건을
만족해야 함
(최소 기간 2년).

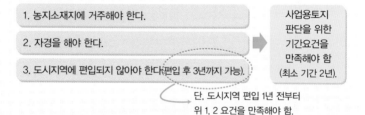

위 요건을 8년 이상 채울 경우, 양도소득세 100% 면제(1억 원 한도).
단, 도시지역에 편입된 지 3년이 경과할 경우에는 양도소득세 감면 불가능.

으로 2주택이 됩니다. 설령 2주택일지라도 3년 동안 1주택으로 봐주는 유예기간이 있으며 3년 내에 팔면 비과세됩니다.

농지에도 이런 혜택이 있습니다. 도시지역에 편입되어 있어도 3년간은 농지로 봐줍니다. 그 안에 요건을 충족시키면 사업용으로 인정받습니다. 농사를 2년 지으면 사업용으로 인정받고, 좀 더 농사를 지어 8년을 채우면 양도소득세가 1억까지 빠집니다. 예를 들어 양도소 득세가 1억 1,000만 원이 나오면 1,000만 원만 내면 됩니다. 농사를 2년 짓고 팔면 사업용, 여기에 6년을 보유해 8년을 채울 경우 양도 소득세가 아예 사라집니다.

대지는 창고를 짓는 것 외에 사업용으로 바꾸는 방법이 또 있습니 다. 바로 주차장으로 쓰는 것입니다. 다음 그림은 실제 사례로 대전 에 있는 한 식당을 묘사한 것입니다.

땅 2필지에 건물이 하나 있는데 이 땅은 사업용입니다. 건물의 맞 은편에는 건물이 없고 손님들을 위한 주차장으로 사용하고 있습니 다. 이건 비사업용입니다. 주차장이 사업용이려면 요건을 갖춰야 합 니다. 우선 유료주차장이어야 하고 땅 주인이 직접 유료주차장 사업 을 해야 합니다. 또한 유료주차장이되 매출이 땅값의 3퍼센트 이상

대지를 사업용토지로 변경한 사례

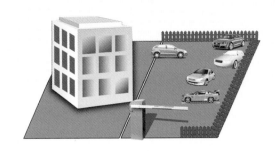

이어야 합니다. 부가가치세를 신고할 때 땅값의 3퍼센트 이상씩 2년간 신고하면 이 땅은 사업용으로 바뀝니다.

식당 주인은 주차장에 울타리를 치고 사업자등록을 내라는 조언을 받아들였고, 2년 후 이 땅을 팔았을 때 양도소득세 3억 원을 줄였습니다. 노력하면 세금을 충분히 줄일 수 있습니다.

상속세, 증여세는 무조건 기준시가가 유리할까

상속세, 증여세는 시가로 계산하는 것이 원칙이지만 기준시가로 계산해도 상관없습니다. 그 이유를 알고 싶다면 부동산에 관한 세금을 계산할 때 적용하는 세금계산의 원칙을 살펴봐야 합니다.

도표에 나와 있듯 재산세와 종부세만 공시가격으로 계산하는 것이 원칙이고 나머지 양도소득세, 상속·증여세, 취득세는 모두 시가가 원칙입니다. 다만 예외로 적용하는 것이 있습니다. 상속세나 증여세는 시가가 원칙이지만 시가를 확인할 수 없을 때는 예외적으로 공시가격으로 계산합니다.

원칙은 시가여도 한국인은 보통 시가가 아닌 공지시가를 선택합니다. 그 이유는 세금이 절반 아래로 떨어지기 때문입니다. 그만큼 공시가격은 시가 대비 저평가되어 있습니다. 강남도 공시가격은 시가의 60~70퍼센트입니다. 지방으로 가면 전답, 과수, 임야의 공시

세금 종류별 재산평가 기준

세금 종류	과세 대상	과세 원칙	예외적 적용

양도소득세	(1) 토지, 건물
	(2) 부동산의 권리
	  ① 지상권, 전세권, 등기된 부동산임
	    차권
	  ② 부동산을 취득할 수 있는 권리
	(3) 주식
	  ① 비상장주식
	  ② 대주주가 보유한 상장주식
	  ③ 장외에서 거래하는 상장주식
	(4) 기타자산
	  ① 특수업종영위법인주식
	  ② 부동산과다보유법인주식
	  ③ 부동산과 함께 매각하는 영업권
	  ④ 특수시설물 이용권
		실거래가액
		(시가)
			예외 없음

상속세 증여세	재산적 가치가 있는 모든 물건	시가 ➡ 공시가액	
재산세 종합부동산세	토지, 건물, 주택 등	공시가액	
취득세	토지, 건물, 차량, 기계장치 등	실거래가액 ➡ 공시가액	

가격이 시가의 절반에도 미치지 못합니다. 공시가격을 선택할 경우 상속세, 증여세를 절약할 수 있으니 모두가 이것을 선택하는 것입니다.

그런데 상속세와 증여세는 무조건 기준시가가 유리한 것이 아닙니다. 공지시가를 선택하면 나중에 양도소득세가 더 늘어납니다. 상속세와 증여세 때문에 공시가격을 선택할 경우 이것이 취득가격이 됩니다. 양도소득세는 무조건 실거래가격인데 취득가액을 공지시가로 적용하면 세금이 늘어날 수밖에 없습니다. 따라서 세금이 조금 늘어나더라도 상속세, 증여세는 시가로 적용하는 것이 유리할 수 있습니다.

시가는 사망일을 기준으로 전후 6개월 내에 상속받은 부동산, 증여는 증여일 기준 3개월 내에 상속·증여받은 부동산에 매매·수용·공매·경매·감정평가가 있으면 이를 시가로 봅니다. 그 기간 내에 이런 것이 없으면 시가로 계산하지 않습니다.

곰곰이 생각해보면 상속세나 증여세를 계산할 때 시가를 적용할 수밖에 없는 부동산 유형 하나가 떠오릅니다. 바로 평준화된 부동산이자 규격화된 부동산인 아파트입니다. 아버지에게 오늘 물려받았고 증여세를 공시가격으로 하려 했는데 그 기간 중에 아파트의 앞집이 팔렸다면 어떨까요? 공시가격이 무효 처리되고 시가로 추징이 이뤄집니다.

물론 어렵긴 하지만 아파트를 공시가격으로 신고할 방법은 있습니다. 일단 증여하고자 하는 부모님이나 배우자에게 정확히 언제 증여할 것인지 날짜를 받아 달력에 표시합니다. 표시한 날을 기준으로 3개월 전부터 노력해야 합니다. 즉, 아파트 단지를 돌아다니며 공인중개사 사무실에서 거래가 없도록 막아야 합니다. 그만큼 어려운 일이죠. 하지만 아파트를 제외한 단독주택 전, 답, 과수원, 상가는 마음만 먹으면 공시지가와 시가 중 선택할 수 있습니다.

그러면 시가를 선택할 때와 공시시가를 선택할 때 어떤 차이가 있
는지 살펴봅시다. 부모님이나 배우자가 사망했을 때 상속세가 한 푼
도 나오지 않는 상속재산 면세점은 10억 원입니다. 아래 그림처럼
어머니는 살아계시고 아버지만 사망한 상태에서 아들이 상속을 받
으면 상속세를 내지 않습니다. 시가가 9억 원이고 공시가격이 7억이
므로, 즉 10억을 넘지 않으므로 상속세를 내지 않습니다. 사실 대한

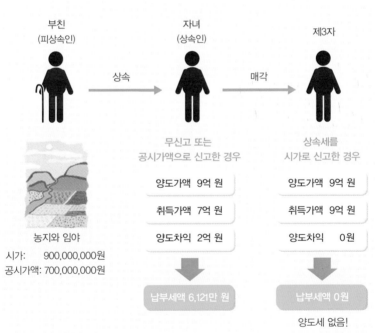

상속세와 증여세를 시가로 계산하는 것이 유리한 경우도 있다

민국 국민의 95퍼센트는 상속세를 내지 않지요. 대개는 취득세를 내고 명의만 옮기면 끝입니다. 이제부터 그렇게 하지 마십시오. 그럼 나중에 상속재산을 매각할 때 어떤 일이 벌어지는지 알아봅시다.

아들이 매각하면 상속세를 신고하지 않아서 혹은 공시가격으로 선택해서 아버지가 돌아가셨을 때의 공시가격이 취득가격이 되는데, 이때 세금이 6,000만 원 이상 나옵니다. 만약 시가로 상속세를 선택하면 나중에 매각할 때 취득가격을 시가로 인정받습니다. 어차피 양도세를 한 푼도 내지 않으므로 시가로 신고하기만 하면 추후 취득가액을 올릴 수 있습니다.

이제 아이에게 증여하기 위해 상속세나 증여세를 계산할 때 시가를 선택할지, 기준시가를 선택할지 그 판단기준을 알아봅시다. 이건 세율을 보면 알 수 있습니다. 먼저 272쪽 상단 양도소득세 자료를 보면 양도소득세 세율은 6퍼센트에서 41.8퍼센트까지 나오는데 과세표준이 1억 5,000만 원 이상이면 이 세율을 적용받습니다. 그러면 이 과세표준을 실제 매매차익으로 바꿔봅시다. 부동산을 매각할 때 1억 5,200만 원이나 2억 1,000만 원이 넘어가면 양도소득세는 최고 세율입니다. 부자가 아니어도 웬만한 부동산을 매각하면 거의 최고 세율입니다.

이것을 272쪽 아래 그래프에 나타난 상속·증여세율과 비교해봅시다.

부동산을 상속·증여받을 때 시가가 유리한지, 아니면 공지시가가

양도소득세의 누진세율(기본세율: 종합소득세와 동일)

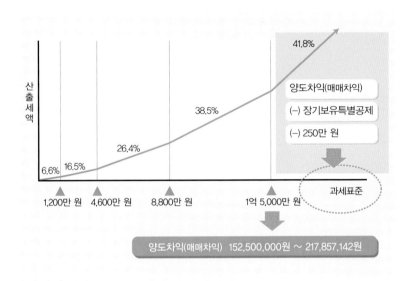

41.8%

양도차익(매매차익)
(−) 장기보유특별공제
(−) 250만 원

38.5%

26.4%

6.6% 16.5%

1,200만 원   4,600만 원   8,800만 원   1억 5,000만 원   과세표준

양도차익(매매차익) 152,500,000원 ~ 217,857,142원

현행 상속 · 증여세율

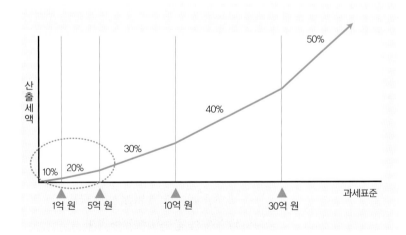

50%

40%

30%

10% 20%

1억 원 5억 원   10억 원   30억 원   과세표준

유리한지 보려면 상속·증여세 세율과 양도세 세율을 비교해보면 답이 나옵니다. 만약 상속·증여세 세율이 높으면 시가를 선택하는 것은 어리석은 행동입니다. 상속세와 증여세 세율은 최고세율만 보면 양도세보다 더 높아 보입니다. 그런데 상속세와 증여세 세율은 완만하게 증가합니다. 반면 양도소득세는 급격하게 올라갑니다. 이것을 겹쳐서 보면 274쪽 그래프와 같습니다.

양도소득세는 1억 5,000만 원부터 최고세율입니다. 여기에 땅이 비사업용이면 10퍼센트가 더 붙습니다. 이미 상속세, 증여세보다 더 높아지는 겁니다. 그러므로 부동산을 상속받을 때 시가를 선택할지, 기준시가를 선택할지는 그 부동산을 추후에 매각할 계획이 있느냐 없느냐로 판단해야 합니다. 만약 매각계획이 없으면 상속세, 증여세는 기준시가로 계산합니다. 향후 양도소득세를 걱정할 필요가 없으니 무조건 기준시가입니다. 그런데 만약 매각할 계획이 있다면 기준시가로 할지, 시가로 할지 판단해야 합니다. 그 판단기준은 적용받은 상속세, 증여세 세율이 30퍼센트가 넘느냐 아니냐의 차이입니다. 만약 30퍼센트 이하면 시가를 선택하는 것이 추후 양도소득세를 고려하는 데 유리합니다.

마지막으로 다른 주제를 생각해봅시다.

2005년부터 부동산을 중개시장에서 거래하면 그 구입가격을 기록으로 볼 수 있는 제도를 시행하고 있습니다. 예를 들어 상가 4억 9,500만 원짜리를 아이에게 주고 싶을 경우 두 가지 선택 방법이 있

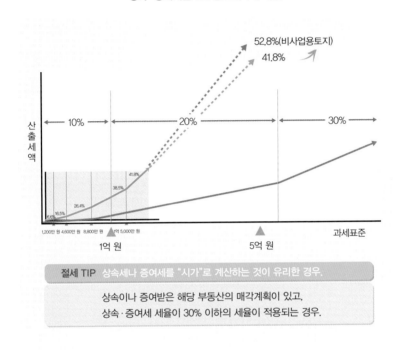

상속·증여세율 vs. 양도소득세 세율

절세 TIP 상속세나 증여세를 "시가"로 계산하는 것이 유리한 경우.

상속이나 증여받은 해당 부동산의 매각계획이 있고,
상속·증여세 세율이 30% 이하의 세율이 적용되는 경우.

습니다. 아이에게 현금을 증여해 아이가 사는 방법과 내 이름으로 구입한 다음 기다렸다가 기준시가로 증여하는 방법입니다. 후자는 기준시가로 증여할 수 있지만 불이익을 감수해야 합니다. 취득세를 한 번 더 내기 때문입니다.

그러면 어떤 것이 유리할까요? 내가 구입한 부동산을 아이에게 주려고 하니 구입가격이 등기부등본에 나옵니다. 이럴 때는 증여하기가 모호하죠. 증여세를 계산할 때의 시가는 증여일 전후 3개월입니다. 그럼 등기일로부터 3개월이 지나면 시가는 의미가 없어지는 걸까요? 증여일 기준으로 3개월을 벗어나는 거래는 일선 세무서에서 시가로 삼을 수 없지만 세무공무원이 상위기관인 지방국세청의 재산평가심의위원회에 이것을 신청할 수 있습니다. 3개월은 벗어났으나 가격변동 사유가 없음을 확인해달라고 재산평가심의위원회에 심의 신청했을 때, 가격변동 사유가 없다고 판정이 나면 당시 시가가 유지됩니다. 그러니 등기부등본에 내가 구입한 가격이 기록된 상황에서는 기준시가로 증여하기가 망설여지지요. 단, 재산평가심의위원회에 심의 신청할 수 있는 기간은 증여일로부터 역산해 딱 2년까지입니다. 2년이 지난 뒤 신청하면 각하 처리됩니다. 구입 후 2년이 지날 경우 등기부등본상의 시가는 의미가 없으므로 기준시가로 증여할 수도 있습니다.

※ 편집자 주─11장 내용은 종합소득 및 양도소득 과세표준에 5억 원 초과 구간을 신설하고 해당 구간의 세율을 40퍼센트로 정한 2016년 말 세법 개정안을 반영하지 않은 것임.

글로벌 경제 06

오승훈

대신증권 리서치센터 글로벌마켓전략실장. 해외 시장의 변화 조짐을 가장 빠르게 포착하는 글로벌 경제 전문가다. 그는 "미국은 글로벌 금융위기 이후, 일본과 유럽과 달리 완만한 성장세를 보이고 있어서 달러 자산의 가치는 계속 커질 것"이라고 말한다. 다만 달러 투자를 '환투기'가 아닌, 통화 포트폴리오의 다변화를 추구한다는 관점에서 접근해야 한다고 조언한다.

12장

달러 자산, 반드시 보유하라

안정성과 투자 기회를
동시에 잡는 법

오승훈, 대신증권 글로벌마켓전략실장

달러 투자, 더 이상 망설일 필요 없다

2016년 말 현재 국내 금융시장이 상당히 어렵습니다. 여기에는 불안정한 국내 정치, 미국 민주당의 8년 집권 패러다임을 바꿔놓을 트럼프의 등장 그리고 달러 강세가 큰 영향을 미치고 있지요.

보통 달러 가치는 시장이 불안할 때 많이 오르는데, 달러 가치가 오르면 원-달러 환율은 상승합니다. 즉, 원화 가치는 떨어집니다. 그래서 불안한 시기에는 달러 투자가 유망하다고 말하는 사람이 많습니다. 저는 불안할 때뿐 아니라 불안하지 않을 때도 달러를 들고 있어야 한다고 봅니다.

지금부터 그 이유를 설명하겠습니다.

알다시피 미국에서 트럼프가 대통령이 되었지요. 그렇다면 대체 트럼프가 어떤 영향을 미치기에 달러가 강세인 걸까요? 트럼프가 당선되기 전에는 달러 약세를 예상하는 사람도 있었습니다.

한국과 달리 미국은 누가 집권하느냐에 따라 자산시장의 색깔이 바뀝니다. 각 정당별 정책이 굉장히 뚜렷하기 때문입니다. 예를 들어 1990년대의 민주당 집권 시기와 오바마 정권 8년 동안 미국은 달러 강세, 원자재 약세 기조를 보였습니다. 기술을 중요시하는 민주당 정권은 대체로 기술 혁신과 생산성 혁신을 강조합니다. 그러다 보니 1990년대의 민주당 집권기에 미국 경제는 물가는 낮은데 성장은 높은 이례적인 상황을 연출했습니다. 경기가 좋고 성장률이 높으면 물가가 따라 오르는 것이 일반적이지만 민주당 집권기에 낮은 물가, 높은 성장률이 나타난 것입니다.

이처럼 미국은 1990년대에 IT기업 혁신, 생산성 혁신으로 성장을 이뤄냈습니다. 이는 오바마 집권기에도 마찬가지입니다. 한마디로 민주당이 집권하면 IT, 바이오의 주가가 좋고 이들이 경제를 주도합니다. 오바마 정권의 핵심 목표도 기술경제였습니다.

반면 공화당은 기본적으로 양적 성장을 추구합니다. 다시 말해 감세, 규제완화, 일자리 창출에 무게를 두는데 특히 에너지 산업의 일자리 증가, 생산 확대를 주장합니다. 이렇게 혁신 패러다임보다 양적 성장을 중요시하기 때문에 공화당이 집권하면 달러 약세, 원자재 강세 패턴을 보입니다.

트럼프 시대는 크게 두 가지로 요약할 수 있습니다. 하나는 감세, 규제완화, 재정지출 확대로 미국 경제를 살려 일자리를 창출하는 것입니다. 다른 하나는 통상 압력을 강화하는 보호무역 확대입니다. 한마디로 경제성장과 더불어 그 혜택이 미국인에게 돌아가도록 하겠다는 기조입니다.

이 두 가지 신호가 금융시장 가격 반등을 이끌고 있습니다. 한국 국고채 10년짜리는 금리가 2.2퍼센트, 미국 국고채 10년짜리는 금리가 1.4퍼센트인데 2016년 말 현재 미국 금리가 상당히 올랐습니다. 미국 금리가 오른 것은 미국 경제가 좋아질 것이라는 기대 때문입니다. 즉, 사람들은 경기가 좋아지면 물가가 오르고 자연스럽게 금리도 오를 것이라는 기대를 합니다. 물론 여기에는 그동안 금리가 너무 낮았다, 채권이 너무 비쌌다 하는 불안감이 반영되어 있습니다.

달러가 강세를 보이면 원화 같은 신흥국 통화는 약세를 보입니다. 이러한 달러 강세는 그 원인이 보호무역에 있다고 봅니다. 사실 트럼프는 공화당의 주류가 아니라 아웃사이더입니다. 그런데 공화당 주류와 트럼프 사이에 가장 의견 일치를 보는 것이 보호무역 부문입니다.

공화당은 이미 2016년 7월 정강정책에 보호무역 부문을 넣었고 트럼프 역시 취임 이후 가장 먼저 북미자유무역협정(NAFTA)을 재협상하겠다고 말했습니다. 이처럼 미국의 대통령이 보호무역으로 첫발을 떼면 신흥국은 불안해질 수밖에 없습니다. 더욱이 한국, 대만, 멕시코, 중국처럼 미국을 상대로 무역 흑자를 많이 내는 나라는 경제적으로 큰 충격을 받습니다. 그것이 궁극적으로 어떻게 되든 기본적으로 불안감이 크지요. 달러 강세에는 이미 그러한 우려가 상당 부분 반영되어 있습니다. 2016년 말 현재 원-달러 환율은 1,100원에서 1,170원까지 올랐습니다. 위안화는 달러당 6.7위안까지 올라 약세를 보이고 있지요. 멕시코 페소도 마찬가지입니다. 이렇듯 환율은 미국을 상대로 무역수지 흑자를 기록하는 국가들이 보호무역으로 받을 충격을 사전에 반영하고 있습니다.

트럼프의 보호무역정책과 재정정책에는 긍정적인 면과 부정적인 면이 있습니다. 미국의 입장에서는 경기회복 기대감이 크지만 신흥국에는 부정적으로 작용할 가능성이 있습니다. 특히 2017년 3~4월에는 트럼프 정책에 대한 불확실성 탓에 상당한 충격이 있을 전망입니다.

트럼프의 정책은 아베노믹스와 비슷합니다. 이는 트럼프가 통화정책 기조를 매우 낮은 수준으로 유지하면서 재정지출을 늘린다는 의미입니다. 다시 말해 금리는 낮게, 재정은 크게 투입해 경기부양을 꾀한다는 얘기입니다. 아직 물가상승을 걱정할 단계는 아니지만

2017년 3~4월에 미국 물가가 상승하리라고 봅니다. 이 경우 연준은 트럼프와 마찬가지로 저금리 유지 정책을 선택할지, 아니면 통화 정책 정상화를 위해 독자적으로 움직일지 고민스러울 것입니다. 결국 트럼프 취임 이후의 불확실성은 2017년까지 주기적으로 반복될 가능성이 큽니다.

불확실성에 대비하는 달러 자산

우리가 달러 가치를 평가할 때 기본적으로 보는 것이 원-달러 환율입니다. 저는 2015년부터 고객들에게 달러 자산을 늘리라고 권했습니다. 그러면서 혹시 '환투기'가 아니냐는 공격을 많이 받았지요. 사실 환율을 예측하는 것은 매우 어렵습니다. 변동성도 크고 주식보다 더 세세하게 다양한 변수를 봐야 하기 때문입니다.

제가 달러 자산에 투자하라고 권한 데는 이유가 있습니다. 안타깝게도 원화는 안전 자산이 아닙니다. 세계 시장이 흔들리면서 불확실성이 커질 때 원화의 변동성은 매우 큽니다. 그만큼 원화는 안전 자산이 아니지만 한국인의 자산은 대부분 원화입니다. 그 자산 중 20~30퍼센트만 달러 자산으로 채워도 자산 안전성에 큰 도움을 받을 수 있습니다.

또한 달러는 대부분의 위험 자산, 대표적으로 주식과 반대 방향으로 갑니다. 예를 들어 우리에게는 늘 10년 단위로 위기가 있었습니다. 알다시피 1990년대 초와 1997년 그리고 2008년에 위기가 있었지요. 우리가 모든 자산을 원화로 채우면 어떤 불확실성이 커졌을 때도 자산이 한 방향을 가리킬 수밖에 없습니다. 이때 반대쪽으로 움직이는 자산을 보유하고 있으면 그것으로 값싼 자산을 살 기회가 생깁니다. 바로 이것이 대다수 미국인이 선택하는 투자방식입니다.

위기가 닥칠 때마다 한국인은 계속 당하기만 했습니다. 한국에 위기가 터졌을 때 외국인이 우리의 자산을 산 것은 이러한 패러다임 때문입니다. 우리도 그런 방어적인 수단을 가져야 자산의 실질적 가치를 지킬 수 있습니다. 물론 자산을 100퍼센트 달러로 보유하는 것은 투기입니다. 그러나 자산의 일부분을 달러로 보유하는 것은 안전성을 누리는 한편 값싼 자산을 살 기회를 얻는 방법입니다. 저는 2015년 1월부터 달러 자산을 보유하라고 권했고 이 주장은 2017년에도 유효합니다.

달러 가치는 다양한 기준으로 측정합니다.

285쪽 그래프는 달러화지수와 무역가중 달러화지수를 보여주고 있는데 둘 다 달러를 측정하는 수단입니다. 황색 선은 한국 원화를 포함한 신흥국 통화 대비 달러 가치로 위로 쭉 올라가 있습니다. 이를테면 달러는 신흥국 통화 대비 계속 오르고 있습니다. 반면 검은색은 유로, 엔, 파운드를 포함한 6개 통화 대비 달러 가치를 측정한

달러 가치를 측정하는 두 가지 지수

것으로 상단이 막혀 정체 상태를 보이고 있습니다. 선진국 통화 대비 달러화 수치는 아직 고점을 찍지 못했습니다.

그런데 계속 고점을 높여가는 무역가중 달러화지수에 가장 많이 포함된 것이 위안화입니다. 2017년에 달러화지수는 크게 높아지지 않더라도 신흥국 통화 대비 달러 강세는 지속될 전망입니다.

이제 286쪽 그래프를 살펴봅시다. 황색 점선은 원-달러 환율이고 검은색은 S&P500지수로 미국 주식에 투자했을 때의 수익률을 나타냅니다. 회색 선은 검은색 선을 달러로 구입해 원화를 헤지(환위험을 피하고자 100퍼센트 헤지)했을 때의 수익률입니다.

어떤 것이 낮은가요? 그냥 달러로 노출하는 것이 장기적인 수익

달러 자산 보유가 필요한 이유

(2000.1=100)

S&P500지수 환노출전략 수익률지수 ―― 100% 환헤지전략
원달러 환율(오른쪽 축)

률 면에서 좋습니다. 한국의 국민연금이 해외주식을 90조 정도 사는데 환헤지를 하지 않습니다. 100퍼센트 달러로 노출하는 것입니다. 이는 달러화와 위험 자산 간에 역의 상관관계가 있기 때문입니다. 따라서 헤지를 하지 않아도 장기적으로 보면 헤지효과, 포트폴리오 분산효과가 생깁니다. 만약 황색 점선이 튀어나온 부분, 즉 급격한 위험이 있는 부분에서 달러를 가지고 있으면 값싼 자산을 살 기회를 얻습니다. 그처럼 값싼 자산을 살 기회도 달러 자산 투자가 주는 이점입니다.

원-달러 장기 균형 환율은 1,164원

주식에서 코스피의 적정가격을 따지고 기업이 목표주가나 적정주가를 평가하듯 원-달러 환율에도 적정가격이 있습니다. 그 기준은 여러 가지인데 그중 하나가 PPP환율(구매력평가 환율. 각국의 물가수준을 고려해 각국 통화의 실제 구매력을 비교해 결정하는 환율)입니다.

한국에서 사먹는 맥도날드 햄버거와 미국에서 사먹는 맥도날드 햄버거 가격을 기준으로 원-달러의 PPP환율은 900원입니다. 그런데 원화는 달러와 달리 기축통화가 아니라서 늘 할인을 받습니다.

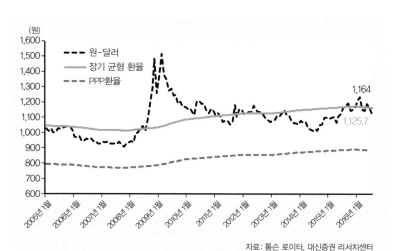

원-달러 장기 균형 환율의 상승

자료: 톰슨 로이터, 대신증권 리서치센터

평균적인 할인율을 적용했을 때 제가 추정한 원-달러 환율의 적정수준은 1,160원입니다.

2016년 말 현재 원-달러 환율은 1,170원인데 앞의 그래프에서 봤듯 중심선으로 계속 움직일 전망입니다. 최근 2~3년 동안 원화의 적정수준은 제가 생각한 것보다 위로 올라가 있습니다.

여기에는 두 가지 이유가 있습니다.

첫째, 구조적인 변화입니다. 한국은 2014년 하반기를 기준으로 순채권국이 되었는데, 이는 우리가 빌린 돈보다 해외에 빌려준 돈이 더 많다는 뜻입니다. 2014년 7월 시점에 원-달러 환율은 1,008원으로 저점이었습니다. 흔히 원-달러 환율을 경상수지에 연결하기도 하는데 289쪽 그래프의 경우 여러 가지 이유로 유가가 떨어진 상황에서의 경상수지입니다. 결국 2014년 7월 1,008원이던 원-달러 환율이 2016년 초 1,140원까지 가는 상승 궤적을 경상수지로 설명할 수는 없습니다.

290쪽 그래프라면 설명이 가능합니다. 황색 선은 한국인의 해외투자, 검은색 선은 외국인의 한국투자를 가리킵니다. 2014년 상반기까지는 이전 수년간 한국인의 해외투자보다 외국인의 한국투자가 더 많았습니다. 즉, 나가는 달러보다 들어오는 달러가 많은 구조였습니다. 달러가 많이 들어오면 원-달러 환율은 떨어집니다. 원화 가치가 높아지는 것이죠. 그런데 2014년 하반기부터 달라집니다. 황색 선이 검은색을 역전해 확 벌어집니다. 2014년 하반기부터 들어오는

경상수지 변동 추이

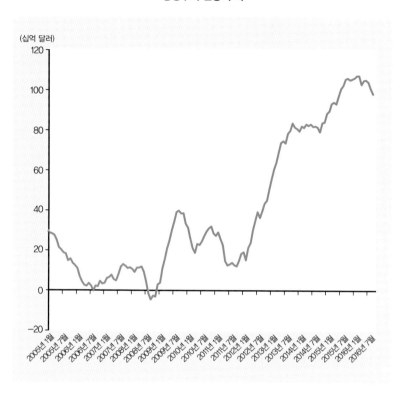

(십억 달러)

달러보다 나가는 달러가 많아졌고 원-달러 환율은 올랐습니다. 즉, 원화 가치가 떨어졌지요.

이것은 일본이 1990년대에 겪었던 구조적인 변화입니다. 국내 수익률이 부진하다 보니 수익이 높은 해외투자가 늘어난 것입니다. 원-달러 환율이 적정수준보다 높아지는 데 영향을 미친 요인이 바

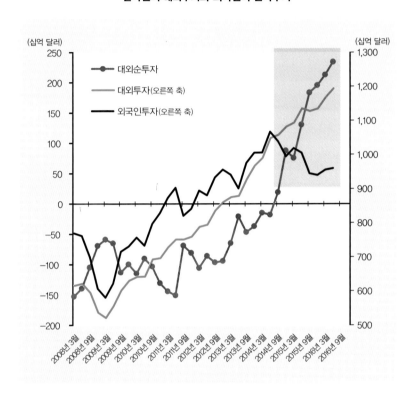

한국인의 해외투자와 외국인의 한국투자

로 이것입니다. 이 구조적인 변화는 앞으로의 원-달러 환율 상승에 영향을 미칠 전망입니다.

둘째, 환율은 상대적인 개념입니다. 이것은 돈을 바꾸는 것이므로 우리가 가만히 있어도 상대적으로 비교가 됩니다. 지난 2~3년간 원-달러 환율이 오르면서 원화 가치가 떨어졌습니다. 그런데 엔화와 유로는 더 큰 약세를 보였습니다. 상대적으로 비교했을 때 우리도 약세였지만 그 정도를 보자면 원화는 다른 나라에 비해 강했습니다. 그것을 되돌리려는 흐름이 하나의 요인으로 작용하는 것입니다.

물론 경제적인 측면도 환율에 영향을 줍니다. 대신증권은 한국의 2017년 경제성장률을 2016년보다 떨어진 2퍼센트 초반으로 예상합니다. 아래 그래프는 한국 경제를 단적으로 보여줍니다. 황색 선은 출하지수(물건을 파는 것), 검은색 선은 재고지수(물건이 쌓여 있는 것)인데 한국 경제가 어려울 때마다 출하지수와 재고지수의 갭이 많이 벌어졌습니다. 음영 처리한 부분이 모두 그런 시기입니다.

이번에는 특이하게도 검은색과 황색 선의 갭이 장기간 벌어지고

구조조정이 필요한 한국 경제

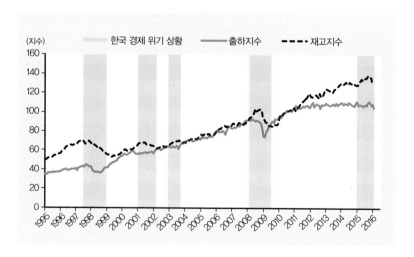

12장 글로벌 경제 달러 자산, 반드시 보유하라: 안정성과 투자 기회를 동시에 잡는 법

있습니다. 물건이 팔리지 않고 재고가 쌓이는 일이 3~4년간 지속되고 있는 것입니다. 정부가 구조개혁을 외치는 이유가 여기에 있습니다. 이 경우 산업 패러다임이나 성장에 대한 전략이 필요한데 안타깝게도 이것이 많이 부족한 상황입니다.

불균형을 해소하려면 세계 경제가 좋아져 물건을 많이 팔아야 합니다. 그러면 출하지수가 올라가 갭을 줄일 수 있습니다. 인위적으로 재고를 줄이는 것도 하나의 방법입니다. 하지만 과거의 패턴을 보면 출하가 늘어나면서 세계 경제가 좋아져 위기를 벗어난 적은 없습니다. 대신 설비를 폐쇄하고 인력 및 재고를 줄이는 산업 구조조정을 거치며 위기에서 탈출했지요. 2017년 현재 한국은 구조조정이 필요한 상황입니다.

2017년, 달러로 금을 사라

한국의 펀더멘털이나 경제 환경 측면에서 볼 때 원화 가치는 약세로 작용할 수밖에 없습니다. 그러므로 달러 자산을 어떻게 투자할 것인지에 관심을 기울여야 합니다.

예금 형태든 RP(환매조건부 채권) 형태든 포트폴리오에 일정 부분 달러를 보유하십시오. 2017년 상황을 정확히 예측하는 것은 불가능한 일이지만 트럼프의 보호무역정책이 궁극적으로 미국 경제에 상당히 부정적 요인으로 작용할 가능성이 큽니다. 보호무역도 하나의 규제이며 이는 자원의 효율적인 배분을 가로막습니다. 그런 측면에서 보호무역은 당장 일자리 창출에는 도움을 주겠지만 미국 경제의 장기적인 잠재성장률을 잠식할 수 있습니다.

2017년 상반기에는 달러로 금을 사십시오. 중장기적으로 볼 때 금과 달러는 안전 자산입니다. 그런데 달러와 금은 같은 방향으로 간 적이 없습니다. 오히려 반대로 갑니다. 보호무역을 비롯한 미국의 정책은 장기적으로 미국에 독이 될 수 있습니다. 지금까지 미국은 2퍼센트대로 안정적인 성장을 유지해온 유일한 나라지만 장기적으로 이 성장률의 변동성이 커질 가능성이 있습니다.

유가와 금가격 비교

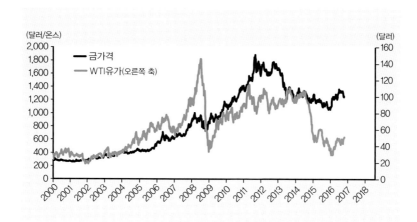

미국이 불안해질 경우 장기적인 관점에서 가장 환영받는 자산이 금입니다.

293쪽 그래프에서 검은색의 쭉 올라간 부분은 미국이 금융위기를 겪고 2011년 신용등급을 강등당했을 때의 금의 궤적입니다. 미국이 불안해지거나 성장에 변수가 등장하면 부상하는 자산이 금입니다. 원자재 중 유가는 WTI(서부 텍사스산 원유) 기준으로 2016년에 기록한 26달러가 저점이라고 봅니다. 저점은 이미 찍었고 앞으로 오르더라도 60달러 이상 오르기는 어렵다고 생각합니다.

트럼프는 정책적으로 에너지 분야 생산을 장려합니다. 추정마다 다르긴 하지만 비즈니스 논리로 미국이 주도하는 셰일가스가 이익을 보는 손익분기점이 약 45달러입니다. 유가가 50달러, 55달러 이상 넘어가면 셰일 생산량이 대폭 늘어날 것입니다. 만약 원유가 40달러대 초반으로 떨어진다면 그때가 바로 투자 타이밍입니다.

다시 한 번 강조하지만 2017년에는 전체적으로 원-달러 환율이 떨어질 때마다 달러를 늘려야 합니다. 2017년의 변동성을 고려하면 3~4월이 가장 위험할 거라고 봅니다. 트럼프의 정책이 통화정책과 충돌하는 시기가 그때이기 때문입니다.

한편 달러 대비 위안화는 약세로 가고 있습니다. 그 원인 중 하나가 어마어마하게 오른 중국의 부동산입니다. 한국보다 더 많이 올랐지요. 인덱스 자체가 9퍼센트 올랐는데 아마도 중국 정부가 이를 계속 용인하기는 어려울 것입니다. 실제로 중국 정부는 최근 부동산을 규제하고 있는데 2017년 3~4월이면 부동산이 한풀 꺾일 전망입니다. 이 때문에 중국에서 부동산으로 이익을 본 자금이 빠져나가고 있습니다. 중국에서 돈이 빠져나가면 위안화에 약세 압력으로 작용하죠.

아무튼 2017년 3~4월이면 원-달러 환율이 2016년에 기록한 1,240원에 근접한 수준으로 나타날 가능성이 큽니다. 결국 자산 안전성, 값싼 자산을 살 기회를 위해 달러 자산을 보유하는 전략이 좋은 투자라고 확신합니다.

이석진

원자재&해외투자연구소장. 동양증권 리서치센터와 삼성증권 투자전략센터에서 10년간 해외 증시 및 원자재 분석 애널리스트로 활동했다. 동양증권 글로벌 자산전략팀장을 역임했으며 현재 동국대학교 최고경영자과정, 금융연수원 및 금융투자교육원 겸임교수로 활동 중이다. 저서로 《원자재를 알면 글로벌 경제가 보인다》, 《나는 집에서 구글 주식을 사고 두바이 원유를 판다》 등이 있다.

13장

2017년 원자재 전망

금이냐, 원유냐

이석진, 원자재&해외투자연구소장

2017년, 가장 유망한 투자 자산

미국의 한 리서치 기관에서 투자자들의 성향을 분석해 '연령대별 가장 큰 실수'를 발표한 적이 있습니다. 20대와 30대는 너무 안전하게 투자하는 것이 가장 큰 실수라고 합니다. 재테크를 하려면 어느 정도 종잣돈을 모아야 하는데 20대와 30대는 지나치게 조심스럽다는 얘기입니다. 40대는 수입이 일정한 상태에서 지출이 늘어나는데 그지출을 고려하지 않는 것이고, 50대 이상은 자신이 아직도 한창 나이라고 생각하며 쉽게 창업에 뛰어드는 것이 가장 큰 실수라고 합니다.

2016년 말 현재 가장 많이 오른 ETF(Exchange Traded Fund, 상장지수펀드) 중 1위가 원유기업펀드로 약 23퍼센트 올랐습니다. 은ETF 18퍼센트, 금ETF 10퍼센트 초반 그리고 한국 코스피지수에 투자하는 ETF는 3퍼센트 정도 올랐습니다. 2016년에 가장 많이 오른 상품은 바로 원자재입니다. 그럼에도 불구하고 한국에서 운영하는 금ETF와 원유ETF는 미국에 상장된 ETF보다 좋지 않았습니다. 이는 환율 때문입니다.

달러가 강세일 때는 한국에 상장된 펀드보다 미국에 상장된 펀드가 훨씬 더 높은 수익을 올립니다. 만약 2017년에도 달러 강세를 예상한다면 같은 펀드라도 한국보다 미국에 상장된 펀드가 더 높은 수익을 안겨줄 것입니다.

글로벌 환경에서 가장 큰 영향을 미치는 나라는 미국입니다. 미국 대선 전 많은 사람이 트럼프 당선은 시장에 큰 악재로 작용하고 금값이 오를 거라고 예측했습니다. 다음의 그래프는 트럼프 당선 이후 일주일간의 성적입니다.

흥미롭게도 미국 금리와 증시가 일제히 올랐습니다. 2016년 말 미국의 주가는 사상최고치를 경신했지요. 한국이나 홍콩 같은 신흥국은 큰 변동이 없었습니다. 가장 많이 빠진 것은 금으로 한 달 동안 10퍼센트나 떨어졌습니다.

원자재시장에서도 트럼프가 당선되면 금값이 오른다고 했지만 제

트럼프 당선 주간 금리와 주가 급등, 금값 급락

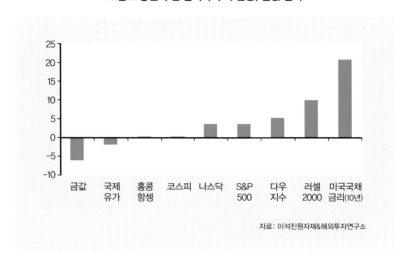

자료: 이석진원자재&해외투자연구소

1년 만에 다시 사상최고치 기록한 다우지수

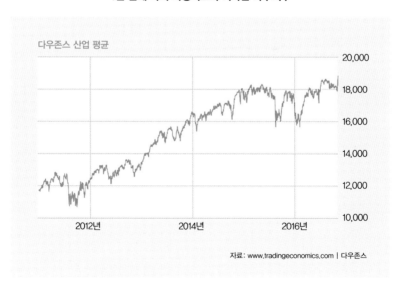

자료: www.tradingeconomics.com | 다우존스

일 많이 오른 것은 구리 같은 산업금속 가격입니다. 트럼프는 감세, 재정지출, 인프라 투자를 공약으로 내세웠는데 만약 인프라 투자가 이뤄지면 원자재 수요가 늘어나는 것은 당연한 일입니다.

이처럼 시장은 루머로 올랐다가 뉴스로 끝이 납니다. 한마디로 시장은 기대감으로 움직입니다. 그렇다면 트럼프 열풍에 따른 현상이 정상적인 것일까요? 저는 이것이 오래가지 않을 것이라고 봅니다. 가령 트럼프가 경기침체 시대인 1970년대에 레이건이 그랬던 것처럼 감세, 재정지출, 인프라 투자를 외쳤다면 그리 나쁘지 않습니다. 그런데 지금은 미국 경기가 아주 좋습니다.

2016년 말 현재 미국은 실업률이 4.6퍼센트입니다. 금융위기 이전 가장 경기가 좋았을 때의 실업률이 4.7퍼센트였습니다. 지금 미국 경기는 매우 뜨겁고 신규 고용률도 높습니다. 이보다 더 좋을 수 없는 상황이지요.

이럴 때 감세, 재정지출, 인프라 투자 정책을 펴는 것은 불난 집에 군불을 때는 형국입니다. 이는 트럼프 리플레이션(Reflation: 경기가 회복 중인 상태에서의 물가 상승)이라기보다 트럼프 버블로 보는 게 맞습니다. 이 상황은 길면 2017년 상반기까지 이어질 것입니다.

과거를 돌아보면 지금은 1999년, 2000년의 상황과 유사합니다. 2000년도에 증시는 꺾였지만 달러는 꺾이지 않았습니다. 같은 맥락에서 2017년에 가장 유망한 투자 자산은 주식이 아니라 달러일 가능성이 큽니다. 달러는 주가 고점에 비해 18개월 정도 후행합니다. 증시가 꺾이면 미국뿐 아니라 글로벌 시장 전체가 꺾이기 때문입니다. 이때 어떤 현상이 일어날까요? 안전 자산 선호 현상이 퍼져 나갑니다. 달러 강세는 주가 고점 이후에도 일정 부분 이어지므로 2017년 가장 유망한 자산은 달러입니다.

무엇이 원자재 시장을 움직이는가

만약 전문가들이 원자재에 투자하라고 권하면 원자재를 움직이는 결정적인 요인 세 가지로 그것을 스스로 검증해봐야 합니다. 그 요인은 물가, 신흥국의 성장, 달러입니다. 지난 몇 년 동안 원자재 가격이 올랐는지, 내렸는지 몰라도 이 세 가지만 생각해보면 원자재가 좋아질지 아닐지 알 수 있습니다.

첫 번째는 물가입니다.

원자재는 다른 말로 '실물'이라고 하는데 물가가 오르면 실물가치는 무조건 오릅니다. 그래서 물가가 오르는 인플레이션 상황에서 가장 혜택을 보는 것은 실물, 즉 원자재입니다. 가령 앞으로 물가가 계속 떨어질 것이라는 전망이 나온다면 원자재는 쳐다볼 필요도 없습니다.

두 번째는 신흥국의 성장입니다.

2000년대 이전까지만 해도 글로벌 원자재 수요는 대부분 선진국에 편중되어 있었습니다. 그런데 2000년대 이후 소위 친디아 (Chindia, 중국과 인도), 브릭스(BRICS, 브라질, 러시아, 인도, 중국, 남아프리카), 중국이 부상하면서 원자재 수요가 신흥국으로 쏠리기 시작했습니다. 신흥국의 경제가 살아나면 원자재시장이 좋아지고, 신흥국의 전망이 불투명해지면 아직은 원자재에 투자할 때가 아니라고 보면 됩니다.

세 번째는 달러입니다.

원자재에서 달러는 왜 중요한 것일까요? 원자재의 99퍼센트가 나오자마자 달러로 거래되기 때문입니다. 예를 들면 사우디아라비아에서 원유가 나오면 곧바로 배럴당 달러로 거래가 이뤄집니다. 브라질산 커피 역시 나오자마자 파운드당 달러로 계산합니다. 런던의 금도 온스당 달러로 거래합니다.

달러 가치가 달라지면 원자재 가치도 바뀝니다. 예를 들어 달러 가치가 상승할 경우 유가와 금값도 오릅니다. 소비자 입장에서는 원자재가 비싸게 느껴질 것이므로 당연히 소비를 줄입니다. 그러면 원자재 수요가 감소합니다. 즉, 달러와 원자재는 반대로 움직입니다. 달러가 오르면 원자재 가격이 떨어지고 달러가 떨어지면 원자재 가격은 오르는 것입니다.

지난 몇 년 동안 물가가 어땠습니까? 체감경기는 올랐을지 모르지만 실제로 글로벌 소비자물가는 안정적으로 떨어졌습니다. 그러니 원자재가 좋았을 리 없습니다. 최근 브릭스가 성장했다는 말을 들어보았습니까? 브라질, 러시아가 떨어져 나오면서 아예 브릭스가 없어졌습니다. 심지어 그들은 성장률이 마이너스입니다.

신흥국의 성장 수요는 떨어진 반면 달러는 지난 몇 년 동안 강세였습니다. 물가하락과 중국의 성장 둔화 그리고 달러 강세로 원자재 상황이 좋지 않은데, 왜 2016년에 원자재가격이 오른 것일까요? 그 이유는 원자재가격이 더 이상 나빠질 수 없는 바닥까지 내려왔기 때문입니다.

2016년 원자재는 진바닥을 형성했습니다. 유가가 2016년 초 26달러까지 떨어졌는데 이는 그야말로 역사적인 저점에 해당합니다. 금 값은 2016년 초 1,000달러 초반이었고 같은 해 연말에는 1,200달러였습니다. 이것도 역사적인 저점이죠. 다른 것도 마찬가지였습니다. 계속된 악재 속에서 하나 건진 것은 원자재의 바닥이 어디인지 분명히 알게 되었다는 점입니다.

물가, 신흥국 성장, 달러라는 요인이 앞으로 어떻게 변할지 살펴보면 2017년에 원자재가 좋을지 나쁠지 알 수 있습니다.

먼저 물가는 상승할 가능성이 큽니다. 트럼프의 정책 자체가 물가 상승에 초점을 두고 있습니다. 이미 통화정책은 상당히 완화되었고 트럼프는 재정지출을 늘리겠다고 공약했습니다. 또 감세를 해서 기업들의 투자를 늘리고 인프라에 투자하겠다는 약속도 했습니다. 이를 실행하면 물가는 오를 수밖에 없고 덩달아 금리는 상승합니다.

미국의 금리인상은 이미 예견된 바 있는데 이는 곧 물가가 오른다는 의미입니다. 물가 측면에서 원자재는 호재입니다.

그러면 신흥국은 2017년에 어떨까요? 저는 신흥국 성장을 부정적으로 봅니다.

트럼프가 보호무역정책을 추진하면 달러 약세, 원화 강세로 갈 거라고 생각하는 사람도 있지만 절대 그렇지 않습니다. 그것은 우리가 속고 있는 것 중 하나입니다. 위기는 항상 신흥국에 먼저 옵니다. 그때 신흥국의 통화가치가 떨어지면 선진국에 돈이 들어오고 그 후 다시 신흥국의 통화가치가 오릅니다. 이것은 우리가 외환위기 때 생생

신흥국의 세계 경제성장 기여도와 2016년 경제성장률 예측

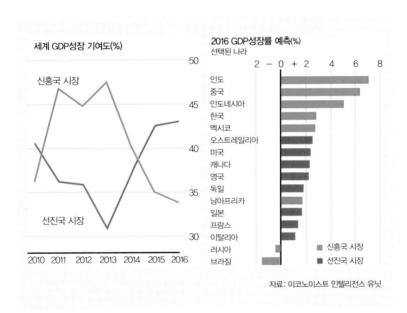

자료 : 이코노미스트 인텔리전스 유닛

하게 경험한 일입니다.

달러가 저절로 약세로 가는 것이 아닙니다. 신흥국 몰락 이후 달러가 선진국에 들어오면 통화가치가 반등하고 달러는 다시 약세가 되는 것이 진실입니다. 2017년에 신흥국이 반등하려면 그 전에 먼저 신흥국이 무너져야 합니다.

2016년 11월 한 달 동안 통화가치가 가장 많이 떨어진 곳이 어디입니까? 엔화를 빼면 모두 신흥국 통화입니다. 즉, 말레이시아, 필리핀, 한국의 통화가치가 떨어졌습니다. 이는 늘 있었던 일입니다. 2017년에 신흥국이 살아나려면 먼저 다쳐야 합니다. 동남아시아든 남미든 한 번 더 다쳐야 신흥국의 성장을 기대할 수 있습니다. 2016년 말 현재 신흥국의 상황은 여전히 불투명한 상태입니다. 달러는 2017년에도 강세 기조를 이어갈 가능성이 큽니다.

결국 원자재는 좋아질 것도, 나빠질 것도 없습니다. 그러면 원자재에 투자하지 말아야 할까요? 개별적인 상황이 다르기 때문에 완전히 손을 놓을 필요는 없습니다.

바닥을 찍은 유가

이제 개별 원자재 중에서 가장 관심이 높은 원유와 금을 살펴봅시다. 우선 원유 투자는 단기투자에 적합한데 이는 한국의 주식투자와 비슷합니다. 한국 증시의 가장 큰 특징은 박스권입니다. 지난 5년 동안 1,800과 2,200 사이를 한 번도 벗어난 적이 없지요. 2016년에는 그 박스가 더 좁아졌습니다. 1,900에서 2,050을 왔다 갔다 한 박스권입니다.

원유는 2015년부터 박스권이고 2017년에도 박스권을 벗어나지 않을 전망입니다. 이 말은 유가가 오른다, 내린다 하면서 한 방향으로 예측할 필요가 없다는 의미입니다. 원유가 재테크에 좋은 점은 한국 증시보다 변동성이 높아서 더 자주 투자할 기회가 있다는 것입니다.

2016년 말 OPEC가 감산을 결정하면서 원유가격이 10퍼센트 이상 상승하며 배럴당 50달러 위로 올라섰습니다. 그래도 배럴당 60달러, 70달러로 가리라고 예측하기는 어렵습니다. 원유의 경우에는 수급이 제일 중요합니다. 지난 몇 십 년 동안 원유가격을 예측할 때 가장 큰 변수가 지정학적 리스크였던 이유가 여기에 있습니다. 대개는 중동에서 전쟁이 나면 어떻게 되지? 미국과 중동이 싸우면 어떻게 되지? 하면서 수급 안정성을 해칠 요소를 고려합니다. 오일쇼크가 그 대표적인 사례입니다.

이제는 지정학적 리스크가 사라졌습니다. 미국이 중동에 관심을 덜 기울이고 있기 때문입니다. 미국에 과거에는 없던 새로운 원유, 즉 셰일오일이 엄청나게 나오면서 전 세계 생산량의 5퍼센트를 새로 발견한 것입니다. 수요증가율은 1퍼센트도 되지 않는데 생산증가율은 무려 5퍼센트입니다. 바로 이것이 원유가격을 뚝 떨어뜨린 주범입니다.

미국의 생산량 급증은 유가를 100달러에서 20달러 선으로 떨어뜨렸습니다. 향후 유가가 반등한다면 미국 또는 다른 나라의 생산량 감소 아니면 수요 증가에서 그 원인을 찾아야 할 것입니다.

만약 이 세 가지가 모두 나타난다면 어떻게 될까요? 유가는 분명 2016년 바닥을 찍었습니다. 20달러대 유가는 두 번 다시 볼 수 없을지도 모릅니다. 수억 달러를 투자해야 생산이 가능한 원유산업은 자본집약적입니다. 그런데 2016년 들어 미국의 원유생산량이 감소했

고점을 찍은 미국 원유생산량

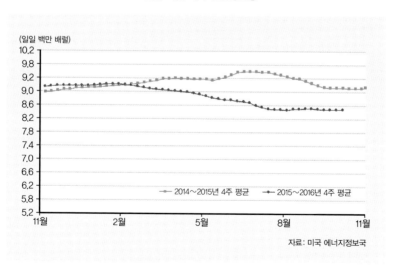

자료: 미국 에너지정보국

미국 원유 재고 변화

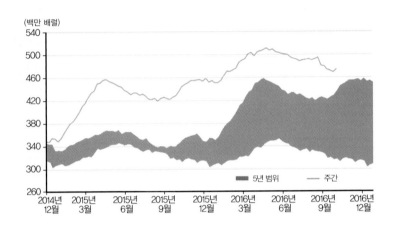

(백만 배럴)

5년 범위 · 주간

습니다. 그 양은 생각보다 크지 않지만 여전히 미국의 재고는 과거 평균에 비해 높습니다.

원유의 과잉공급 상황은 2016년 말 현재 여전히 진행 중입니다. 미국의 생산이 줄지 않자 결국 사우디아라비아가 OPEC의 감산에 합의했습니다. 한데 OPEC가 원유 생산을 줄여 유가가 오르면 미국의 생산량은 다시 증가합니다. 원유가격이 30~40달러에 불과할 때는 미국 기업들이 생산을 포기하지만 50~70달러로 올라가면 충분히 이익이 나므로 생산량을 늘립니다. 이것은 아직도 존재하는 딜레마입니다.

유가는 많이 오를 수 없고 OPEC가 생산량을 대폭 줄일 수도 없습니다. 더구나 감산 약속이 지켜진다는 보장도 없습니다. 누구 하나가 약속을 깨면 다 깨지고 말지요. 이처럼 신뢰도가 떨어지는 상황까지 고려하면 공급을 조절해 갑자기 시장가격을 확 끌어올리기는 쉽지 않습니다. 결국 수요 쪽에서 실마리가 나와야 하는데 저성장 시대에 유가 수요가 급증하기는 어렵습니다. 그저 평평한 수준을 유지할 뿐입니다.

따라서 2017년에 원유 수요가 급증할 가능성은 크지 않습니다. 수요가 그대로인 상황에서 공급이 조금 감소하면 유가가 오를 거라고 생각하기 쉽지만 미국의 생산 벽을 염두에 두어야 합니다. 그리고 원자재의 커다란 악재 중 하나가 달러 강세입니다. 2017년에도 달러 강세가 이어지면 원유에는 기본적으로 악재입니다. 물론 생산량 증가가 달러 악재를 상쇄한다고 볼 수도 있습니다.

문제는 미국의 생산비용인데 2016년 말 현재 미국 기업들의 생산비용이 과거 70~80달러에서 50달러로 떨어졌습니다. 40달러까지 갔다고 보는 사람도 있습니다. 유가가 50달러를 넘으면 미국이 생산을 늘릴 여지가 있습니다. 그 상단이 바로 50달러 중반입니다. 이것을 알기에 사우디아라비아가 감산에 조심스럽게 접근하는 것입니다. 감산해서 유가를 확 올리고 싶어도 시장을 미국에 빼앗길까봐 섣불리 그러지 못하는 것이지요. 감산을 해도 조금씩 해서 미국의 생산기업을 망하게 하는 것이 그들의 목적입니다. 원유시장의 주도권을 되찾고 싶은 겁니다.

이 모든 상황을 고려할 때 2017년의 유가 상단은 55달러 정도, 더 나아가면 60달러로 봐야 합니다. 만약 유가가 60달러에 육박하면 상단 쪽에 가까워지고 있다고 생각하십시오.

원자재와 환율은 오르내림이 그다지 중요치 않습니다. 서로 다른 투자방법이 존재하기 때문입니다. 주식은 지수가 올라야 돈을 벌지만 원유와 달러는 선물 베이스라 올라갈 때는 매수, 떨어질 때는 매도할 수 있습니다. 실제로 주식시장에 상장된 ETF에는 올라갈 때는 레버리지(leverage), 떨어질 때는 인버스(inverse)가 있습니다. 가령 유가가 55달러에서 40달러로 떨어질 것이라고 예상하면 인버스 종목을 삽니다. 40달러대인데 50달러로 갈 것 같으면 롱ETF나 레버리지ETF를 삽니다. 무조건 오르기만 기도할 필요가 없지요.

가격이 정점에 왔다 싶으면 인버스에 투자하면 그만입니다. 이 점에서 원자재시장과 통화시장은 주식시장보다 유리한 투자 환경인 셈입니다. 유가 바닥은 35달러, 고점은 55달러에서 자기만의 바운더리를 정해 박스권 투자를 하면 코스피지수에 투자하듯 보다 높은 변동성을 이용해 투자전략을 세울 수 있습니다.

한편 유가는 30퍼센트 올랐는데 내 펀드는 왜 10퍼센트밖에 오르지 않았는지 궁금해하는 경우도 있습니다. 저금리 시대에 원유를 비롯한 에너지 분야는 단기투자로 가는 것이 좋습니다. 한 달 정도로 끊되 늘 자신의 목표수익을 정해야 합니다. 예를 들어 2017년 초에

금 생산기업지수가 오를 거라는 예측을 듣더라도 그걸 언제 팔지 스스로 판단해야 합니다. 오른다고 계속 놔두면 또 떨어집니다. 그러므로 항상 자기 목표에 따라 어느 정도에서 들어가고 나올지 정해야 합니다. 자신이 냉철하게 판단하지 않으면 어디에 투자해도 어렵습니다.

원유에 투자하지 않고 원유 생산기업에 투자하는 방법도 있습니다. 한국에는 원유투자생산지수 ETF가 있지요. 원유에 장기적으로 투자하고 싶다면 원유기업에 투자할 것을 추천합니다.

수요가 금값을 결정한다

금은 2016년 들어 상고하저의 모습을 보이고 있습니다. 2011년에는 온스당 2,000달러를 넘었는데 이후 4년간 쭉 빠져 1,000달러 초반까지 갔습니다. 2016년 초에는 1,300달러였다가 2016년 말에는 1,200달러 선으로 내려갔습니다.

금 투자는 간단히 미국에 대한 신뢰, 즉 자신감과 정반대로 가는 것이 좋습니다. 미국이 다른 나라에 비해 더 좋다, 미국이 세계적으로 최고의 경제 상황에 있다면 금시장에는 한계가 있습니다. 금이 기축통화 역할을 한다는 관점에서 일반적으로 달러가 오를수록 금은 좋지 않습니다. 최후의 기축통화인 금이 달러를 대체한다면 누구나 달러가치가 떨어질 때 금을 사지, 달러가치가 오를 때 금을 사지는 않습니다. 금을 사면 이자를 줍니까, 아니면 배당이 나옵니까? 둘 다 아니지요. 반면 달러로 미국 국채를 사면 배당이 나옵니다. 똑같은 상황이라면 당연히 미국 국채를 살 수 있는 달러가 낫겠죠. 미국에 대한 신뢰가 큰 시기에는 금 투자가 좋지 않습니다.

그러면 달러 강세는 금에 좋지 않을까요? 그렇지 않습니다. 달러는 두 가지 상황에서 강세를 보입니다. 하나는 미국 경제가 호황이라 미국으로 자금이 흘러들면서 미국의 자산 가격이 오를 때입니다. 이 경우에는 금 가격이 좋지 않습니다. 다른 하나는 모두가 망가질 거라는 생각이 지배적일 때입니다. 모두가 망가진다는 생각을 하면 안전 자산 선호 현상으로 금값이 올라갑니다. 이때 달러도, 금도 같이 오릅니다. 2016년 6월 영국의 브렉시트가 결정되자 달러와 금이 일제히 올랐습니다. 마찬가지로 트럼프가 당선된 날 달러와 금이 모두 올랐습니다. 이는 사람들이 불확실성이 증가하리라고 내다봤다는 의미입니다.

2017년에 금 투자는 단기로는 별 볼일이 없을 겁니다. 트럼프에 대한 기대감 상승으로 주식시장이 날개를 달면 당연히 안전 자산 선호 현상은 나타나지 않습니다. 물론 트럼프 버블이 터지면 달러가 강세로 가더라도 금이 빛날 것입니다. 2016년에는 금이 상고하저였으나 2017년에는 상저하고가 될 가능성이 큽니다.

금 투자에는 기본적으로 두 가지 속성이 있습니다.

첫째, 금 투자는 보험입니다. 보험은 버리는 돈이 아니라 내게 문제가 생겼을 때 받을 수 있는 소중한 자산입니다. 금도 마찬가지입니다. 금은 주식이나 부동산 같은 위험 자산과는 다릅니다. 만약 예금을 포함해 안전 자산 100을 갖고 있다면 보험은 10을 갖고 있어야 합니다. 어떻게 될지 모르니까요. 기본적으로 금은 보험처럼 적립식 개념으로 투자하는 것이 좋습니다. 예를 들면 은행이나 증권사를 매개로 한 달에 10만 원씩 넣는 것입니다.

둘째, 글로벌 금융시장의 변동성이 커지면서 각국의 통화가치가 내려가고 미국 경기가 둔화될 때가 금 투자의 적기입니다. 이럴 경우에는 단기적으로나마 좀 더 공격적으로 금시장에 들어가기를 권합니다.

2016년을 보면 금값 상승폭보다 금 생산기업 주가 상승폭이 더 큽니다. 그러므로 금이 분명 오를 거라고 확신한다면 금이 아니라 금 생산기업에 투자해도 좋습니다. 이건 일종의 레버리지입니다.

금에 투자하는 방법은 매우 다양합니다. 금을 직접 사는 방법도 있고 금 레버리지 2배짜리 또는 4배짜리 ETF에 투자하는 방법도 있습니다. 금 생산기업 주식에 투자하는 것도 괜찮습니다. 금 가격이 오를 거라고 확신하면 금 생산기업, 금 가격이 떨어질 것 같으면 금 인버스 ETF에 투자하십시오.

장기적으로 금 투자를 해야 하는 이유는 여기에 있습니다.

모든 원자재 중에서 유일하게 금만 과잉공급에 대한 두려움이 없

과잉공급 이슈 없는 금시장

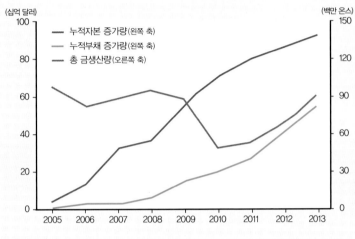

자료: Randgold Resorces Reports, 이석진원자재&해외투자연구소

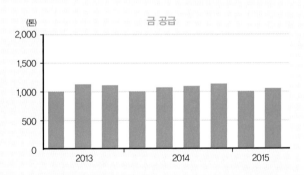

자료: weforum.org, 이석진원자재&해외투자연구소

습니다. 원유, 천연가스, 구리, 알루미늄 등은 기업이 원하면 얼마든지 더 채굴할 수 있습니다. 금은 그렇지 않습니다. 금은 계속해서 더

깊이 파야 하지만 갈수록 더 조금 나옵니다. 벌써 생산량이 줄어들고 있기 때문에 공급을 걱정할 필요가 없습니다. 오로지 수요만 보면 그만입니다.

금 수요는 두 가지로 결정됩니다.

첫 번째는 긍정적 수요로 재산 축적이나 장신구 수요는 금 수요에 영향을 미치지 않습니다. 두 번째는 부정적 수요인 안전 자산 수요로 이것이 금값에 영향을 줍니다. 이 안전 자산 수요는 실질금리가 떨어지거나(물가가 상승하거나), 재정적자가 늘어나거나, 경기둔화가 심화될 때 증가합니다. 2017년에는 실질금리가 떨어져 물가가 상승하고 트럼프가 재정지출을 늘리면서 미국의 재정적자가 증가할 것입니다. 물론 경기둔화는 여전히 존재합니다. 이에 따라 금 수요가 증가할 가능성이 큽니다. 결국 금은 중장기 투자로 접근해야 합니다.

금 투자 중에서 골드바 같은 것은 실물투자입니다. 투자 관점에서 한국에서는 골드바를 사는 것이 좋은 방법은 아닙니다. 한국은 부가세를 내기 때문입니다. 이러한 부가세는 총매출에 따라 내는 것입니다.

예를 들어 1,000만 원짜리 골드바를 사면 그에 따라 무조건 10퍼센트를 부가세로 내야 합니다. 그러므로 실물로 살 때는 투자 목적이 아닌 다른 목적이 있어야 합니다. 천재지변 대비, 증여·상속 등의 목적 외에 실질적인 투자를 목적으로 한다면 실물투자보

금 투자상품의 종류

구분	금통장	실물거래		간접투자		
		은행	KRX금시장	펀드	ETF	DLS
특징	금 실물 인수도 없이 금에 투자.	품질 보증된 금 실물 매입.	한국거래소에서 실시간 금 거래.	금 가격 또는 금 주식을 추종.	소액으로 실시간 거래 가능.	기초 자산 금, 원금 보존/비보존.
장점	자유롭게 금에 투자할 수 있는 수시입출금식.	중량별로 구입, 매매차익의 비과세.	저렴한 수수료 매매차익의 비과세.	전문가를 통한 간접투자.	현물투자와 가장 유사한 효과.	가격이 폭락하지만 않으면 수익.
단점	통장이지만 예금자 보호되지 않고, 비과세종합저축 적용 안됨.	은행에서 정한 금 가격에 수수료 부가.	실물 인출은 1kg단위로 가능하여 세금 발생.	현물 인출 불가, 수수료와 세금 발생.	현물 인출 불가, 대부분 선물 가격 추종.	만기 이전에 해지하면 5~10% 수수료 발생.
세금	매매 차익의 15.4% 원천징수. 금융소득종합 과세 포함.	매입가격을 기준으로 부가가치세 10%.	실물 인출 시 부가가치세 10%.	매매차익 배당소득세 15.4%, 금융소득종합과세.	매매차익 배당 =소득세 15.4%, 금융소득종합과세.	배당수수료 15.4%, 금융소득종합과세 대상.
수수료	신한은행-실물 인출시 실물수수료(4%)와 부가가치세(10%) 발생.	금 매매 기준율의 5~7%.	온라인 0.2% 오프라인 0.4%.	수수료와 보수 등 연간 비용 2.0% 내외.	수수료는 펀드에 비해 절반 이하로 저렴.	가입 시 수수료 및 환매수수료.

다 간접투자(금선물, 금펀드, 금ETF 등)를 해야 합니다. 달러 강
세로 한국보다 미국에 투자하는 게 좋다면 국내에 계좌를 개설하듯

해외계좌를 개설하십시오. 계좌 개설과 동시에 집에 홈트레이딩 시스템을 설치할 수 있고 미국 증시에 직접 투자하는 것도 가능합니다. 만약 달러 강세의 이점을 취하고 싶다면 국내 상장사보다 해외 상장사를 노리는 것이 낫습니다.

국내와 달리 미국에는 금을 비롯한 원자재 관련 투자종목이 많습니다. 달러 강세의 이점을 취하면서 원자재 상승효과도 얻고 싶을 경우 국내 종목보다 해외 종목에 투자하는 것이 유동성과 수익률 면에서 더 좋습니다. 재테크에 관심이 있다면 그 정도 번거로움은 감수해야 합니다.

정리하면 원자재시장 전체는 2017년에도 그리 나쁘거나 좋을 것이 없습니다. 원유는 국내 증시의 박스권 투자처럼 접근하되 단기투자가 바람직합니다. 반면 금 투자는 좀 더 중장기적으로 내다보고 적립식으로 하는 것이 좋습니다. 더 베팅하고 싶다면 레버리지나 생산기업에 투자하십시오. 마지막으로 원유나 금은 한국에도 종목 투자가 있지만 미국의 종목 투자가 수익률이 더 높습니다.

가오야오하오

중국은행 홍콩법인 개인투자 자산관리본부장이자 중국은행 홍콩법인의 투자시장부문 대변인으로 홍콩의 유명 금융 전문가다. 투자시장과 외환, 뮤추얼펀드 등과 같은 개인투자상품 분야에 깊은 지식을 가지고 광범위한 경험을 해왔다. 그는 홍콩 주요 언론에 수시로 투자 관련 글을 기고하며, 대학에 금융 관련 강의를 나가는 등 투자와 개인 재무설계 전문가로 활약 중이다.

14장

중국 경제는 추락하는가

중국과 글로벌 시장의
현주소와 투자전략

가오야오하오, 중국은행 홍콩법인 개인투자 자산관리본부장

분산투자와 분산관리가 수익을 보장한다

최근 투자시장 환경이 많이 바뀌고 있고 특히 미국이 금리인상에 돌입했습니다. 미국의 금리인상은 투자자에게 어떤 의미가 있을까요? 먼저 무위험률(Risk Free Rate)을 생각해봐야 하는데, 이는 국채 같은 안전 자산의 수익률을 말합니다.

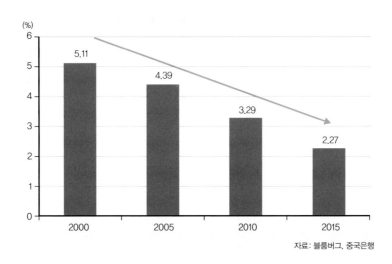

미국 10년 국채 수익률의 무위험률

자료: 블룸버그, 중국은행

위 그래프에서 보듯 미국의 10년 국채를 샀을 때 무위험률이 5.1퍼센트면 5퍼센트의 수익을 올렸습니다. 현재 금리가 2.5퍼센트 정도인데 과거와 비교하면 금리인상 시기일지라도 여전히 미국의 국채금리가 매우 낮은 수준입니다. 만약 10년 전이나 15년 전처럼 5퍼센트, 4.5퍼센트 이상의 수익을 올리려면 지금은 더 큰 리스크를 감수해야 합니다. 리스크가 없으면 과거 같은 5퍼센트의 수익을 올릴 수는 없지요.

위험 없이 올릴 수 있는 수익률은 약 2퍼센트에 불과합니다. 결국 투자자 입장에서는 리스크 테이킹(Risk Taking, 위험감수)을 할 수밖에 없는 상황입니다. 과거에는 돈을 예금하거나 국채를 샀을 때 5퍼센트의 수익을 얻었기 때문에 투자수요가 굉장히 높았는데 이제 그런 투자의 리스크가 훨씬 커졌습니다. 한마디로 과거와 동일한 수익률을 확보하기가 어려운 상황입니다.

그러면 앞으로 3년, 5년 그리고 그 이후의 투자에서는 어떤 점을 주의해야 할까요? 제가 강조하고 싶은 것은 분산투자와 분산관리입니다.

322쪽의 그림을 보면서 리스크 분산 효과를 생각해봅시다.

여기에는 대표적인 다섯 가지 지수, 즉 일본 닛케이(Nikkei)225지수, 상하이종합지수(SHCOMP), S&P500, 유럽스톡스600지수(STOXX 600), 아시아채권지수(Asia USD High Yield Bond)가 나옵니다. 어떤 투자 포트폴리오에서든 20퍼센트 정도씩 투자했을 때 그림과 같은 투자수익률을 올릴 수 있습니다.

2015년 상반기에 중국의 A주(중국 본토에 상장된 주식. 중국인과 자격을 얻은 외국인만 투자 가능)가 아주 많이 올랐습니다. 그런데 상하이 증시가 2015년 30~40퍼센트의 변동성을 겪는 바람에 투자자들이 많이 힘들었습니다. 그럼에도 불구하고 만약 연중에 이 시장을 떠나지 않았다면 1년 동안 6퍼센트 정도의 수익을 올렸을 것입니다. 물론 그 사이에 많은 리스크를 감당해야 했겠죠. 일본 닛케이시장은 다들 좋게 여기지 않았으나 2015년 말 10퍼센트 정도의 수익을 올렸습니다. 아무튼 투자 포트폴리오를 시뮬레이션할 때 수익률이 높

한 종목 투자와 포트폴리오 투자 비교

예시는 S&P500지수, 유럽스톡스600지수, 상하이종합지수, 닛케이225지수, 블룸버그 바클레이 아시아채권지수 및 투자 포트폴리오**를 포함.

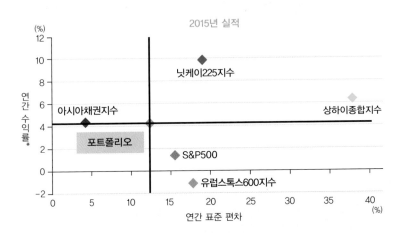

2015년 실적

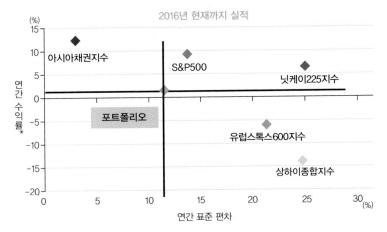

2016년 현재까지 실적

* USD 기준 총 수익률

** 투자 포트폴리오는 S&P500지수, 유럽스톡스600지수, 상하이종합지수, 닛케이225지수, 블룸버그 바클레이 아시아채권지수로 구성되었으며, 각 지수 당 20% 가중치를 주었음.

자료: 2016년 11월 14일 기준 블룸버그, 중국은행

게 나오지 않아도 전반적으로 변동성 수준을 낮게 유지하는 것이 좋습니다.

2016년의 실적을 봐도 거의 비슷합니다. 특히 상하이종합지수는 2016년 마이너스 수익률을 보였고 지금까지 변동성은 굉장히 낮았습니다. 두 그래프가 보여주는 사실은 포트폴리오 투자를 하면 큰 수익도 없지만 큰 변동성도 없다는 것입니다.

어느 한 종목에 집중투자하면 블랙스완(Black Swan: 발생할 가능성이 거의 없지만 일단 발생하면 파급 효과가 강력한 사건)이 나타났을 때 큰 어려움을 겪습니다. 또한 우리의 생각과 달리 시장이 다른 방향으로 돌아설 수도 있습니다. 제가 포트폴리오를 강조하는 이유가 여기에 있습니다.

수익률은 변화에 민감하다

그러면 시뮬레이션 투자에서 지난 3년의 롤링 리턴(Rolling Return: 투자기간 동안 매일 기준으로 계산한 수익률)을 한번 봅시다. 324쪽 그래프는 지난 3년간 매일 연속적으로 투자하고 3개월 동안 투자금을 회수했을 때의 수익률을 나타낸 것입니다.

황색이 A주 시장(상하이시장)이고 검은색 선으로 표시한 것이 시뮬레이션 투자 결과입니다. 지난 3년을 롤링 리턴하면 상하이시장이

3개월 롤링 리턴에 대한 한 종목 투자와 포트폴리오 투자 비교

예시는 S&P500지수, 유럽스톡스600지수, 상하이종합지수, 닛케이225지수,
블룸버그 바클레이 아시아채권지수 및 투자 포트폴리오**를 포함.

* USD 기준 총 수익률
** 투자 포트폴리오는 S&P500지수, 유럽스톡스600지수, 상하이종합지수, 닛케이225지수, 블룸버그 바클레
  이 아시아채권지수로 구성되었으며, 각 지수 당 20% 가중치를 주었음.

자료: 블룸버그, 중국은행, 2016년 11월 14일 기준 데이터

가장 큰 수익을 냈을 겁니다. 그런데 2015년 상반기에 많이 올랐다
가 중반을 거치며 완전히 폭락하고 맙니다. 만약 연중에 A주에 투자
했다면 엄청난 손실을 봤을 것입니다. 수익률이 클수록 많은 리스크
테이킹을 해야 합니다. 물론 폭락하기 전에 A주 시장을 떠났다면 문
제가 없겠지만 아쉽게도 대개는 그 반대로 행동합니다.

　매일 이 시장을 보고 있는 저 같은 사람도 언제가 피크이고, 언제
매입해야 하는지 그 시기를 정확히 알아내기가 어렵습니다. 개인은

더욱더 그럴 것입니다.

이러한 리스크를 분산할 때 가장 먼저 떠오르는 것이 펀드입니다. 가장 많이 올랐을 때 파는 것은 사실상 펀드에 투자했을 때나 가능한 일입니다. 투자시장 변화는 우리가 생각하는 것보다 훨씬 더 빠르게 이뤄집니다. 가령 양적완화를 시행하면 느닷없이 오르고, 갑자기 통화량이 줄어들면 엄청나게 빠른 속도로 시장이 위축됩니다. 그러므로 시장 변화에 계속해서 적극적으로 대처해야 합니다. 시장 환경 변화에 관심을 기울이지 않으면 수익을 올리기 어렵습니다.

특히 2016년 11월 8일 이후 시장에 중요한 변화가 발생했습니다. 미국의 새로운 대통령으로 트럼프가 등장하면서 시장이 큰 영향을 받은 것입니다. 그의 정책은 시장에 커다란 변화를 일으킬 전망인데 이미 시장이 움직이고 있습니다.

우선 그의 보호무역정책으로 미국 소비재 가격이 오르면 인플레이션이 발생합니다. 또한 금리인상은 달러 강세를 유발합니다. 현재 미국은 거의 완전고용 상태인데 이민 규제로 노동자 유입이 줄어들 경우 임금이 상승할 가능성이 큽니다. 특히 인프라 투자를 공약으로 내건 트럼프가 이를 실행한다면 노동자가 많이 필요해질 것입니다. 이런 상황에서 이민을 막으면 임금은 당연히 오를 수밖에 없습니다.

2016년보다 2017년에 인플레이션 기대율이 더 높아지는 이유가 여기에 있습니다. 그러므로 투자 포트폴리오를 짤 때 인플레이션의 영향을 고려해야 합니다. 만약 인플레이션이 발생하면 미국의 금리 인상 속도가 예상보다 빨라질 것입니다. 이 경우 달러화는 더욱더 강세로 돌아섭니다.

아마도 미국은 인프라 건설 추진과 함께 감세정책을 펼 것입니다. 따라서 인프라 섹터가 증시에서 활황을 보일 전망입니다. 이런 이유로 통화정책이나 제조업 관련 부문에 관심을 기울여야 합니다. 또한 다른 정책, 무엇보다 보호무역주의는 직접적인 영향이 없어도 시장에 전반적으로 영향을 주기 때문에 계속 관심을 기울여야 합니다.

미국 불마켓은 여전히 계속될 것

이러한 정책 변화의 가장 큰 수혜자는 바로 미국입니다. 미국은 여전히 세계 최대의 경제 주체이기 때문입니다. 그런 미국이 이제 미국에게 유리한 정책을 취하겠다고 선언했습니다. 그 정책의 성공 여부를 떠나 미국은 모든 정책의 초점을 미국에 둘 것이므로 미국 시장을 예의주시해야 합니다.

미국 증시는 이미 2009년부터 불마켓(Bull Market: 장기간에 걸친 주가상승)이 시작되었습니다. 불마켓은 금융위기 이후 시작되었는데 2015년에는 상당히 많이 올랐습니다. 그때 많은 사람이 미국의 불마

미국 증시 관련 자료

S&P500 이익률

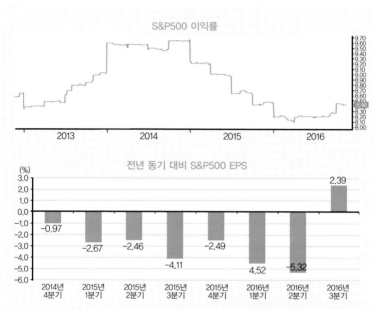

전년 동기 대비 S&P500 EPS

	2014년 4분기	2015년 1분기	2015년 2분기	2015년 3분기	2015년 4분기	2016년 1분기	2016년 2분기	2016년 3분기
(%)	−0.97	−2.67	−2.46	−4.11	−2.49	4.52	−5.32	2.39

자료: 블룸버그, 중국은행, 2016년 10월 18일 기준 데이터

S&P500 주가수익 비율

자료: 블룸버그, 2016년 11월 17일 기준 데이터

켓이 끝나가는 시점이 아닌가 하고 우려했습니다.

앞쪽 그래프에 나와 있지만 PE(Price to Earnings) 같은 경우 밸류에이션과 S&P지수가 아주 높습니다. 앞쪽 맨 아래 그래프를 보면 수익률이 나와 있는데 조금씩 줄어들고 있는 상황입니다. 사람들은 이익률(Profit Margin)이나 EPS(Earning Per Share, 주당순이익)를 보고 불마켓이 거의 끝나간다고 예측했습니다.

그런데 정책이 변화하면서 사람들의 관점은 바뀌었습니다. 미국은 감세정책을 취할 예정인데 세금을 인하할 경우 기업의 이익은 늘어납니다. 이로써 이익 상승 공간이 생기고 이는 미국 증시에 여전히 상승할 공간이 있음을 의미합니다.

저는 미국 증시가 계속 불마켓의 모습을 보일 거라고 생각합니다. 특히 미국은 금리인상기에 들어갈 때마다 매번 증시가 상승세를 보였습니다. 오른쪽 그래프가 그것을 모두 보여줍니다.

미국은 금리인상기마다 증시가 상승했습니다. 결국 인플레이션이 발생하면서 금리인상 시기가 좀 더 길어질 것입니다. 역사적 사실은 반복된다는 점을 고려할 때 미국의 금리인상기는 아직 끝나지 않았으므로 그동안 미국 증시는 상승할 거라 볼 수 있습니다.

현재 많은 사람이 미국 증시는 이미 많이 올랐다고 생각합니다. 언제쯤 조정이 이뤄질지 궁금해 하거나 피크에 오른 것이 아니냐는 말도 하는데, 저는 아직 피크가 아니라고 봅니다. 미국 증시는 2009년부터 지금까지 여러 차례 조정을 거쳤습니다. 특히 금리를 인상할

S&P500과 미연방기금금리(FFR) 변화 양상

자료: 블룸버그, 2016년 11월 17일 기준 데이터

것이라는 우려가 나올 때마다 조정을 겪었는데, 5퍼센트 이상씩 조정한 것이 열여섯 차례에 이릅니다. 이때 평균 조정률이 9.42퍼센트였습니다. 그렇지만 그 이후 곧바로 많이 올랐지요. 미국이 아직 피크에 도달하지 않았고 여전히 상승 공간이 있다고 보는 이유가 여기에 있습니다. 많이 비싸다고 생각할 수도 있지만 그 뒤에도 좀 더 오를 공간이 있습니다. 그러니 미국 증시에 계속 관심을 기울이십시오.

조정 시기에 평균 조정률이 9.42퍼센트라는 것은 5∼10퍼센트 조정이 이뤄졌을 때는 미국 증시를 매입할 여지가 있음을 의미합니다. 하락기로 들어서면 조정 폭과 속도는 훨씬 더 커집니다. 결국 미국 주식은 조금 조정이 이뤄졌을 때 빨리 사는 것이 좋습니다.

문제는 블랙스완이 생길 경우 하락 속도가 굉장히 빠르다는 데 있습니다. 실제로 트럼프가 대통령에 당선된 날 엄청난 폭락을 겪었는데 이후 다시 반등했습니다. 그러므로 미국 시장에 대한 생각을 잘 정리해 시기를 놓치지 않는 것이 좋습니다.

향후 기회는 또 오겠지만 만약 그 시기를 놓치면 손실 규모가 클 것이므로 계속해서 미국의 정책을 주시해야 합니다. 물론 미국은 여전히 리스크가 있습니다. 예를 들면 새로운 이민정책으로 노동시장이 위축되고 노동비용이 급격히 올라갈 가능성이 있습니다. 이 경우 미국 기업이 영향을 받으면서 이익이 줄어듭니다.

또한 달러가 너무 강세로 돌아서면 일부 기업의 이익에 좋지 않은 영향을 미칠 것입니다. 2016년 말 OPEC에서 감산을 결정했으나 이는 에너지 섹터에 큰 영향을 줄 것 같지 않습니다. 반면 트럼프가 심각하게 보호무역정책을 편다면 여러 가지 경제위축 리스크가 따르리라고 봅니다. 이럴 때는 조금 신중하게 접근해야 합니다. 그것이 미국뿐 아니라 글로벌 전체 증시에 영향을 줄 것이기 때문입니다. 아무튼 보호무역은 세계 경제는 물론 미국 경제에도 유리하지 않으므로 강하게 추진하지 않을 것으로 보입니다.

중국 증시의 두 가지 리스크

현재 중국의 상황은 어떨까요? 중국은 지난 2년 동안 굉장히 많은 변동성을 겪었습니다. 중국 증시의 불마켓으로 많은 투자자가 몰려들었으나 변동폭이 컸지요. 저는 현재 A주 시장이 주기적인 변동에 들어갔고 중국 증시가 약간 상승할 여지가 있다고 봅니다.

그 근거로는 우선 3분기 실질 GDP성장률이 2016년 6.7퍼센트를 기록했다는 점입니다. 또한 제조업의 PMI지수(Purchasing Manager's Index, 구매관리자지수)가 50 이상으로 상승했습니다. 332쪽 그래프에 나타나 있듯 생산자물가지수도 다시 올랐습니다.

332쪽 그래프를 보면 현재 중국의 경제성장이 비교적 안정권에 들어섰음을 알 수 있습니다. 그밖에 CPI(소비자물가지수)와 인플레이션도 안정적이고 금리인상 필요성도 없습니다. 금리를 인하하지 않겠

중국의 경제성장 지표들

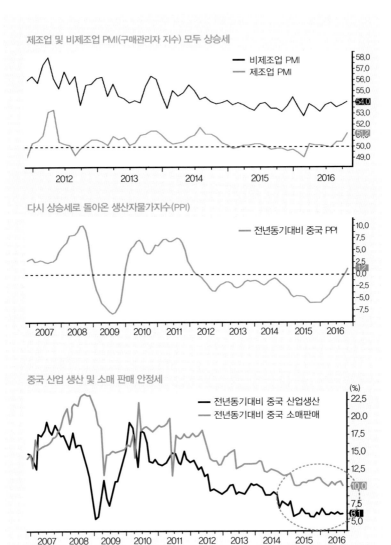

제조업 및 비제조업 PMI(구매관리자 지수) 모두 상승세

비제조업 PMI
제조업 PMI

58.0
57.0
56.0
55.0
54.0
53.0
52.0
51.2
50.0
49.0

2012　2013　2014　2015　2016

다시 상승세로 돌아온 생산자물가지수(PPI)

전년동기대비 중국 PPI

10.0
7.5
5.0
2.5
1.2
0
-2.5
-5.0
-7.5

2007　2008　2009　2010　2011　2012　2013　2014　2015　2016

중국 산업 생산 및 소매 판매 안정세

전년동기대비 중국 산업생산
전년동기대비 중국 소매판매

(%)
22.5
20.0
17.5
15.0
12.5
10.0
7.5
6.1
5.0

2007　2008　2009　2010　2011　2012　2013　2014　2015　2016

자료: 블룸버그, 중국은행, 2016년 11월 16년 기준 데이터

지만 인상도 하지 않을 것으로 보입니다. 이것은 중국이 지난 1~2년 간 취한 정책이 어느 정도 효과를 거두었음을 의미합니다.

여기에는 주기적인 패턴이 나타나고 있습니다. 334쪽 그래프에 중국의 통화상황지수와 관련된 것이 있는데, 그 유동성 관련 지수를 보면 비교적 합리적인 수준을 유지하고 있습니다. 즉, 중국 국내 유동성은 그리 나쁘지 않습니다.

중국의 구경제를 대표하는 리커창지수(2007년 리커창 총리가 전력 소비량, 철도운송량, 은행대출증가율로 중국의 경제흐름을 판단하기 위해 제시한 경제지수)도 상승세입니다. 현재 중국은 3차 산업, 즉 서비스 산업 위주로 발전을 꾀하고 있고 안정적인 상승세를 보이고 있습니다. 전통적인 산업 역시 주기적인 회복세를 보이고 있다는 점에도 주목해야 합니다. 이것도 중요한 지수입니다.

중국은 앞으로 수개월 동안 주기성의 회복세를 보일 것입니다. 2016년 말 현재 중국 증시는 소폭 상승세를 보이고 있는데 이는 부동산정책으로 부동산 자금이 증시로 유입되었기 때문입니다. 여기에다 외국 자금이 유입되면 중국 증시는 한층 더 상승할 전망입니다.

물론 중국에는 여전히 해결하지 못한 문제가 많이 있습니다. 지금의 상승세는 주기적인 특성을 보이는 소폭의 상승세로 봐야 합니다.

중국의 부동산 가격 상승은 GDP 성장에 크게 기여했고 많은 투자자가 부동산 정책을 주시하고 있습니다. 그 정책이 성장률 둔화에

안정을 찾고 있는 중국 경제

중국 통화상황지수(MCI) 합리적 수준 유지 및 리커창지수 상승세

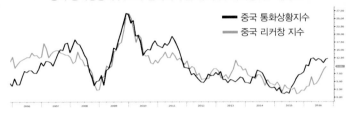

- 중국 통화상황지수
- 중국 리커창 지수

3차 산업의 안정적 상승세

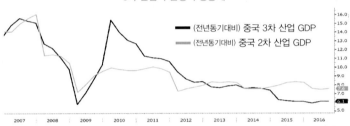

- (전년동기대비) 중국 3차 산업 GDP
- (전년동기대비) 중국 2차 산업 GDP

지난해 이후 중국 부동산 가격 강한 반등세

(전년동기대비) 부동산 가격
- 1선 도시
- 2선 도시
- 3선 도시

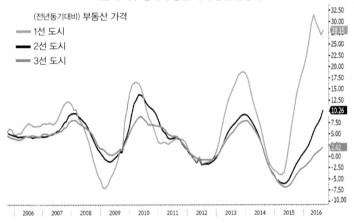

자료: 블룸버그, 중국은행, 2016년 11월 16일 기준 데이터

영향을 미칠 것이기 때문입니다. 그렇지만 중국 정부가 부동산 가격을 컨트롤해 주기적인 회복세가 어느 정도 유지될 것으로 보입니다. 부동산 자금이 증시로 유입되는 것도 증시에 유리하게 작용합니다.

전체적으로 중국 증시는 2016년 말 현재 안정세로 돌아섰습니다. 그럼에도 불구하고 우리가 여전히 주목해야 할 리스크가 존재하는데 그중 하나가 부동산 가격입니다. 영향이 그리 크지 않을 것이라고 판단하지만 주의할 필요는 있습니다. 트럼프가 중국을 대하는 태도도 리스크 중 하나입니다. 저는 향후 보호무역주의나 관세 문제가 지금처럼 강경하지는 않을 것이라고 전망합니다. 물론 공약으로 내건 사항이라 어느 정도 시행하긴 하겠지만 그 영향은 좀 더 지켜볼 필요가 있습니다.

후강통 실시 이후의 중국 증시

중국은 2014년 11월 후강통(沪港通)을 시행했는데 이것은 상하이와 홍콩 증시의 교차거래를 허용하는 제도입니다. 선강통(深港通, 선전과 홍콩 거래소의 교차거래)도 2016년 12월 시작했습니다. 이로써 많은 투자자의 자금이 중국 본토에 유입되었고 이는 주목해야 할 중요한 사건입니다.

아래 그래프는 상하이와 선전의 증시를 비교한 자료입니다.

먼저 상하이와 선전에 어떤 차이가 있는지 살펴봅시다. 상하이 증시는 전통적인 산업에 속하는 기업이 더 많고 선전은 IT나 헬스케어 같은 뉴차이나주가 더 많습니다. 선전에 뉴차이나주가 많다고 해서 반드시 더 좋은 것은 아닙니다. 그만큼 리스크와 변동성이 크기 때문입니다. 실제로 변동폭이 상하이보다 선전이 더욱 두드러집니다. 물론 중국 시장은 전체적으로 변동성이 크지만 선전은 상하이보다 훨씬 더 큽니다.

한편 전통적인 산업이 회복세를 보이는 중이라 상하이지수가 더

상하이 및 선전종합지수 분야별 비교

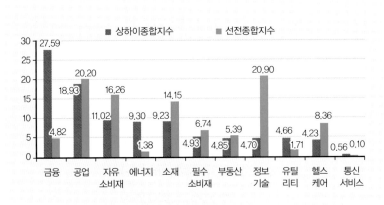

자료: 블룸버그, 중국은행, 2016년 11월 17일 기준 데이터

오를 전망입니다. 선전시장은 PE가 비교적 높고 밸류에이션도 높은 편입니다.

338쪽 그래프에서 상단은 후강통을 시행한 이후 나타난 현상을 나타낸 것입니다.

황색이 상하이지수인데 대폭 상승하고 있습니다. 사실 후강통 시행 이후 본토 증시는 거의 침체 수준이었지만 중국 정부가 증시 활성화를 위해 많은 융자를 시행했습니다. 이에 따라 당시에는 큰 상승폭을 보였으나 지금은 신용대출 규모를 줄이고 있어서 과거와 같은 상승세를 보기는 어렵습니다.

후강통을 시행할 때 자금이 본토에서 홍콩으로 이동한 경우는 남향투자라 하고, 홍콩에서 본토로 유입된 자금은 북향투자라고 했는데, 338쪽 아래 막대그래프를 보면 지난 2년 동안 남향투자가 북향투자보다 많은 것으로 나타납니다. 이는 홍콩에서 주식을 사는 국제투자자들이 본토 시장의 변동성에 민감하게 반응한 것이라 볼 수 있습니다. 그러다가 중국의 본토 증시가 불마켓이 되면 다시 북향투자가 늘어나는 특징을 보입니다.

그러면 중국 A주 시장의 특징을 살펴봅시다. 339쪽 그래프는 중국의 융자(미결제 잔액) 문제를 보여주는데 2014년 후강통 시행 후 상승하는 것을 볼 수 있습니다. 이것은 융자가 미친 영향입니다.

중국 본토의 개인투자자 중에는 융자를 받아 주식을 매수하는 사람이 많습니다. 그런데 중국 정부가 2015년부터 신용대출을 제한하

2014년 후강통 시행 이후 상하이종합지수와 항생지수

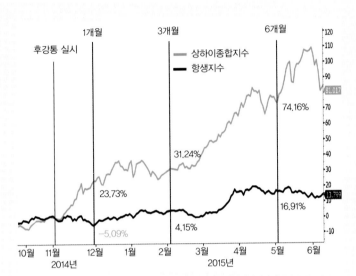

자료: 블룸버그, 중국은행, BOCHK, 2016년 11월 16일 기준 데이터

후강통 시행 이후 많아진 남향투자

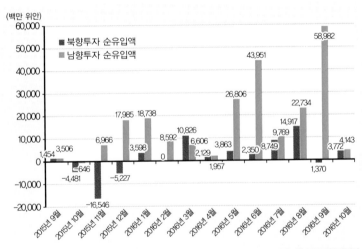

자료: HKEX, BOCHK, 2016년 11월 17일 기준 데이터

상하이종합지수와 중국 신용거래 미결제 잔액

자료: 블룸버그, 2016년 11월 16일 기준 데이터

기 시작하면서 증시가 다소 하락세를 보였습니다. 이처럼 중국 주식
시장은 대출정책과 긴밀한 관계에 있습니다.

중국 증시가 주기적인 흐름을 보인다고 말한 이유는 현재 신용대
출 제한으로 상승세가 다소 수그러들 것이기 때문입니다. 그래도 융
자가 비교적 안정적으로 상승하면서 A주의 상승세를 능가하는 것
으로 보아 주기적인 회복세가 단순히 융자에 따른 상승이 아님을 알
수 있습니다.

아래 그래프는 투자자가 A주의 추이를 볼 때 주목해야 할 경향을 잘 보여줍니다.

주요 특징은 증시가 채널패턴 안에서 움직인다는 것입니다. 하락

지난 몇 년간 채널 내에서 움직인 상하이종합지수

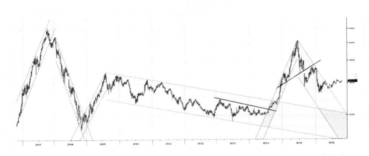

자료: 블룸버그, 2016년 11월 16일 기준 데이터

2016년에도 채널 내에 있는 상하이종합지수

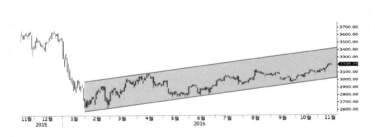

자료: 블룸버그, 2016년 11월 16일 기준 데이터

할 때도, 상승할 때도 어떤 특정 채널 안에서 움직이고 있습니다. 점차 상승하는 채널 내에 있는 것은 2016년에도 그 안에 있는 것으로 나타납니다. 따라서 A주에 투자할 때는 열심히 관찰해야 합니다. 낙관적으로 전망하든 비관적으로 전망하든 이 채널이 꺾이는 지점을 잘 판단해야 하기 때문입니다.

잘못된 투자를 하는 이유

이제 투자자의 투자심리를 생각해봅시다.

투자심리학에는 효율적 경계선(efficient frontier: 효율적인 투자안들을 연결한 곡선)이라는 개념이 있는데 이것은 포트폴리오 구성에서 아주 중요한 개념입니다. 사실 이것은 굉장히 간단한 개념으로 투자 포트폴리오를 분산투자로 짜야 한다는 것입니다. 많은 증권과 주식을 하나의 포트폴리오로 구성하면 리스크를 낮추는 동시에 수익을 최대한 끌어올릴 수 있습니다.

이를 그래프로 나타내면 342쪽과 같습니다.

리스크가 점점 높아질 때 투자자들은 높은 리스크 아래에서 높은 수익을 기대합니다. 리스크를 감당하면서 더 낮은 수익을 기대하는 사람은 아무도 없습니다. 만약 여러분의 포트폴리오가 그래프처럼 정비례 관계를 보인다면 이는 효율적인 포트폴리오라고 할 수 있습

효율적 경계선의 예

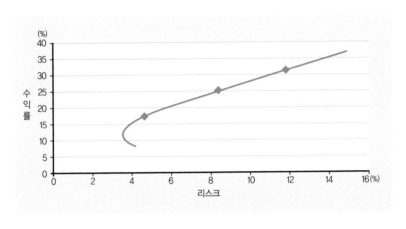

니다. 리스크와 수익의 관계가 합리적인 것입니다.

　그럼 분산투자해서 적극 관리하면 포트폴리오가 효율적 경계선에 놓일까요? 많은 개인투자자가 잘할 수 있다고 자신감에 차 있으나 투자심리학에서는 개인투자자의 포트폴리오가 대개 효과적이지 않다고 말합니다.

　대니얼 카너먼(Daniel Kahneman)은 본래 심리학자로 행동심리학을 연구해 현대 행동경제학의 대가가 되었습니다. 노벨경제학상을 받은 카너먼은 이런 질문을 합니다.

　"개인투자자가 이익을 내면 더 많은 리스크를 감수하려 할까요, 아니면 보수적으로 행동할까요? 개인투자자가 손실을 보면 좀 더 적극적으로 투자할까요, 아니면 보수적으로 행동할까요?"

사람들은 보통 이익이 적으면 좀 더 적극적으로 행동하고, 손실이 있으면 보수적으로 변할 것 같다고 생각합니다. 그러나 전망이론 (Prospect Theory: 사람이 불확실성이나 위험이 따르는 대안들 사이에서 어떻게 의사결정을 내리는지 설명하는 이론)의 연구결과를 보면 사람들은 이익을 창출하고 있을 때 오히려 보수적으로 변한다고 합니다.

실제로 사람들은 빠른 속도로 너무 일찍 이익을 실현합니다. 반대로 손실을 보고 있을 때는 손절매하기를 싫어합니다. 즉, 리스크를 더 많이 감당하려는 성향을 보입니다. 그런데 너무 일찍 이익 실현을 하면 손절매 시기를 놓치기 쉽기 때문에 효율적인 포트폴리오를 유지하기가 어렵습니다.

이해를 돕기 위해 두 가지 예를 들어 설명을 하겠습니다.

가령 100퍼센트의 확률로 250달러를 벌 수 있는 A기회와 25퍼센트의 확률로 1,000달러를 벌 수 있지만 한 푼도 얻지 못할 확률이 75퍼센트인 B기회가 있다고 해봅시다.

이때 여러분은 A를 선택하겠습니까, 아니면 B를 선택하겠습니까?

실험결과에 따르면 대다수가 A를 선택합니다. 확실하게 250달러를 벌 수 있으면 더 많은 돈을 벌기 위해 리스크를 감수하지 않는 것입니다.

반대로 100퍼센트 확률로 750달러를 손해 보는 상황을 A라 하고, 1,000달러를 손해 볼 확률이 75퍼센트지만 손해가 전혀 없을 확률이 25퍼센트인 상황을 B라고 한다면, 둘 중 어느 쪽을 선택하겠습니까? 연구결과에 따르면 많은 사람이 B를 선택합니다. 손해 볼 것이 명백한 상황에서는 왜 도박을 하는 걸까요? 실제로 팔지 않거나 심지어 하락세에 계속해서 매수하는 사람도 있습니다. 내 생각이 맞을 거라고 여기며 계속해서 하락세 장에서 매수하는 것이지요. 그러다가 손실이 점점 커지면서 곤경에 처하고 맙니다. 우리는 이러한 심리에 유의해야 합니다.

투자 의사결정에서 이것을 프레이밍 이펙트(Framing Effect)라고 하는데, 투자를 결정할 때 우리는 이러한 심리의 영향을 많이 받습니다. 어떤 결정을 객관적으로 하는 것은 쉽지 않습니다. 345쪽 그래프는 2015년 6월부터의 지수 변화를 보여줍니다.

여기서 저는 항생지수(홍콩 주식시장의 대표적인 주가지수)를 예로 사용했습니다. 그래프를 보면 2015년 6월 그리스가 투표를 하면서 시장이 폭락했고 일정 시기를 거쳐 하락하다가 중간에 반등되고 있습니다. 만약 투자자가 이 추세를 냉정하게 분석하지 않으면 그래프의 움직임에 영향을 받을 수밖에 없습니다. 시장이 반등해서 매수해야겠다고 생각했는데 또다시 하락하는 바람에 기회를 놓칠 수 있지요.

2015년에는 그리스를 비롯한 유럽 문제, 이민법 개혁 등으로 시장이 좋지 않았습니다. 그럴 때 바닥을 치고 반등이 오려 하는데 투자자가 이 상황을 객관적으로 파악하지 못하고 직전의 비관적인 시장 상황에 영향을 받으면 잘못된 투자 결정을 하고 맙니다.

2016년 초 유가가 하락해 26달러가 되자 시장에 우려가 나타났습

항생지수 일별 차트

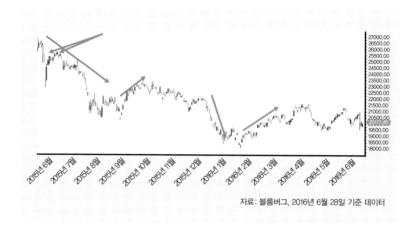

자료: 블룸버그, 2016년 6월 28일 기준 데이터

니다. 그때 주식시장, 채권시장 등 모든 시장에 커다란 변화가 일어
났지만 사실은 OPEC의 감산이나 금리인상 같은 많은 신호가 있었
습니다. 그렇지만 많은 사람이 우려를 표했습니다. 이처럼 투자 과정
에서 심리적 요인, 눈앞의 상황에 큰 영향을 받는 일은 과거에도 있
었습니다.

객관적 투자를 위한 3단계 사고법

다음은 투자를 결정할 때 좀 더 객관적으로 생각할 수 있는 3단계

사고법입니다.

1단계로 투자시장의 장기적, 거시적 환경에 주목합니다.

예를 들어 어떤 나라가 해마다 전쟁을 하면 거기에 투자하지는 않을 겁니다. 어떤 지역, 어떤 국가, 어떤 기업의 주식이 장기적인 관점에서 상승할 여력이 있는지 냉정하게 판단해야 합니다.

2단계로 최근의 사건과 변화를 관찰합니다.

시장이 몹시 비관적인 상황에서 사우디아라비아가 감산하지 않겠다고 했을 때 OPEC가 감산을 결정하면서 새로운 신호가 등장했습니다. 시장에 어떤 신호가 나타났을 때 투자 여부는 그 시점에 곧바로 결정해야 합니다. 그리고 결정할 때는 현재의 사건과 변화를 분명하게 판단해야 합니다.

3단계로 하락 저지선과 상승 저항선을 면밀히 검토합니다.

투자할 때 이러한 정보와 예측은 굉장히 중요합니다. 물론 모든 투자에서 3단계 사고법을 완벽히 실행하기는 어렵습니다. 가령 초단타 매매를 할 때는 1단계의 관점을 유지하기가 어렵지요. 그러므로 상황에 따라 장기, 단기, 현재 그리고 하락 저지선과 상승 저항선을 종합적으로 검토해야 합니다. 중요한 것은 객관적으로 판단해 투자결정을 해야 한다는 점입니다. 우리가 일반적인 상품을 사는 것과 주식투자는 다릅니다. 좀 더 객관적인 안목이 필요하지요.

347쪽 그래프는 지난 2년간 직면해왔고 또 앞으로 직면할 수 있는 상황을 보여줍니다.

이것은 아주 쉬운 개념으로 시장이 상승세일 때 포트폴리오를 안정화, 보수화하면 설령 블랙스완이 발생해도 안정적으로 유지할 수 있다는 것입니다. 블랙스완이 발생하면 우리는 시장을 예의주시해야 합니다. 만약 블랙스완이 발생해도 추이가 있으면 약간 상승합니다. 따라서 항상 여러 가지 요인이 종합적으로 작용하는 상황을 보아야 합니다.

2008년 금융위기 이전 투자자의 위험성향지수는 높은 편이었습니다. 무엇보다 총수익(토털리턴)에 관심이 많았습니다. 예를 들어 배당금이 있으면 다시 투자해 최대한 많은 이익을 얻으려는 것이 일반적인 경향이었습니다.

그런데 금융위기 이후 여러 가지 변화가 일어났습니다. 우선 리스

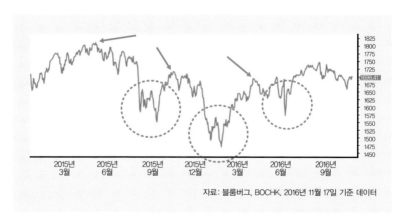

MSCI선진국지수

자료: 블룸버그, BOCHK, 2016년 11월 17일 기준 데이터

14장 글로벌 경제 중국 경제는 추락하는가: 중국과 글로벌 시장의 현주소와 투자전략

크 사건이 빈발하면서 투자시장의 가시성이 떨어졌고, 초저금리가 이어져 보수적인 투자자의 투자수요가 늘어났습니다. 이들은 합리적인 수익과 비교적 낮은 변동성을 보이는 상품을 선호합니다. 실제로 많은 투자상품이 이러한 성향을 반영해 개발되고 있습니다. 이를테면 예전에는 많은 상품이 배당금이나 이자를 재투자했는데 요즘에는 심지어 월단위로 이자나 배당금을 주는 상품도 있습니다.

최근 홍콩에서는 비교적 변동성이 낮고 주기적·단기적으로 투자자에게 수익을 배당해주는 상품이 유행하고 있습니다. 리먼 브러더스 사건을 비롯한 여러 가지 위기를 겪고 나서 투자자들이 중간에 배당금을 받는 상품을 선호하는 추세가 생긴 것입니다.

Q & A

지금까지 엔화의 흐름은 여러 가지 영향을 받아왔는데, 여기에는 경제적 요소뿐 아니라 시장의 리스크 요인도 있습니다. 리스크가 높아지면 엔화는 위험회피 도구로 굉장히 환영받습니다. 위험이 높아질 경우 사람들은 가급적 엔화를 사지요.

물론 사람들은 미국 금리의 영향도 받습니다. 지금은 글로벌 초점이 미국의 금리인상에 맞춰져 있습니다. 그런데 일본은 양적완화를 이어가고 있습니다. 일본중앙은행은 양적완화 규모를 줄이지 않을 가능성이 큽니다. 현재 세계 경제는 미국의 금리인상에 초점을 두고 있는 상황이라 엔화는 당분간 계속해서 하락 압력을 받을 것입니다.

달러는 일정 기간 동안 유일하게 강세를 보이는 통화로 남을 전망입니다. 엔화는 향후 몇 달 동안 변동성을 겪을 가능성이 크며 방향은 전반적으로 약세일 것입니다. 엔화는 달러와의 관계로 결정되니까요. 2015년 달러가 강세였는데 그러면 엔화가 약세로 돌아섭니다. 2016년 상반기에도 그런 조짐을 보였고 달러의 흐름이 바뀌면 엔화의 흐름도 바뀝니다.

전체적으로 보면 대체로 리스크가 높아지면서 엔화가 환영받고 여기에는 유럽 선거도 영향을 줄 가능성이 있습니다.

앞으로 국제 유가는 어떤 방향으로 나아갈까요?

2016년 말 OPEC가 감산 결정을 내렸는데 이것이 유가상승을 이끌 것으로 보입니다. 그러나 유가의 커다란 방향은 하락세일 것입니다. 현재의 상승세는 주기성을 보일 가능성이 큽니다. 지금 새로운 원유 추출 방법과 신에너지, 휘발유를 사용하지 않는 친환경 차량이 속속 개발되고 있습니다. 결국 전체적인 틀에서는 하락세를 보일 전망입니다.

물론 그 속에는 주기가 있습니다. 즉, 수요와 공급에 따라 상황이 약간씩 변화할 것입니다. 2016년 말의 감산은 약간 상승을 불러올 텐데 60달러까지 가지 않을까 예측합니다. 하지만 어느 정도까지 상승하면 미국의 셰일가스에 영향을 미칠 것이므로 다시 하락세로 돌아설 확률이 높습니다. 한마디로 약간의 변동성을 보이는 가운데 큰 흐름은 60달러 선에서 상승과 하락을 반복할 것입니다.

금은 전통적으로 위험대비책으로 알려져 있는데 현재 시점에서 금 투자는 어떨까요?

금은 다양한 요소의 영향을 받는데 그중에서도 미국 공식금리의 영향을 가장 크게 받습니다. 일단 인플레이션이 발생하면 금리가 오릅니다. 실질금리가 상승할 경우 금값은 어느 정도 압박을 받습니다. 물론 금 가격이 하락할 가능성도 있습니다.

미국이 금리를 올리면 시장에서는 전반적으로 인플레이션이 발생합니다. 우리는 금리인상 속도와 폭을 봐야 하는데 이것이 그리 빠르지 않을 전망입니다. 만약 금리인상 속도가 예상보다 빠르지 않거나 실질금리가 낮아지면 금값은 다시 반등할 수 있습니다. 또 달러가 강세를 보이다 약화되면 그때는 금값이 오르겠죠. 단기적으로는 금값이 하락할 거라고 봅니다. 멀리 내다보고 매매하는 것은 괜찮지만 너무 성급하게 대응할 필요는 없습니다.

2017 대한민국 재테크 트렌드

첫판 1쇄 펴낸날 2017년 1월 23일

엮은이 조선일보 경제부
발행인 김혜경
편집인 김수진
책임편집 이은정
편집기획 김교석 이다희 백도라지 조한나 윤진아
디자인 김은영 정은화 엄세희
경영지원국 안정숙
마케팅 문창운 노현규
회계 임옥희 양여진 김주연

펴낸곳 (주)도서출판 푸른숲
출판등록 2002년 7월 5일 제 406-2003-032호
주소 경기도 파주시 회동길 57-9, 우편번호 10881
전화 031)955-1400(마케팅부), 031)955-1410(편집부)
팩스 031)955-1406(마케팅부), 031)955-1424(편집부)
홈페이지 www.prunsoop.co.kr
페이스북 www.facebook.com/prunsoop   **인스타그램** @prunsoop

ⓒ푸른숲, 2017
ISBN 979-11-5675-679-8 (03320)

이 도서의 국립중앙도서관 출판시도서목록(CIP)은 e-CIP 홈페이지(http://www.nl.go.kr/ecip)와
국가자료공동목록시스템(http://www.nl.go.kr/kolisnet)에서 이용하실 수 있습니다. (CIP2017000634)